高职高专公共基础课规划教材

播音与主持

实训教程

主编 **高虹**
副主编 **屈凯** **苏晓云**

清华大学出版社
北京

内 容 简 介

　　《播音与主持实训教程》是在教学实践中提炼总结出来的行之有效的教学实训经验和体会。它有别于精深的专业性极强的传媒专业院校教材，又区别于社会上的播音与主持艺考培训教材，更不同于少儿口才培养教材。本书遵循知识、能力、素质要求，整合知识模块、技能模块和素养模块，重新构造知识框架和体系，使得每一节课既是学生张扬自我的舞台，又是入脑入心交流的平台。本书每章以任务为导向，每节按照"问题讨论、案例导入、理论研讨、技能实训、素质养成"五个部分进行编排，内容设计融"教、学、做"为一体，重在传授播音与主持基础知识，使学生掌握舞台主持、文艺作品演播以及不同类型电视节目和生活舞台主持的技巧，提高学生播音主持能力以及与人交往和沟通的能力，提升学生的综合素质和职业素养，使他们能够尽快融入社会，做成功的职业人。

图书在版编目（CIP）数据

播音与主持实训教程/高虹主编. --北京：清华大学出版社，2016（2019.9重印）

高职高专公共基础课规划教材

ISBN 978-7-302-44350-6

Ⅰ. ①播… Ⅱ. ①高… Ⅲ. ①播音－语言艺术－高等职业教育－教材 ②主持人－语言艺术－高等职业教育－教材 Ⅳ. ①G222.2

中国版本图书馆 CIP 数据核字（2016）第 167598 号

责任编辑：吴梦佳　左卫霞
封面设计：傅瑞学
责任校对：刘　静
责任印制：刘海龙

出版发行：清华大学出版社
　　　网　　址：http://www.tup.com.cn，http://www.wqbook.com
　　　地　　址：北京清华大学学研大厦 A 座　　　　　邮　　编：100084
　　　社 总 机：010-62770175　　　　　　　　　　邮　　购：010-62786544
　　　投稿与读者服务：010-62776969，c-service@tup.tsinghua.edu.cn
　　　质量反馈：010-62772015，zhiliang@tup.tsinghua.edu.cn
　　　课件下载：http://www.tup.com.cn，010-62770175-4278
印 装 者：北京国马印刷厂
经　　销：全国新华书店
开　　本：185mm×260mm　　印　　张：14.75　　　字　　数：337 千字
版　　次：2016 年 9 月第 1 版　　　　　　　　印　　次：2019 年 9 月第 4 次印刷
定　　价：39.00 元

产品编号：069534-02

前言

FOREWORD

在媒体和生活中,播音员、主持人是集社会性、人际性于一体的最具亲和力的传播者,是媒体焦点、舞台中心,受到大众关注。播音与主持是一个对天赋和底蕴要求极高的优秀人才云集的小众行业,能够从事这项专业工作的人风毛麟角。但播音与主持是一门大众学科,同演讲与口才、应用文写作等并列为职业人应掌握的一种知识。

随着新传媒时代的到来,越来越多的高职院校开设了播音与主持这门课程,学生们学完这门课程之后,惊喜地发现自己说话流畅、自然了,发音标准、圆润了,表达自信、有逻辑,个性更具亲和力,性格阳光开朗了,综合素质和职业素养大大提升。

我院相关专业也开设了这门课程。在教学中,我们深感高职院校的播音与主持课程既要区别于精深的专业性极强的传媒院校的教学内容,又要区别于社会上的播音与主持艺考培训课程,更不同于少儿口才培养。作为高职院校的课程,要弱化播音发声基础知识,强化主持情境模拟和技能实训。在教学实践中,我们发现现有教材不能满足我院实际需要。于是,在总结多年教学经验的基础上,我们编写了这套符合职业教育特点和规律的教材,旨在增强学生播音与主持方面的能力,让他们掌握播音基础知识,能够完成文艺作品演播,掌握不同类型电视节目主持和生活舞台主持的技巧,提高与人交往、沟通的能力,提升职业能力与素养,尽快实现课堂与职场、社会的零距离接轨。同时,希望本教材能够满足各兄弟职业院校及广大教师、学生的需求。

本教材有别于传统教材,遵循"知识、能力、素质"要求,整合知识模块、技能模块和素养模块,重新构造知识框架和体系,使得每一节课都可以是学生张扬自我的舞台,又可以是入脑入心交流的平台。本教材每章以任务为导向,每节按照"问题讨论、案例导入、理论研讨、技能训练、素质养成"五个部分进行编排,内容设计融"教、学、做"为一体,涉及的案例、知识技能均对学生今后的生活及职场生涯有所教益。

本书主编高虹总结多年从事播音与主持专业教学经验,在书中倾注了强烈的教学理想和期望,融入了丰厚而宝贵的教学经验和感悟。屈凯、苏晓云、高明琦老师承担全书校稿及资料收集工作,中国外运股份有限公司胡天琪参与本书策划并制作教学课件。

在本书编写过程中,我们参考了一些最新的资料和专业教材,在此衷心地向相关作者和专家表示诚挚的谢意。

本书中难免有不足之处,诚恳地希望使用本书的广大师生、专家及读者朋友提出真诚而宝贵的意见和建议。

编者
2016 年 5 月

目录
CONTENTS

第一章

播音与主持理论知识

> **任务一**：了解播音员和主持人必备的基本能力和素质，学会播音员和主持人用语表达技巧。
>
> **任务二**：掌握普通话发声技巧。
>
> **任务三**：熟练背诵 10 个绕口令。

第一节　播音员与主持人的内涵与素养

问题讨论

（1）谈谈你对播音与主持专业的认识。

（2）播音与主持有什么相同点和不同点？

（3）在生活中、电视中，我们看到过许多播音员、主持人，你最喜欢谁？假如你有幸成为主持人，你希望自己成为哪种类型的主持人？

案例导入

案例一

公认的优秀主持人

杨澜，国内著名资深电视节目主持人，曾在中央电视台担任电视栏目主持，以极具亲和力的主持风格备受广大电视观众的喜爱，曾主持《正大综艺》《杨澜访谈录》等电视栏目；被评选为"亚洲二十位社会与文化领袖""能推动中国前进、重塑中国形象的十二位代表人物""《中国妇女》时代人物"。

水均益，中央电视台新闻频道记者、主持人，任《东方时空》《焦点访谈》《环球视线》栏目记者、编导、主持人。

朱军，中央电视台著名主持人，主持《艺术人生》《星光大道》等节目，多年主持中央电视台的春节联欢晚会。

白岩松，中央电视台著名主持人，主持《焦点访谈》《新闻周刊》《感动中国》等节目，2000年被授予"中国十大杰出青年"称号。

李咏，中央电视台著名节目主持人，主持《幸运52》《非常6+1》《梦想中国》《咏乐汇》等节目。

孟非，江苏卫视节目主持人。在江苏电视台工作期间，他做过剪片、编导、记者，一步一个脚印，在职场上摸爬滚打，终于在1991年被导演选中主持节目。他主持《南京零距离》十几年，还先后主持过《绝对唱响》《名师高徒》等栏目，但其事业的高峰是他主持的大型服务类节目《非诚勿扰》。

汪涵，湖南卫视当家主持人，也是国内著名娱乐节目主持人。他的主持风格风趣、幽默、睿智，擅长脱口秀。他精通长沙话、湘潭话、株洲话等多种方言，曾主持过《越策越开心》《超级英雄》《超级女声》《快乐男声》等节目。

陈鲁豫，中国香港凤凰卫视主播、主持人，被媒体称为"东方奥普拉"，是凤凰卫视《鲁豫有约》栏目主持人。

何炅，湖南卫视主持人，湖南电视台"一哥"，自1998年起，主持湖南卫视的《快乐大本营》栏目，至今已十余年。

案例二

《我是歌手》孙楠临时罢赛　汪涵救场获赞机智

搜狐娱乐讯　2015年3月27日，《我是歌手》第三季迎来了总决赛。最后的结果没有任何意外，韩红夺得了"歌王"的宝座。许多粉丝为李健感到惋惜，因为他也是"歌王"最大的竞争者。结果没想到，"歌王"韩红和"人气王"李健都被退赛的孙楠和临时救场的汪涵"抢了风头"。

在比赛直播过程中，孙楠突然提出退赛。没有和任何人商议，孙楠自己临时决定退赛，这让在场所有人都慌了手脚。在孙楠提出退赛后，主持人汪涵发表了一番自己的言论，临时救场。汪涵现场的表现让所有人为其点赞，他的言论以及救场的方式堪称主持人救场经典案例。

汪涵整场的表现，处处都能体现出三个字，就是"读过书"。有网友评论说汪涵真是口才好，如果换成其他的主持人，张口肯定会说，"楠哥，你为什么退赛""楠哥你继续唱吧"。但汪涵没有。说了那么多话，没有一句说"孙楠你找事"，但是句句意思都是说"孙楠找事"，没有一句说"希望你继续唱"，但是你能听出来"如果你继续唱，我们很希望，也很欢迎"。

汪涵临时救场文字版：

既然我是这个舞台的节目主持人，接下来就由我来掌控。

首先，请导播抓紧时间为我准备一个三到五分钟的广告时间，谢谢！我待会儿要用。

接下来我要说的这段话,有可能只代表我个人的观点,而不代表湖南卫视的立场。

我从 21 岁进入到湖南广电,所以我觉得我自己身上的很多优点和很多缺点似乎都打上了湖南广电的很多烙印,包括所谓没事儿不惹事儿,事儿来了也不要怕事儿。

对于一个节目主持人,在这么大一场直播当中,一个顶尖级的歌手,一个顶梁柱一样的歌手,突然间宣布退出接下来的比赛,我想应该是摊上事儿了,甚至是摊上大事儿了。但是说实话,我的内心一点儿都不害怕,因为一个成功的节目有两个密不可分的主体,除了这个舞台上的七位歌手之外,还有电视机前的亿万观众和现场的这么多的观众。我之所以不害怕,是因为你们还真诚地、踏踏实实地坐在我的面前,我还可以从各位期待的眼神当中读到你们对接下来每一位要上场的歌手,他们即将演唱歌曲的那一份期许;我还可以从各位的姿态当中感受到你们内心的那种力量,这个力量足够给楠哥,给红姐,给TheOne,给李健,给维维,给黄丽玲,给所有的歌手,给彦斌,已经准备好了,会有千万个掌声要送给他们。楠哥不信,你听。

这是我要说的第一层意思。第二层意思,我想表达的是,我虽然不同意楠哥的一些观点,但是我誓死地捍卫您说话的权利。所以,刚才我由话筒听到那一段的时候,我并没有试图打断您要说的话,虽然我可以这么做。其实每一位歌手来到这个舞台,他都有权利选择来或者是不来。当然,您自然也有权利选择在您认为是对的时刻,依着自己认为对的那个心情做出你要离开的这个决定,所以我相信,我们应该尊重一个成熟男人在这一刻做出的决定。

当然,我们在这里提出一个希望和请求,就是希望您以一个观众的身份继续坐在这个地方,来看你最爱的弟弟妹妹们向歌王的舞台进军,我也相信我们现场的 500 位大众评审已经做好了准备,用掌声来接纳这位不期而至的观众。不信,你听。

接下来,对于我个人而言,一个主持人,我在台上不可能有这么快的反应速度,也不可能有这么大的权力,来重新调整接下来因为楠哥的退出而要改变的比赛的规则。因为有一个歌手要退出,所以比赛规则都要做相应的改变,所以有请导播在这一刻给我放三到五分钟的广告,我要跟我们的制作团队、跟我们的领导一起商量,怎么来进行节目上的和赛制上的相应的调整。

各位亲爱的观众朋友,真的千万不要走开。还是那句话,真正精彩的时候,或许会从广告之后才开始,马上回来!

(资料来源:搜狐娱乐,http://yule.sohu.com/20150328/n410458711.shtml.)

案例三

日本共同社记者采访一名北大学生的问答

一名北大的女学生对日本记者的回答,不带一个脏字,骂得全场掌声,日本共同社记者采访了一名北大学生,以下是现场原版真实问答记录。

问:"你支持抵制日货的这种观点或行动吗?"

答:"每一个人都是一个个体,每个个体都是自由的。我无法左右别人的思想,也无权控制别人的行动。"

问："你如何定位中日关系?"

答："客观定位,平等互利关系。"

问："从学生的角度看,你认为两国关系中最大的障碍是什么?"

答："显然,日方在很多方面做出了错误的言论和举动,而这是我们不能接受和容忍的!一句话,改善中日关系需要日方正视历史,拿出善意和诚意。"

问："你个人使用日货吗?"

答："有,马桶。"

问："那你告诉我,为什么日本的马桶会比中国的好?"

答："在中国,这种话题是不登大雅之堂的,在公共场合谈论这种话题是很变态的。当然,我不知道是你有这样的嗜好,还是贵国有这种习惯。"

问："关于历史问题,中日两国是否有途径可以卸下这个沉重的'包袱'?"

答："请注意你的用词!我不同意你的这种说法。你的这个问题本身就在诬陷中国。自古至今,中国从不存在什么'沉重包袱'。中华民族是心胸开阔、豁达前瞻的优秀民族,宽厚待人、睦邻周边是中国的美德。因此,我们正视历史,但绝不以怨报怨。我们容忍和解,包括对待日本。请问,中国和中华民族的历史包袱是什么?中国人民做过对不起日本的事吗?问题恰恰是侵略中国、犯下滔天罪行的日本不正视历史,在中国烧杀掠夺,疯狂地要灭绝中华民族。犯罪的日本不向中国和中国人民认罪,赔偿损失,还要叫嚣海外出兵扩疆,分裂中国,霸占中国国土,激怒中国人民。这样的史实太多。请问,这是中国背历史包袱吗?"

问："我也经常看新闻,最近一段时间,中国生产事故频发,死亡率想必不会低吧?"

答："同你们国家一样,每人死一次。"

问："在中国大学校园里,学生自杀频繁发生、屡禁不止,这是为什么?"

答："事实上,学生自杀最多的是在你们国家。许多稀奇古怪的自杀方式就是你们国家的'自杀一族'发明的。在联合国公布的相关资料中,日本的自杀率排名世界第一。我不知道你手上有什么足够的证据来证明我国的校园自杀事件。毛主席有一句名言:'没有调查就没有发言权。'希望你做客观、真实的报道。对你刚才提问中使用的词语,我有必要纠正。在中国汉语语法中,'频繁发生'和'屡禁不止'是重复的,你的用词存在错误,而且你的说法不符合事实。"

问："在日本留学的中国学生非法窃取日本的机密情报,你知道吗?"

答："我无法核实你的消息的准确性和真实性。这种荒唐说法就跟布什打伊拉克是因为萨达姆偷了布什家的高压锅一样可笑。"

（资料来源:百度文库,http://wenku.baidu.com.）

理论研讨

一、播音与主持的概念

"播音"按照字面来理解,是"播出声音"的意思。在广播初创时期,人们把"广播"和"播音"看作同位概念。那时候的广播员不仅使用"麦克风"说话,也负责播放唱片。随着广播机构日益庞大,内部实现了进一步的专业化分工,即广播员只负责"说话",于是"播音"便有了狭义的概念——"话筒前的语言艺术"。

"主持"在汉语语词概念的解释是:主持就是掌管,是主持事务的意思。实际上,"主持"一词来源于西方国家,例如在美国,新闻节目主持人称为"anchorman";现场播出活动的主持人称为"commentator";谈话节目主持人称为"talk-master";热线电话节目主持人称为"hot-liner";流行音乐节目主持人称为"disc-jokey";智力竞赛节目主持人称为"question master";气象节目主持人称为"weather girl"等。在英国用"presenter"来表示,意为"展示者";在俄国用"kommehtatop"表示,意为"注释者、评述者";在日本,认为"播报员"(caster)与"播音员"(announcer)有区别。我们认为电视中的"主持"是运用语言手段和非语言手段,进行信息传播的创造性活动。

现在我们通常把这两个词连到一起,因此,播音与主持是指播音员和主持人运用有声语言和副语言,通过广播、电视等传播媒介传播信息的创造性的活动。播音与主持是广播电视传播过程中关键的一环,是广播电视事业的一个重要组成部分,它以直接、正面的宣传来引导人、教育人。播音与主持既包含自然属性,又包含社会属性;既包括新闻性,又具有语言传播和艺术的属性等。

二、播音与主持的关系

播音与主持的概念各有侧重,但有许多共同点。

(1) 主持人在话筒前说话,那就是播音。所以,播音应该有更宽泛的含义,它不仅仅是有稿播音,还应该包含无稿播音。无稿播音涵盖了多种口头语体的表达方式,这就要求播音员、主持人掌握话筒前的语言表达技能。当然,广播电视记者在现场报道时也需要这种语言能力。

(2) 主持既需要借助播音的语言表达手段,又要融入许多非语言表达手段。随着时代的发展,播音不仅要善于有稿播音,也需要研究无稿播音。或者说,不能满足于转述式的朗读,也需要重视并发展叙述式的谈话和阐述式的评说等语言传播形式。

所以,主持是播音的延续和发展,是播音延续的产物,其核心内容是一样的,只不过因节目不同而带来了身份的转化。例如,康辉在《新闻联播》栏目中是播音员,在现场主持大型娱乐活动时就是主持人,在 2015 年 9 月 23 日跟随习近平主席出访美国时就变成了记者。但是对于基本功来说,主持人与播音员相比,多了一些形体、亲和力、沟通力、控场能力和应变能力的要求。

无疑,现代社会对于主持人的素养要求更高,他所主持的节目通过广播电视媒介创造了一种交流形式,有效延伸了人们参与社会活动的范围,更新了交流方式。这种方式让人感到亲切、贴近、平等,更受人们的欢迎。因此,在"播音与主持"这门课程里,我们侧重从"主持"和"主持人"这个方向来推进教学进程。

三、播音员与主持人的基本能力

播音员与主持人是众所瞩目的焦点,是舞台的中心,是一个受人关注的角色。做一名出色的、优秀的播音员与主持人,是许多年轻人的向往和孜孜以求的理想。

出色的主持是内在与外在的结合,是内涵与技巧的共同展示。做一个受人欢迎的出色的播音员与主持人,要具备下述能力。

(1) 要有极强的表达能力。主持艺术,归根到底是一门口头语言艺术,因此出色的表达能力应当是主持人最基本,也是最重要的能力。主持人的表达能力要达到以下要求。

① 准确:要有准确、敏捷的思维过程。主持人的语体风格与任何形式的语言的不同之处在于一个"快"字上,一是反应要快;二是总体上语速较快。这个"快"字的具体内涵就是连一秒钟的停顿都不能有。有人称之为"喉稿",即需要脱口而出,连腹稿都来不及打。光快还不够,要准确,不能信口开河,言差语错。所以,主持人既要做到反应敏捷,语速流畅,又要做到言辞准确。下面是一段白岩松在广州师范学院与大学生们的访谈。

学生:"我看你有危机感,看起来冷冷的,为什么?"

白岩松:"我喜欢把每一天当成地球末日来过。"(掌声)

学生:"你什么时候才会笑?"

白岩松:"会不会笑不重要,懂幽默才是重要的。我认为自己的幽默还比较丰富。"

学生:"有评论说你个性木讷。"

白岩松:"所有评论是说我'严肃',与'木讷'是两个不同的词。"

学生:"你同意性格决定命运吗?"

白岩松:"我采访过400多位成功人士,我同意性格决定命运。但性格不是与生俱来的,自信是最重要的品质。"

学生:"我是学历史的,能当新闻节目主持人吗?"

白岩松:"今天的新闻就是明天的历史。"(掌声)

② 生动:人们总是格外喜欢说话新颖、生动的主持人,一句话从他嘴里说出来就特别有味道,常听常新,百听不厌。例如,在电视节目主持人"金话筒"颁奖晚会上,赵忠祥问:"目前综艺晚会的通病是什么?"叶惠贤答:"节目老一套,掌声挺热闹。不看舍不得,看后全忘掉(台下爆发热烈的掌声)。刚才我说的这些通病,今天的晚会上一点也没有(台下一片会心的笑声,给予更热烈的掌声)。"叶惠贤所言其实都是大家的心里话,也是对客观现实的描述,只不过将众人的看法做了生动形象的描述,而且言简意赅,合辙押韵,新颖生动,现场气氛一下子活跃了起来。

③ 幽默:风趣幽默的主持风格。风趣幽默是人类精神的一种高尚境界,也是语言表达的一个高难动作。我们不难发现,主持人自觉、不自觉地追求着风趣幽默的表达风格。人们总是比较欣赏由笑星客串的主持,原因就是他们手中握着"笑的武器"。主持人风趣幽默最重要。因为现代传播讲速度和效果,有风趣幽默素质的主持人会很快获得人们的喜爱和认同。这种主持人非常有亲和力,很有人情味儿。他们真诚地对待观众、听众,在充满善意的风趣幽默的调侃中,把节目的理念深入浅出地渗透进去,使传播具有了情感色彩。比如,崔永元在主持《实话实说》的时候,不断有奇思妙想,以自己的风趣幽默把原本严肃庄重的理论探讨变得轻松活泼,浅显易懂。

主持人口语表达的准确、生动、幽默称为三种境界:准确是基础,生动是升华,幽默是巅峰,三者的共同灵魂是"真、诚"。我们学主持,要从准确起步,努力登临幽默的最高境界。

（2）要头脑敏捷，具有一定的应变能力。主持活动，从某种意义来说，是对播音员与主持人心理素质和应变能力的一种考验，尤其是一些大型现场活动，难免出现始料不及的情形。尽管主持人串联词设计在前，案头工作做得十分周到，但突如其来的意外和变化，总会给主持人出难题。在这种变化莫测的考验面前，主持人必须以冷静、机智的态度，临阵不慌的心态和随机应变的能力去力挽狂澜，转危为安，使节目出奇制胜。例如，有一位听众为自己的女朋友点播了《知心爱人》这首歌曲，然而在主持人的祝福话语结束，即将送出歌曲的时候，卡带无法正常工作。此刻，主持人的反应相当机智，她说："看来这位知心爱人还有些羞涩，要我们'千呼万唤始出来'"。再如，当法国著名歌星多罗黛正款款地走向舞台中央时，音响设备却不知何故"哐"地轰天一响，多罗黛以特有的幽默举起双手做了个打枪的手势，曹可凡灵机一动，当即发挥道："多罗黛小姐，刚才是上海观众对您的到来表示欢迎，鸣礼炮一响。"话音刚落，全场一片掌声，一场尴尬轻松化解。

（3）要具有组织和协调能力。播音员与主持人组织、协调，就是在主持中通过语言、行为、思想、情感来影响和感染观众，掌握、控制整个活动的进程和质量，以得到观众认可。没有协调能力的主持人是不称职的，这样的主持人形同虚设。主持人要把所思所感渗透到活动中去，丰富活动的内涵，深化活动的主题，渲染活动的氛围。倪萍是我国著名的综艺节目主持人，她回忆了下面一件事。

　　记得曾做过一次以母亲为主题的《综艺大观》，导演是刘铁民。我非常喜欢这类有人情味的主题节目。当节目快结束时，导演急匆匆地告诉我还剩余三分多钟时间，可是已经没有节目了，让我即兴发挥，把这三分钟的时间填补上。三分多钟，生活中就一眨眼的工夫，可在电视上，在直播现场，三分钟，太长了，说什么，多少话才能填满这三分钟呀。直播就是战场，你来不及周密策划，在场上你也找不到任何可以商量的人，最重要的是观众并不知道你是临场发挥，他依然要你准确、得体，职业要求你必须具备这种能力。在现场你不能有片刻的停顿，我一边往台上走，心里一边激烈地盘算，说什么？对，说观众，我走向了观众席。

　　"我想知道，今天在场的观众朋友们，有哪位是陪同母亲一起来看《综艺大观》的？"此时，我脑子里迅速地做着下一步的打算：如果一个也没有，我会如何？如果有，我该说什么？

　　观众席上一位清秀的小伙子站起来："我！"

　　我惊奇地问："是吗？可不可以把你的母亲介绍给大家？"

　　小伙子看了看母亲，说："可以。"

　　"请这位母亲站起来好吗？"那位母亲笑盈盈地在观众热烈的掌声中站起来。

　　"这位妈妈，我们都为你自豪，有这么好的儿子真幸福啊！小伙子，孝敬老人是最受人们尊敬的，我们都应该向你学习，请坐下。"他们在热烈的掌声中坐下了。

　　我回头看了看导演，他示意我再说点什么，因为时间还有一分钟。说实话，往下再说什么，我已经很自如了。因为那时我和观众一起感受着这份中华民族的美德，我的心被感染着。想到电视是对着千千万万个家庭，对着千千万万个有父母的儿女，我激动了。我转向了镜头："儿子带母亲来看节目，本来不算什么了不起的，但我常常在我们的演播厅里看到的是一对对情侣、一对对夫妻，有的是父母带着孩子，我却很少看见儿女陪着父母来的。其实,老人更需要多出来走走,他们更愿意来看看电视台是什么样儿,演播厅是什么样儿,倪萍是什么样儿。我希望从今天以后,能在这里见到更多的孩子陪着父母来……"

导演给我手势,这个时间填满了,我松了一口气,导演也很满意。

(4)要有同观众迅速沟通的能力。人是感情动物,观众和主持人需要感情上的沟通和共鸣,真情如涓涓溪流,应当伴随实意自然流淌。情不真,无以激动人心;情不深,无以动魄惊心。例如在《智慧园》栏目中,学生说:"我就喜欢数学,将来想做个数学家。就是不喜欢语文,上语文课我就在下面看小人书。"主持人答:"想当数学家是很有志气的,但是中学时代是打基础的时期,不能偏科,样样功课都要学好,这样才能形成合理的知识结构。好比一个木桶,它是由若干合乎规格的木块箍成的,缺了一块,木桶就散啦!"以上难能可贵的是主持人能在瞬间完成喻理构思,和学生迅速沟通成功,而且语言顺畅,比喻形神兼备,精巧而新颖。

(5)要机智,有救场和补场的能力。播音员与主持人不但要机智,还要有急智。在表演领域里流传着一句名言:"救场如救火",主持人都应备一手"救火"的本领。这"火"有时与主持人没什么大的关系,主持人"隔岸观火"也无妨,但从活动全局看,城门失火可能殃及池鱼,所以主持人应当有赴汤蹈火的责任感。案例二所述的孙楠退赛、汪涵机智救场事件是非常成功的例子。

四、播音员与主持人必备的素质

播音与主持是一项高标准、高难度的工作,它的现场性决定了出错的不可弥补性。播音员与主持人素质的高低很大程度上决定了所主持活动的优劣成败。因此,播音员与主持人必须具备以下素质。

1. 要有良好的思想道德素质

言为心声。世界观、人生观、道德观、生死观、苦乐观、审美观支配着人的话语品位。正确的观念、信念、人格品位,是良好的主持人不可或缺的深层基础。一个人主持水平的高低,与其思想道德修养是分不开的。

一些主持人良好的思想道德能受到大众的尊敬,传为佳话。例如,在"爱的奉献——2008抗震救灾大型募捐活动"中,一些知名主持人纷纷捐款,倪萍、李咏、朱军、董卿、白岩松、孙小梅、王小丫、李瑞英、周涛、张宏民、水均益、王志、刘纯燕、撒贝宁、王宁、尼格买提、张璐、海霞、王雪纯、李修平、任鲁豫、张越等都献上了自己的爱心。

而一些主持人低劣的思想道德只能误导、贻害大众。例如,芮成钢,曾任中央电视台财经频道《全球资讯榜》节目主持人、中央电视台英语国际频道《财经中国》栏目主播,主持过《中国投资指南》《环球瞭望》《财经新闻》等栏目。2014年7月11日下午,央视财经频道副总监李勇、知名主持人芮成钢和一名制片人被检方带走。2015年2月,官媒解读芮成钢被查:心太大,急于成名、发财、升官。至于芮成钢本人还涉及哪些案件,与哪些违法违纪人员有牵连,目前有待检方的调查结论。可以肯定的是,芮成钢多年来通过努力、勤奋塑造的专业形象被完全击碎了。

2. 要有良好的心理素质

主持人的心理素质是指主持人在自身成长与发展中形成的比较稳定的心理能力,是承受和调节各种心理压力，摆脱各种心理困扰的能力，是适应节目发展需要、及时调整心态迎接挑战的能力。这种心理素质是对主持人智力因素水平（观察力、记忆力、想象力、思维力等）和非智力因素水平（性格、气质、兴趣、意志、动机信念、理想等因素）的统称。有无良好的心理素质，直接关系到主持的质量效果。譬如现场出现突发情况，需要主持人临危不乱，力挽狂澜，这要求主持人除了有一定的临场经验外，还要求他有足够的心理应变和承受力。所以，播音员与主持人要求具备稳定、健康的心理素质，例如杨澜的"历险记"。一次杨澜在广州市天河体育场主持，中途下台阶时她摔了下来，场内一阵哄笑。只见杨澜沉着地爬起，笑对观众说："真是人有失足马有失蹄呀！我刚才的狮子滚绣球节目滚得还不熟练，看来这次演出的台阶还不太好下呢，但是台上的节目会很精彩。不信，瞧他们！"语音刚落，场内爆发出一阵掌声。转危为安的应变话语建立在从容不迫的心理状态上。如果没有好的心理素质，纵有好口才，也会语无伦次。如果面带羞涩，就会"一失足成千古恨"。

（资料来源：郭红玲，杨涛. 非节目主持艺术[M].北京：中国广播电视出版社，2013.）

心理素质有其先天基础，并具有相对的稳定性。同时，心理素质是可以通过后天培养、锻炼练就的。那么，心理素质如何培养、锻炼呢？

（1）保持良好的心态是帮助主持人树立正确观念，平衡、调适状态，保持愉快心情的一种方式。有什么样的心态，就会有什么样的行为，进而取得相应的成果。良好的、积极的心态可以让人适应各种环境，正确对待种种冲突和挫折，使人拥有愉快的心境，主持人才能抛开杂念，有效工作，达到成功。

（2）培养移情技巧。"移情学说"最早由德国心理学家李普斯提出。主持人利用移情学说，在媒体信息日益泛滥、人际交流日益淡薄的情况下学会包容，学会摒弃杂念，关注、探讨心灵情感、深层交流；在生活中，贴近受众，贴近实际，通过角色互换，促使主持人进入良好的播讲状态。

（3）树立形象。主持人都希望自己拥有职业型良好形象。一方面，要求主持人在生活、工作中立德树人，以阳光、正面的形象示人。作为一名优秀的主持人，应清楚地认识到自己是一名党的宣传员，是在国家集体体制下工作的，尽管在屏幕上突出的是自己，但离开了党和政府提供的舞台和话筒，离开创作集体，你将一事无成。另一方面，要让受众追随你，心甘情愿地收听或收看你主持的节目。赵忠祥在他的一篇文章中提到"主持人是绿叶，而不是鲜花"。这句话说明，要将主持人的个性特点巧妙地融合在节目中，形成极具亲和力的、平民化的主持风格。

3. 离不开丰富的文化素质

播音员与主持人的职业特点，就是通过滔滔不绝的"说"来沟通你、我、他，进行大众传播活动，成为广播电视媒介与接收者之间的纽带、桥梁。充足的文化知识与出色的主持是源与流、本与末的关系。由此可见，扎实的知识功底、敏锐的观察判断力、严谨的逻辑思维能力，既是成为一名合格主持人的基本条件，也是主持人应追求的目标。这一切只有通过不断的学习，自我充实才能做到。"问渠哪得清如许，为有源头活水来"。为了主持艺术"才"源滚滚，主持人必须永不停歇地开凿文化知识之"渠"。如果没有扎实的知识积累作后盾，在他主持的节目中将绝不可能出现连珠妙语，不可能呈现机警、幽默的谈吐，不可能迸发出智慧的火花。

（1）主持人的社会角色是文化的传播者，如果文化传播者自己的文化素质都过不了关，那可想而知这位主持人传播的文化信息质量会怎样。从这个意义上来说，文化素质对于主持人最重要。

（2）人们钟爱有深厚文化底蕴的主持人。对于现在的观众、听众，文化素质普遍提高。人们更钟爱有文化、说话含金量高的主持人，对于他们，人们有美好的期待。

水均益，1984年至1993年就职于新华通讯社国际新闻编辑部，任编辑、记者；1989年至1991年，就职于新华社驻埃及中东总分社，任驻外记者；1993年加盟中央电视台后，任《东方时空》《焦点访谈》《高端访问》《环球视线》栏目记者、编导、主持人。在伊拉克危机、波黑战争、阿富汗反恐战争期间，他多次赴战地采访、报道，是国内著名的战地记者。在人物采访方面，他采访的对象大多是具有世界级影响的人物，是国内专访国际政要、世界商界巨贾和知名人士的采访"专业户"。迄今，他已经有70多次重要专访的经历，曾专访安南、潘基文、普京、克林顿、布莱尔、李明博、金大中、穆沙拉夫、阿罗约、托莱多、阿拉法特、卡尔扎伊、基辛格、比尔·盖茨、多明戈、泰戈·伍兹、骆家辉、罗格、博尔特等人。多年来，他在国际新闻报道和人物专访方面积累了丰富的经验，是国内著名的国际新闻主持人。作为央视"名嘴"，水均益是新闻报道中对中东问题最有研究和独特见解的记者之一。

当然，作为主持人，并非学历越高，主持的节目就越出色，但是出色的主持人应该具有学者的内涵，成为自己所主持门类的半个专家。

同时，主持人的知识不仅要专与深，还要广与博。如果一名主持人通晓古今中外、风土人情、天文地理知识，他在工作中就能够得心应手，游刃有余。

4. 要有良好的交际能力

我们常说某个主持人有"台缘"，这是观众一种真实的喜爱方式的表露。主持人是大众的朋友，因此心中要装得下五湖四海，无论鸿儒还是白丁，都要引以为友，在实际的交流、交往中，不仰视名人，也不鄙薄平民，四海之内皆兄弟。显然，这种交际意识和行为应该建立在真诚、信赖、友爱、尊重的基础上。例如，格力电器老总董明珠在一次商会中做主题演讲，题目是《中国品牌的危机与反思》。演讲完毕，主持人要现场串联，否则就会冷场。具体情况如下所述。

（张会亭串词）董总请留步。刚才我在台下一直认真听您的演讲，感受到了您的自信与专注。同时也感到了运筹帷幄、举重若轻的经营管理效果。但今天我问您一个比较私人的问题：去年我曾在几次论坛上见过您，但今天再见到您的时候，感觉您明显瘦了很多。那么请问，您是减肥了呢，还是经营企业累瘦了？（客观来说，这个问话其实是有陷阱的。如果回答减肥，说明董明珠比较闲情逸致；如果回答累瘦了，说明经营企业并不像她现场描绘的那么轻松。）

（董明珠回答）很多朋友都认为我健身或减肥了，但我没空去健身。……所以还是在经营企业的时候感到更为充实，更有责任感……

（张会亭串词）那就证明是"累并快乐着"。（转向观众）在这里我引用一句很经典的话送给董总：当很多人都在关心您飞得高不高的时候，我们却要关心您飞得累不累。当很多人都在关注企业的状况的时候，我们更要关心企业家的状况。我们由衷地祝愿董明珠女士和她的格力电器明天会更好……（一个巧妙的私人问题彰显了对企业家的无尽关怀）。

5. 要有稳定的气质

气质是人相对稳定的个性特点，是高级神经活动在人的行动上的表现。气质不是装出来的，也是无法装的，人的一举一动、细枝末节都体现着这一个性特点。

从实际情况看，有良好气质的主持人容易被观众接受。气质素养是主持人受文化等多方面熏陶而形成的。

主持人的气质要与所主持的节目相吻合。构成气质的表情、目光、体态、举止等要与所主持的节目相吻合。例如，崔永元在主持《实话实说》时，双臂自然下垂，时而礼貌地请在座嘉宾谈话，时而以大方的手势表达自己的看法。这样的体态语言传达出主持人自信、亲切、随意的内在素养。

6. 主持人应该是一个仗义执言、敢于说真话的人，要有新闻敏感性和社会责任感

比如 2011 年 7 月 25 日，在中央电视台《新闻1＋1》节目中，白岩松针对铁道部发言人王勇平"中国高铁的技术是先进的，是合格的，我们仍然具有信心"的言论犀利反驳："我们形容一个人的身体非常健康，他的心脏功能 40 岁像 20 岁……但他弱智，你能说他健康吗？"又说："能不能让我们坐一趟安全抵达的列车，能不能让人们的幸福享有最基本的安全感？"言论一出，引发新浪微博上多人转载，光是"新浪视频"一个账号的转发量就超过 1.5 万人次。有网友评论，白岩松这一番质疑发言，"才是媒体人应该说的话"。

柴静当年参加《北京"非典"狙击战》拍摄，成为最早冒死深入"非典"第一线采访的记者之一。惊心动魄的现场气氛、摇晃的镜头、柴静身穿白色防护服的瘦弱身影和苍白的面容给观众留下了极其深刻的印象。2003 年起，柴静担任《新闻调查》记者，出现在"非典"的第一线，调查矿难的真相，揭露了一个个欲盖弥彰的谎言；2011 年起，她担任《看见》主持人。2014 年她从央视离职，2015 年年初推出空气污染深度调查《穹顶之下》。柴静始终站在离新闻最近的地方，以她的犀利和敏锐、坚定与坚持，历练成一名优秀的新闻工作者。

技能训练

一、读音错误

播音员与主持人读错的现象大致分为以下几种。

1. 失误

扳平的"扳"，读"班"，不读"板"。

亚洲的"亚"，与"惊讶"的"讶"同音，不读"哑"。

友谊的"谊"，读"义"，不读"移"。

氛围的"氛"，读"分"，不读"奋"。

调皮的"调"，读"条"，不读"窕"。

火焰的"焰"，读"燕"，不读"言"。

比较典型的失误是 84 集电视剧《三国演义》的主题歌《临江仙》中，把"樵"（读"桥"）字

唱作了"交"。

在俄罗斯"勇士表演队"进行的"飞越天门山"活动中,主持人把"幸运观众朱占伟搭乘苏-30 战斗机"的"乘",读成了第四声"秤",实际应为第二声"成"。

结束的"束",读"树",卷舌,也叫"翘舌",不读"速"(平舌)。遗憾的是,大约三分之一的主持人都读错了。

2. 不留意而出现的错误

例如,比较的"较",读"叫"而不读"脚",就是通常说的第四声而不是第三声。

位置的"置",第四声(读"治"),不是第三声(不读"纸")。

以下类推:

克服的"克",四声,非一声。

符合的"符",二声,非三声。

违背的"违",二声,非三声。

佳节的"节",二声,非三声。

崇拜的"崇",二声,非三声。

接触的"触",四声,非三声。

惩罚的"惩",二声,非三声。

大同小异的"异",四声,非二声。

仪表的"仪",二声,非四声。

发型的"发",四声,非三声。

班级的"级",二声,非一声。

支持的"持",二声,非四声。

围绕的"绕",四声,非三声。

职工的"职",二声,非三声。

仍然的"仍",二声,非三声(也不是一声)。

疾病的"疾",二声,非一声。

消耗的"耗",四声,非二声。

卑鄙的"鄙",三声,非四声。

几乎、茶几的"几",一声,非三声(在其他地方组词的时候都使用第三声)。

纤(一声,非三声)维(二声,非一声)。

享(三声)福(二声)。

国家兴亡,匹夫有责。句中的"匹"字,读三声而不读一声。

以小人之心,度君子之腹。句中的"度"字,读"夺"(意思是"猜测")而不读"渡"。

例如的"例",读"力",而不读"烈"。

堤坝的"堤",读"低",而不读"题"。

同胞的"胞",读"包",而不读"抛"。

粗糙的"糙",读"操",而不读"造"。

供应,读做"工硬",不读"共英"。

复数的"复",读"付",不读"浮"。在数学名词中,"复数"和"负数"由于读音相同而容易发生混淆,但"复数"出现的概率很小,使用的时候,只要用它们本身的定义来区分就可以了,不用再在发音上"区别",那样就乱套了。

"而且"一词是最容易被读错的,应读二、三声,不读三、四声。

3.从小学、初中时的错误延续下来

正弦定理的"弦",许多人在学校里学的都是"悬",而这个字只有一个读音"闲"。

对应的"应",读"硬",不读"英"。

剖析、剖视图、解剖,这几个词中的"剖",都读"坡"与"欧"相拼的第一声,不读"抛"。

矩形的"矩",读"举",不读"句"。

卫生的"卫",读"位",不读"伟"。

球冠、桂冠、张冠李戴,三个词中的"冠(帽子)",都读"关",不读"灌"。

曲线的"曲",这个字,只有在歌曲或词牌中才读"取",其他时候都读"屈"。

宿舍,读"速社",不读"许 shě(第三声)"。读 shě(第三声)的时候,是作为动词使用的,如取舍、舍弃。读 shè(第四声)的时候,是作为名词使用,代表的意思是住所,如房舍、客舍等。

处,作为动词使用时,一律读"楚",如处理、处分;如果当作名词使用时,则读"怵",如劳资处、问事处、处所等。

氯气的"氯",化学中常用的词,日常的自来水中要加其消毒,读"绿",不读"路"。

4.个人基础的差异

潜力、潜水的"潜",读"前",不读"浅"。

液体的"液",读"叶",不读"义"。

获得、取得、得到的"得",读第二声"德",不读第三声。

逮捕,读"带补",不读"歹普"。

即将、立即的"即"读"急",不读"记"。注意"即"与"既"的不同。

以上所列,难免挂一漏万,但愿能起到抛砖引玉的作用。

二、容易读错的姓氏

在我国众多的姓氏中,有些因所姓的人数少,又由于汉字的多音读法,所以经常读错。

"仇"读"求",不读"仇恨"的"仇"。

"区"读"欧",不读"地区"的"区"。

"召"读"哨",不读"号召"的"召"。

"任"读"人",不读"任务"的"任"。

"华"读"化",不读"中华"的"华"。

"朴"读"瓢",不读"朴素"的"朴"。

"折"读"舌",不读"折旧"的"折"。

"单"读"善",不读"单据"的"单"。

三、说好普通话

如果套用广告语形容普通话,就是"普通话,语言中的战斗机!"

普通话是"以北京语音为标准音,以北方话为基础方言,以典范的现代白话文著作作为

语法规范的现代汉民族共同语"。这个定义从语音、词汇、语法三个方面提出了普通话的标准。要注意的是,虽然普通话以北京语音为标准音,但就其整个语音体系来说,并不包括北京的一些土语、土音。比如,北京方言说"老师",常说成"lǎoer",说"吝啬"是"抠门儿",这都是不规范的,可不能理解为北京方言就是普通话。

汉语一般分为八大方言,即北方方言、吴方言、湘方言、赣方言、客家方言、粤方言、闽北方言和闽南方言,它们与汉语普通话在语词、语音、语调方面存在差异。

大家都学习过汉语拼音,知道普通话有声母 21 个、韵母 39 个、声调 4 类。一个汉字就是一个音节,声母是音节开头的辅音,韵母是音节中声母后面的部分。声调是构成音节非常重要的成分,即使声母、韵母相同,如果声调不同,也构成不同的音节,代表不同的意义。

(一)声母

声母 21 个,按照发音部位分为以下七类。

(1)双唇音:b、p、m。

(2)唇齿音:f。

(3)舌面音:j、q、x。

(4)舌根音:g、k、h。

(5)舌尖前音:z、c、s。

(6)舌尖中音:d、t、n、l。

(7)舌尖后音:zh、ch、sh、r。

其中,n 又叫鼻音,l 又叫边音;z、c、s 又叫平舌音,zh、ch、sh、r 又叫翘舌音。

七类声母发音要点如下。

1. 双唇音

b:双唇紧闭,气流经口腔破唇而出,但不是用力送气,如"玻"字开始的发音。

p:部位、方法同上,但要将气用力尽量送出。

m:鼻音。紧闭双唇,嗓子用力,气流经过鼻腔,由鼻孔透出。

2. 唇齿音

f:上门牙轻触下嘴唇的边缘,气流从唇齿间摩擦而出。

3. 舌尖中音

d:舌尖抵住门牙后的上牙床,猛把舌尖离开,气流冲出,但不是用力送气。

t:部位、方法同上,但要将气流用力送出。

n:舌尖抵住上门牙后的上牙床,气流经过鼻腔,由鼻孔透出。

l:舌尖抵住上门牙后的上牙床,嗓子用力,气流由舌的两边透出。

4. 舌根音

g:舌根抵住软腭,猛然离开,气流冲出,但不是用力送气。

k:部位、方法同上,但要将气流用力送出。

h:舌根接近软腭,气流从中间摩擦而出。

5. 舌面音

j:舌尖下垂,舌面前部向上隆起,贴紧硬腭前部,然后微微放松,气流从窄缝中摩擦而出,但不是用力送气。

q:部位、方法同上,但要将气流用力送出。

x:舌尖下垂,舌面前部向上隆起,接近硬腭前部,气流从窄缝中摩擦而出。

6. 舌尖后音

zh:舌尖翘起抵住硬腭最前端(上牙床之后),然后微微放松,气流从窄缝中摩擦而出,但不是用力送气。

ch:部位、方法同上,但要将气流用力送出。

sh:舌尖翘起,接近硬腭最前端(上牙床之后),气流从窄缝中摩擦而出。

r:部位、方法同上,但发音时嗓子用力(浊音)。

7. 舌尖前音

z:舌尖向前伸,抵住上门牙背后,然后微微放松,气流从窄缝中摩擦而出,但不是用力送气。

c:部位、方法同上,但要将气流用力送出。

s:舌尖向前伸,接近上门牙背后,气流从窄缝中摩擦而出,但不是用力送气。

(二) 韵母

韵母 39 个,按结构分为单韵母、复韵母和鼻韵母。

1. 单韵母

单韵母 10 个,分别是 a、o、e、i、u、ü、ê、-i(前)、-i(后)、er(儿化韵)。

2. 复韵母

复韵母 13 个,由两个或三个元音复合而成,如下所示:

ai、ei、ao、ou

ia、ie、ua、uo、üe

iao、iou、uai、uei

3. 鼻韵母

鼻韵母 16 个:

an、uan、ian、en、in、ün、üan、uen

ang、eng、uang、iang、ueng、ing、ong、iong

韵母发音要求如下。

a:口大开,舌下降,嗓子用力,气流放出。

o:口半合,舌后部半升,嘴唇略圆,嗓子用力,气流放出。

e:方法同上,嘴唇不圆。

i:上下齿相对,口略闭,嘴唇扁平,舌前部上升,嗓子用力,气流放出。

u:合拢,嘴唇收缩至最圆,舌后部上升,嗓子用力,气流放出。

ü:舌前部上升,和 i 一样,但是口合拢,嘴唇收缩至最圆。嗓子用力,气流放出。

ê:口半开,舌前部半降,嗓子用力,气流放出,如"诶"。随 i、u、ü 之后,构成复韵母 ie、üe。

　　ai：先发 a 音，舌的位置稍靠前（舌尖抵下门牙背后），声音较长，较强，然后把舌向上移动，到能发接近 i 的音时停止。

　　ei：先发 e 音，位置向前，略高，然后把舌向前向上移动，声音较长，较强，到能发接近 i 的音时停止。

　　ao：先发 a 音，位置稍向后（舌略后缩），声音较长，较强，然后把舌向上移动，到能发 o 音时停止（嘴唇更收敛些）。

　　ou：先发 o 音，但是嘴唇不太圆，声音较长，较强，然后把舌向上移动，到能发接近 u 的音时停止。

　　ia：先发较短的 i 音，然后把舌向下移动，发较长、较强的 a 音。

　　ie：先发较短的 i 音，然后把舌向下移动，发较长、较强的 ê 音。

　　iao：先发较短的 i 音，然后移动舌头，发 ao 音。

　　iou：先发较短的 i 音，然后移动舌头，发 ou 音。

　　ua：先发较短的 u 音，然后把舌向下移动，发较长、较强的 a 音。

　　uo：先发较短的 u 音，然后把舌向下移动，发较长、较强的 o 音。

　　uai：先发较短的 u 音，然后移动舌头，发 ai 音。

　　uei：先发较短的 u 音，然后移动舌头，发 ei 音。

　　üe：先发较短的 ü 音，然后把舌向下移动，发较长、较强的 ê 音。

　　an：先发 a 音，舌的位置靠前，舌尖抵下门牙背后，把舌尖转向上，抵住上牙床，发纯粹鼻音 n。

　　en：先发 e 音，舌的位置不在后，而在中央，然后把舌尖抵住上牙床，发纯粹鼻音 n。

　　ang：先发 a 音，舌的位置稍靠后，然后把舌根抵住软腭，发纯粹鼻音 ng。

　　eng：先发 e 音，舌的位置不在后，而变得稍前些、低些，然后把舌根抵住软腭，发纯粹鼻音 ng。

　　ong：先发 o 音，嘴唇稍稍收敛，然后把舌根抵住软腭，发纯粹鼻音 ng。

　　ian：先发较短的 i 音，然后移动舌头，发 an 音。但其中 a 音有变化，舌的位置下降不太低，发音接近 ê 音，口形半开。

　　in：先发 i 音，然后把舌尖转向上，抵住门齿背后的上牙床，发纯粹鼻音 n。

　　iang：先发较短的 i 音，然后移动舌头，发 ang 音。

　　ing：先发 i 音，然后把舌根抵住软腭，发纯粹鼻音 ng。

　　iong：先发较短的 i 音，然后移动舌头，发 ong 音。

　　uan：先发较短的 u 音，然后移动舌头，发 an 音。

　　uen：先发较短的 u 音，然后移动舌头，发 en 音。

　　uang：先发较短的 u 音，然后移动舌头，发 ang 音。

　　ueng：先发较短的 u 音，然后移动舌头，发 eng 音。

　　üan：先发较短的 ü 音，然后把舌位降到次低前元音 u，略后就开始升高，接续鼻音 n。

　　ün：先发 ü 音，然后把舌头转向上，抵门齿背后的上牙床，发纯粹鼻音 n。

　　（三）声调

　　声调有 4 类，分别是：

（1）阴平（如 ā），念高平调。

（2）阳平（如 á），念高升调。

（3）上声（如 ǎ），念低降升调。

（4）去声（如 à），念高降调。

调值的描写，一般采用五度标记法，就是用五度竖标来标记调值相对音高的一种方法。具体做法是用一条竖线作为标尺，自上而下，分为高、半高、中、半低、低等五度；然后，分别用横线、斜线、折线按声调的实际读法标明它们的升降起止度数。

素质养成

中国广播电视播音员主持人职业道德准则

广播电视是当今最具影响力的大众传媒之一，是党、政府和人民的喉舌。为加强广播电视队伍建设，倡导良好的职业精神和职业道德，规范广播电视播音员主持人的职业行为，特制定本准则。

一、责任

第一条　广播电视播音员主持人所从事的事业，担负着传播先进文化，弘扬民族精神，维护国家利益，促进经济社会发展，推动人类文明的崇高使命和社会责任。

第二条　热爱祖国和人民，珍视国家和人民赋予的权力，全心全意为人民服务，为社会主义服务，为党和国家工作的大局服务。

第三条　忠诚党的新闻事业，坚持党性原则，坚定执行党的路线、方针、政策。

第四条　自觉遵守宪法和法律、法规。

第五条　保守国家秘密。

第六条　真实报道新闻，正确引导舆论，努力传播知识，热情提供服务，不断满足广大人民群众的精神和文化需要。

二、品格

第七条　广播电视播音员主持人应恪守敬业奉献、诚实公正、团结协作、遵纪守法的职业道德，谦虚谨慎，追求德艺双馨。

第八条　坚持播出内容与播出形式的高品质、高品位，不迎合低级趣味，拒绝有害于民族文化、社会公德的庸俗报道。

第九条　努力营造有利于未成年人健康成长的文化环境。不动员未成年人参与可能损害他们性格和感情的节目；对有可能被未成年人模仿而导致不良后果的播出内容和播出形式要加以防范。

第十条　采访意外事件，应顾及受害人及亲属的感受，在提问和录音、录像时应避免对其心理造成伤害。

第十一条　尊重公民和法人的名誉权、荣誉权，尊重个人隐私权、肖像权。不揭人隐私，避免损害他人名誉的报道。

第十二条　尊重和保护未成年人、妇女、老人和残疾人的合法权益。报道违法犯罪的未成年人和性侵犯的受害者时,录音、图像应经过特殊处理,使之不可辨认;不公布其真实姓名,不描述犯罪过程。

第十三条　同行之间互相尊重,互相学习,互相支持,开展正当的业务竞争。

三、形象

第十四条　广播电视播音员主持人直接代表广播电台、电视台的形象,言谈举止有着广泛的社会影响和示范效应,应自觉树立良好形象,维护媒体公信力。

第十五条　树立良好的声屏形象,尊重大众审美情趣和欣赏习惯。服饰、发型、化妆、声音、举止等要与节目(栏目)定位相协调,大方、得体,避免媚俗。

第十六条　形象设计要符合中华民族的文化传统,不盲目模仿境外和外国人的形象,不用外国人的名字作艺名。

第十七条　少儿节目主持人的服饰、发型、化妆、声音、举止要充分考虑到对未成年人的影响,展示积极、健康、向上的形象和精神风貌。

第十八条　严格约束日常行为。在工作和生活中要保持良好仪表和文明举止;自尊自爱,不参加任何有损于媒体形象、自身形象的组织和活动;要有公众人物的自觉意识,接受社会、公众和媒体较常人更为严格的监督。

第十九条　确立正确的公众人物观念。尊重观众、听众,热情、礼貌地对待观众、听众;不以个人知名度和社会影响寻求利益,谋求优惠、照顾和方便;在涉及个人的纠纷中,不以个人工作身份和个人知名度影响、干扰和破坏法律、法规的实施。

第二十条　努力提高政治素养、文化内涵、语言能力、心理素质,保持外在形象和内在素质的和谐统一。

四、语言

第二十一条　广播电视播音员主持人要积极推广、普及普通话,规范使用通用语言文字,维护祖国语言和文字的纯洁,发挥示范作用。

第二十二条　除特殊需要,一律使用普通话。不模仿有地域特点的发音和表达方式,不使用对规范语言有损害的口音、语调、粗俗语言、俚语、行话,不在普通话中夹杂不必要的外文。

第二十三条　用词造句要遵守现代汉语的语法规则,语序合理,修辞恰当,层次清楚。避免滥用方言词语、文言词语、简称略语或生造词语。

第二十四条　表达要通俗易懂、准确生动、富有内涵、朴素大方。避免艰涩、易生歧义的语言和煽情、夸张的表达。

第二十五条　不追求低俗的主持风格和极端个人化的主持方式。

第二十六条　与受众和嘉宾平等交流、沟通,做到相互尊重、理解、通达、友善,赢得公众信赖。

五、廉洁

第二十七条　广播电视播音员主持人应该清正廉洁,自觉抵制拜金主义、享乐主义、个人主义的侵蚀,反对任何形式的"有偿新闻"。

第二十八条　不利用工作、身份之便,直接或间接地为本人、亲属及其他人谋取私利。

第二十九条　不以任何名义索要、接受和借用采访对象的任何钱物,采访活动中不提出与工作无关的个人要求。

第三十条　严格区分新闻报道与广告。不以新闻报道形式为企业或产品做变相广告或形象宣传。

第三十一条　不从事广告和其他经营活动。不将自己的名字、声音、形象用于任何带有商业目的的文章、图片及音像制品中。

第三十二条　不私自从事未经本单位批准的节目主持、录音、录像、配音工作及以个人赢利为目的的社会活动。

第三十三条　自觉遵守有关廉政的规章制度和财经纪律,自觉接受人民群众的监督。

六、附则

第三十四条　全国各广播电视制作、播出机构的播音员主持人遵守本准则。

第三十五条　违犯本准则的播音员主持人,将在行业内通报批评;触犯党纪政纪的,给予党纪政纪处分;触犯法律的,移送司法机关处理。

(资料来源:人民网,http://bbsl.people.com.cn/posb/2/1/2/146392753.html.)

第二节　播音员与主持人的语言艺术

问题讨论

(1) 谈谈有声语言的特点。

(2) 无声语言真的很重要吗?

(3) 假如你有幸成为主持人,你认为节目主持开场、中间环节和结语如何做到连接巧妙?

案例导入

案例一

主持人用语准确

(1) 一次,嘉宾中的下岗女工谈到自己曾在家具城打工却分不清家具的材质,崔永元插话说:"是挺不好分的,一次我爱人让我买家具,我在店里问好了,是全木的。拉回家,我爱人一看,说:'你是全木的'。"立时全场哄堂大笑,参与者早已忘了这里是电视台的演播室。

(资料来源:吴郁.主持人语言表达技巧[M].北京:中国广播电视出版社,2011.)

(2) 在某一期名为《伤心一跪与民族气节》的节目中,通过白岩松的描述,大家知道韩国女老板仗势欺人,要求中国雇员下跪。这时,白岩松的一番话,至今令人动容:

"关于老板惩罚中国雇工下跪一事,在这里我不想再议论这个女人了,因为她连被议论的资格都没有。47年前毛主席在天安门城楼上宣布,中国人民从此站起来了。然而这些人面对的不是战场，更不是刺刀、枪口，而是面对一个口袋装满金钱的外国女人。我不禁要对同胞们说：'曾经的贫穷不该是我们觉得比别人低人一等的理由，金钱更不是我们膝盖发软的原因，我要说在奔向富裕的道路上，站直喽，别趴下，更不要跪下！'"

案例二

主持人用语简洁

白岩松："有时我们会忽略日常生活中的那份幸福。其实幸福就是像水一样的东西，就在我们身边流过，好像是一杯好茶、亲人的一张笑脸、午后一抹温馨的阳光，半夜下班时万家灯火中为你点亮的那盏灯……"

水均益："波黑冲突就像一个久治不愈的病人，后来来了好多医生给病人会诊，但是病不见好转，于是人们对医生的处方和动机产生怀疑，医生之间也产生了分歧和争论……"

崔永元："现在招工招聘老是用学历要求吓唬人，就像上饭店点菜，问有大虾吗？有鲍鱼吗？后来却说来份儿蛋炒饭。"

王小骞："今天我们两组选手的要求非常有趣，做个比喻吧，一边想化个妆，一边想整个形。化妆的那边觉得房子原来颜色太杂乱了，希望化个淡妆，能够整合一下，能够协调一下。另外一边呢，则是觉得这房子显得太老气，50 多岁，想整个形，看看能不能变成年轻的 20 岁左右的样子。这两道难题就交给两位设计师了，认识一下今天是哪两位设计师来挑战！"

案例三

主持人用语通俗

在一次以"邻里之间"为话题的《综艺大观》节目中，串联词是这样写的："邻居是什么？是相互帮助的朋友，是在你困难的时候可以向他求援的伙伴，是你生活中不可缺少的友情，是你生命中相互给予的人们。"倪萍觉得这段话固然不错，但缺乏特色，哪一个主持人说都可以，于是她按照自己的生活感受和语言风格改成：

"邻居是什么？是你正在炒菜，发现酱油瓶子是空的，于是你就敲门要点酱油的那家人；是你出差了，可以让他常看看门锁是否被人撬开的那家人；是你家房子冒烟了，能第一个去打 119 的那家人。"

（资料来源：吴郁. 主持人语言表达技巧[M]. 北京：中国广播电视出版社，2011.）

案例四

主持人用语形象

（1）崔永元第 1 期《实话实说》节目做的是《谁来保护消费者？》，在讨论中王海说明销售假货有暴利时说："好像马克思说过有百分之百的利润就可以践踏法律了。"现场观众立即鼓掌赞同，不料嘉宾北大肖灼基教授说："我想纠正一下，刚才那句不是马克思说的，而是马克思引用英国英灵格的话。"这样一来,难免让王海及鼓掌的观众有些尴尬,不等你细想,只听主持人崔永元从容地说:"感谢肖先生适时地为我们开设了第二课堂!"

又是一阵掌声,更为热烈,更为友好,更为快乐,这掌声既是感谢肖灼基教授的,也是赞赏主持人的机智的,话题讨论的气氛也随之活跃轻松。崔永元因势利导,借其势,自然地加以引导,机智地扭转尴尬局面。

（资料来源:吴郁.节目主持能力训练路径[M].北京:中国广播电视出版社,2004.）

（2）中央电视台《幸运52》节目的主持人李咏,热情活泼,语言生动,也不乏富于"理趣"之作:

……（高考）其实各位家长完全没必要那么着急,以前有个口号,叫一颗红心两手准备。我理解它的意思是胸怀目标,沉着应考,考上更好,考不上拉倒。当然,这话不能这么说了。就是这回考不上,孩子们至少也会知道自己身上的漏洞。比如,他们将会从此明白,恐龙灭绝的原因是地壳运动,而不是网吧被查封;发动西安事变的是张学良和杨虎城,而不是张学友和郭富城;历史书上说长征途中闹别扭的是张国焘,跟张国立没什么关系,人家张国立做人是挺厚道的。好了,一不留神,又扯远了……

（资料来源:张政法.有声语言大众传播的生命活力[M].北京:中国传媒大学出版社,2006.）

案例五

李咏独具个性的体态语表达

在2000年的中国电视节目榜的颁奖晚会上,李咏凭借亮相还不到一年的《幸运52》节目,一举夺得了三项大奖。这充分说明,他在《幸运52》中的精彩亮相是得到全国老百姓喜爱的,他在节目中的一举一动赢得了老百姓的认可和喜爱。让我们一起回顾李咏在《幸运52》中独具风格的体态与表达,看看他怎样让本来紧张、严谨的知识问答节目变成了充满激情与欢乐的战场。

伴随着轻快的出场音乐,李咏从台下的观众席中疾驰高呼出场,一下子激起全场情绪;在选手答题时刻,他的眼中充满期盼;进入广告时段,李咏右臂一挥,冲着镜头出重拳,潇洒自如;更让大家意想不到的是,当读完手里的题卡以后,他竟然对着观众将题卡抛向上空,台下观众站起来争夺飞来的题卡,一时间台上、台下欢呼一片!李咏的一招一式显得潇洒自如,一举一动与节目相得益彰。他在《幸运52》节目的标志性体态语,让他的主持风格独具魅力!后来他在主持《非常6+1》的时候,并没有沿用在《幸运52》中的手势语,而是设计出符合节目的手势语:右手大拇指与小拇指竖起,其他手指握住,整个右臂带着这个手势向镜头前冲去。这个标准化的手势语刚好也是《非常6+1》栏目的图标。

（资料来源:李丹,吕丹.播音与主持[M].北京:教育出版社,2015.）

案例六

崔永元的幽默体态语

国庆之际,《实话实说》栏目请来参加全国少数民族传统运动会的56个民族的代表们欢聚一起,他们既是观众,也是嘉宾。崔永元说了几句开场白之后,走向观众席,首先介绍的是新疆维吾尔族青年阿迪力。为让观众了解这位青年，崔永元说道："如果没听说过他，我做个动作，你们就知道了。他是干这个的。"然后，他双手横握话筒（比喻走钢丝的平衡杠），双臂左右摇摆。嘉宾们不约而同地脱口而出："走钢丝的。"在与新疆回族摔跤队员交谈时，旁边的翻译说他们摔跤"和中国式的摔跤差不多"时，崔永元说："如果和中国式摔跤差不多，那就好办了。（面向队员）敢不敢和谁摔一下？"运动员正在犹豫时，崔永元干咳了两声，双手抖了抖敞开着的衣襟，做了一个欲与这位运动员比试的动作，场上立刻响起了掌声。崔永元幽默的谈吐及形象、诙谐的体态与场内外喜庆、祥和的氛围十分协调。

（资料来源：中国主持人网，http://www.showchina.org/zcr/kcpx/200909/t411952.htm.）

理论研讨

一、有声语言的要求

1. 表达尽量准确

语言表达准确，是主持人语言艺术最起码、最基本的要求，也是我们在教学中多次提到并反复要求达到的。这里的"准确"有两个含义，一是内容准确，不能信口开河，言差语错；二是用词准确。在上述例子中，白岩松"更不要跪下"的"更"突出了决心，表达了中国人要有骨气，要人穷志不穷。准确地表达了主持人真挚的情感和爱国情怀，显现了深厚的语言功底和思考的深刻性。

2. 用语尽量简洁

简洁是指说话没有累赘和堆砌的东西，用最经济的语言表达最丰富的意思。主持人在主持活动中有两种情况要注意避免发生。

（1）废话太多，语序颠倒。汉语言中，正常的词序为（定）主（状）谓（定）宾，状语是形容词和动词前面的连带成分；补语是形容词和动词后面的连带成分。固定的语序是汉语语法的一大特点，在口语中应该多一些顺序表达，通常情况下不倒装。有些话我们听起来不自然、不舒服，就是因为没有按照正确的顺序。

（2）修饰太多，主句不明显。当然，简洁，是指句子内容少得恰如其分；如果过分了，就是简陋。主持人说话一定要精练，但是精练不一定是一味求简，一味求短，而是当长则长，当短则短，当繁则繁，当简则简。内容决定话语的长短，要做到短有短的妙处，长有长的必要。

3. 通俗易懂

古人说："情欲信，词欲巧"，观众最爱听的是亲切自然和上口入耳的语言。

（1）称谓要贴切。"师傅"，以前在工厂叫得较多，现在大街上、活动中出现的频率较高。"老师"原指教育工作者，现在好多晚辈对长辈也这样叫，一些老文艺工作者受到此尊称的人较多。"女士""老先生"等也很流行，而"小姐""同志"等词的含义有些变化，不太受欢迎。"郭局""王县""李处""张总""赵导"等在口语中和影视剧中也较流行。

（2）用好第一人称和第二人称代词。我、我们、你、你们等代词的运用会使人有很亲切的感觉,消除了听和说之间的距离,造成一种直接交谈的氛围,大大增强了语言的感情色彩和感染力。

(3) 适当运用语气词和叹词。同样一句话,在书面语中,不用语气词和叹词;而在口语中加进语气词和叹词,会使语气变得更加关切、诚恳,使语言更加生动,表达出主持人的真情。例如,①你一个姑娘单身一人在外,吃住都会遇到不少困难,再说眼下天气渐渐变凉,不知你带的衣服够不够? 真使我担心! ②你一个姑娘单身一人在外,吃住都会遇到不少困难,再说(啦,)眼下天气渐渐变凉(了),(也)不知你带的衣服够不够? 真使我担心(啊)! 有了这个"啦"和"啊",既可以使语言变得更加关切、诚恳,又使语言更加生动,观众也感受到了主持人的热情。

4. 表达适口悦耳

什么叫适口悦耳? 适口,指便于发音,发出的音响亮、清晰;悦耳,指听到的内容清晰、明了、让人爱听。怎么做到这一点?

(1) 尽量使用一些音节响亮的字眼。汉语语音四要素(即音高、音长、音色、音强)造成了汉字强弱、高低、长短的不同。元音发音比辅音响亮,元音中又以开口呼韵母(a、o、e、ai、ao、ei、en、ang、eng、ong 等)最响亮。一些以 u 和 ü 为韵母的字,如女、鱼、绿、出、骨、苦等,因为发音时口张不大,气流在口腔部位受阻,因而声音不响亮。这样的词如果多了,就应把不响亮的词换成响亮的词。例如,"与"换成"和","至"换成"到","日"换成"天","如"换成"像","迅速"换成"很快",等等。

(2) 多用平声字。现代汉语语音有阴平、阳平、上声、去声四个音调,阴平、阳平为平声。上声、去声为仄声。平声字念起来声调提得高、长;仄声字念起来短促,声音传得不远,音感不强。主持人语言中,特别是每句话的末尾,要少用仄声字,最好用平声字。

(3) 尽量多用双音节词。主持人语言要尽量用双音节词,这是口语化的要求。一是因为单音节词义较宽,而双音节词义较为具体。例如"时",可组成时间、时候、时期、时分等。二是因为双音节词可以避免同音词误听,并增强节奏感。例如,向前看、向钱看,可改成向前面看、向金钱看;全部、全不可,改成全都和全都不;食油(石油),改成食用油。

(4) 同音异义词慎用。例如,报复—抱负、意义—异议、功夫—工夫、南方—男方、致癌—治癌等,听上去音大体一样,但是意思大相径庭。如遇到这些词语,主持人可以拆词分解说。例如,"长期吃类似的食物在一定程度上对治疗癌症有显著功效。"这样,受众就会明白其含义了。

(5) 从口语修辞的角度看,多用委婉的语言。

① 为避免刺激,图吉利;如把听力差、耳聋说成"耳朵有点儿不好";古人说"重听";英语说"hard of hearing"(听觉不大利索)都是委婉的说法。

② 为避免粗俗,以求雅;如"怀孕",民间说"她有喜了",甚至更隐晦地说"她有了";交际场合则说"她快做妈妈了"。

③ 为表示礼貌或谦虚;如"还凑合""没关系""还差得远呢",等等。

陈望道先生在《修辞学发凡》中将双关、讽喻、婉转、避讳、藏词列为委婉修辞手法。这些辞格在主持人的口语中经常用到,但主持人更多的是从内容与表达方式上体现委婉,将语义、语音、语调、语势、语态做一些变通处理。

5．独具个性

个性是人与人交往中表现出来的稳定特性，比如独特的性格特点、语言动作等。随着观众欣赏水平提高，年轻、漂亮已不再是评价主持人形象的唯一标准。有特点、有个性、有魅力的主持人才更具吸引力。长相是天生的，屏幕形象却可以塑造。正如法国古典主义美学家布瓦洛所说："在一切事物中，人们喜爱的只有自然。"思想家、文学家布封也曾说过："风格才是本身。"所以，主持人的外观形象应该定位在生活与舞台之间——既高于生活，不似生活中的随意；又低于舞台，不给人以"表演"的造作。著名主持人白岩松曾经说过："主持人必须说自己的话，走自己的路，始终坚持做自己，有自己的特色，才能形成自己的风格。"因此，主持人必须在长期的采编播环节中不断挖掘、凝练自己的优势、专长，并固化为独具特色的个人风格。

少儿节目主持人轻松活泼，新闻节目主持人沉稳庄重，服务节目主持人亲切热情，文艺节目主持人多才多艺、风趣幽默……不同的节目对主持人提出的要求不同。

例如，汪涵的机智幽默使《天天向上》脱口秀节目增色，李好的诙谐风趣使得《一站到底》这档严肃的节目既充满挑战又轻松欢快，白岩松的严肃、犀利和逻辑性在《新闻1+1》表现得淋漓尽致，欧阳夏丹清新、干练的语言风格和《第一时间》栏目相匹配，谢娜的直爽开朗让《快乐大本营》充满欢乐；还有水均益的文化感、敬一丹的亲和力以及崔永元的诙谐感、张越的自然真诚、王志的逻辑严密、窦文涛的机智诙谐、吴小莉的聪慧灵敏、陈鲁豫的轻松优雅——他们体现于主持中的个性化风格有目共睹，他们都以鲜明的风格和内在气质感染和启迪着观众的心灵。

二、无声语言的要求

（一）无声语言含义

无声语言是指主持人借助于某种动作、姿态和表情来表现用有声语言难以表达的意思，主要体现为主持人的形体动作、音容笑貌、服饰和化妆，具体分析如下。

1．体态语言

体态语言是指主持人的站姿、坐姿、走姿、手势动作、头部动作。这些身体姿态和动作是主持人常用的体态语言。

站姿是一个人的风度和精神面貌的重要标志。主持人作为节目的核心，其站姿应使人感到落落大方、健美、精神饱满、信心十足、积极向上。主持人的正确站姿是：挺胸、收腹、两臂自然下垂（一只手举话筒时，另一只手臂自然下垂），脊背挺直，头、颈、躯干和双脚的纵轴在一条垂直线上，形成自然挺拔的形态。在许多节目中，主持人都以坐姿形式进行主持，主持人的位置在自己的座位，例如谈话类节目。这类节目的气氛一般比较轻松，因而主持人的坐姿形象要给人可信、可近、可亲的感觉。女性主持人的坐姿，以双膝并拢或双脚踝前后交叉的姿势为最优雅；男性主持人应双腿微分开而坐，这样显得稳重而坦率。不论女性主持人还是男性主持人，都要直腰而坐。坐姿是电视节目中主持人的重要身体语言，良好的坐姿要求自然、大方、端庄、舒适。

主持人的走姿不同于日常生活中的走路，除了保持站立时正确、优美的姿势外，还要注意整个体形的端庄和健美。躯体的移动要平稳、正直，但不呆板；双臂自然摆动，幅度不能太大,摆动要协调;脚尖略微外侧,落步时要脚掌支撑着地,两脚后跟基本在一条直线上;两腿交替前移,腿的弯曲度不必太大,步伐要均匀而稳健,走路的姿势要给人轻松、舒美大方的感觉。

手势语也是主持人使用频繁的体态语言,它包括手指、手掌、手臂及双手发出的各种动作,如双手自然下垂,双手交叉置于身体前,一只手抬起做动作另一只手自然下垂,双手做动作,用手比画,手指做动作,手臂抬起、挥动、鼓掌,与对方握手等动作。

电视节目主持人常用的头部动作有点头、摇头、抬头。通常,点头的动作表示肯定或赞同,或有时用于加强语气;摇头的动作表示不同意、反感。提高声调时,头部会随之抬高一些;或对某些内容感兴趣时,头部略抬高。

2. 表情语言

人的面部表情能够表达丰富而复杂的思想感情,无论是喜、怒、哀、乐,还是爱、恨、忧、愁。因此,主持人的面部表情是交流和传递信息的重要手段,也是在电视节目中运用最多的无声语言。面部表情最具有表现力,能够最迅速、最充分地反映主持人的思想感情。面部表情主要由眼睛、眉毛、嘴巴、面部肌肉等动作组成。

面部表情中起主导作用的是眼睛。眼睛是心灵的窗户,眼睛能够惟妙惟肖地传递各种信息,表达各种感情。坚定的目光会产生一种力量,温暖的目光会拉近与观众的距离,正直、敏锐的目光给人以好感和信赖。主持人既可借助目光来表达丰富的内心世界和感情,也可借助目光来与观众沟通和交流。

眉毛的动作能起到弱化或强化眼睛所传递信息的作用,如皱眉、挑眉动作。

嘴对于主持人来说,不仅用于讲话,而且是构成面部笑容的主要因素。主持人要有亲和力,笑就是体现亲和力最有力的手段。笑的动作是:嘴巴微开,上齿微露,形成轻笑;唇部并拢呈向上的弧形,不露齿,形成微笑;嘴巴张开呈弧形,上下齿都露出,形成大笑。主持人运用比较多的是微笑。

3. 服饰语言

服饰是电视节目主持人外在形象的重要组成部分,它直接参与视觉形象的塑造,是一种传递信息的无声语言。服饰语言包括主持人的着装、配饰、化妆、发型。受众通过主持人的服饰,可以直观地了解节目的特点,以及主持人的精神面貌、审美情趣、文化修养、个性等。主持人一出场,其服装、装饰物、化妆就会自动地提供给受众相关的信息。例如,娱乐节目主持人的着装大都色彩艳丽,款式时尚;暗色的职业套装意味着严肃的话题,浅色的时装给人轻松愉快的感觉。主持人的化妆和发型也透露出其个性和相貌特征。

主持人的服饰往往代表着时尚潮流,社会上的流行服装、配饰、流行色、流行发型及化妆都会从主持人身上体现出来。服饰语言可增强节目的可视性和艺术性,起到强化传播效果的作用。

（二）无声语言的功能

虽然有声语言是主持人的主要传播手段,在传播中占有主要的时间,但在主持节目的场合中它也有局限性。当用言语不宜直述时,就要求发挥无声语言的作用。无声语言在电视节目主持中具有补充、替代、调节、强调的功能。

1. 补充与替代功能

主持人的无声语言在主持过程中起着重要的辅助作用。在很多情况下,无声语言可以补充和替代有声语言。比如,表示肯定、同意的点头动作,表示否定、不赞同的摇头动作,热情的目光,具有亲和力的微笑,竖起大拇指表示称赞。采用坐姿主持时,若主持人对对方的说话内容感兴趣,上半身向前倾的动作;嘉宾上场时,主持人走上前去与嘉宾握手的动作;主持人抬起双手,手心向下摆动,让观众的掌声停下来。这些体态动作和面部表情补充或替代了主持人的言语信息,是传播者和受众双方感情和信息沟通的桥梁,再加上服饰语言的参与。适当得体的着装、配饰和化妆是对节目的最佳补充,使节目更加充实、丰富。服饰语言释放出来的无声语言信号,潜在并直接地左右着人们对节目的欣赏与评价,起着有声语言无法替代的作用。

2. 调节与强调的功能

无声语言在节目主持中还可以用于调节气氛、协调对话、缓冲心理,常见的有眼神、表情、手势等,一些物件也被用于主持中。比如,用眼神鼓励对方,用点头的动作提示对方继续说,用微笑来缓解紧张情绪、缓和气氛。有的访谈节目主持人手里拿着一支笔,作为调节节目视觉效果的道具。无声语言的强调功能通常用于强调节目的重点内容,以加强语气,突出重点,同时增强节目效果。比如,主持人在重点部分所做的手势动作、点头动作,配合内容的微笑或皱眉,目光的变化,说话时的停顿以及为强化节目的主题思想和突出节目特点所选择的服饰、所使用的道具等。

(三) 无声语言的运用

电视节目主持人作为备受人们关注的、面对观众的公众人物,其一举一动、举手投足以及穿着打扮都直接影响节目质量和信息传达。因此,主持人在提高有声语言运用技巧的同时,必须把握无声语言的运用技巧,以便更清晰、更准确地传递信息,减少信息传递中的误差,使表达更加到位,主持更加自如。

1. 体态语言的运用

由于体态语言具有可视性和简洁性,在现场主持中恰当地运用,可使节目达到最佳效果。任何一档电视节目都不是在主持人的静止状态下进行的,主持人要借助动作的参与来表达思想内容。主持人作为节目的核心,其举手投足间要尽显不凡气质,要做到站有站相,坐有坐相,动静结合,姿态适当。

站立时,要挺胸收腹,脊背挺直,目光平视前方,身体不要晃动,表现出自信、沉稳、精神饱满。上场时的步态要稳健而轻盈,抬头挺胸,两眼平视,双臂自然摆动。在主持过程中需要走动时,步伐不要迈得太大,宜采用侧身或后退式走姿,切忌背朝观众。

在采用坐姿主持时,入座和起立时,动作要轻而稳,特别是女性主持人,要整理好衣裙再入座。要坐在椅子或沙发的前端,不宜把座位坐满,也不宜懒散地半坐半躺。男主持人可微张双腿而坐,女主持人应并拢双膝而坐,可略斜双腿,或脚踝处交叉。

颈部转动要自然,肩放松,腰背直,这样既显得舒展,又有利于讲话时呼吸的控制。手臂可自然地放在腿上,如果面前有桌子,可将手放在桌上。正面对镜头时,宜双臂置于桌上;侧身坐时,宜将一只手放在上面。

在节目中,有时需要面对观众,有时又需要面对现场来宾或采访者,这就要求主持人变换坐姿。对主要交流方向使用正面坐姿,对非主要交流方向使用侧坐。采访时,身体要转向采访对象,同时身体略向前倾,表示热诚和有兴趣。倾听时,点头动作要适当使用,不宜太多,起到补充及呼应的作用即可。

对于手势语的使用,不论是静态还是动态,手指不要僵硬地并拢,也不可大张开五指,应放松地并拢,多采用掌心向上的手势动作,表现出诚挚和礼貌。根据节目内容需要,有时做握拳动作,用手指比画,与嘉宾握手等。运用手势语幅度不要太大,应稳中有变,但不必过多。手势语的运用以简洁、精练为原则。

在运用点头、摇头、抬头这些头部动作时,不可将其等同于日常生活中的这类动作。一方面,要注意美感;另一方面,要注意动作的幅度和次数,动作不可太夸张,使用不可太随意,次数不可太频繁,要根据节目内容需要恰当运用,以达到补充、替代和强调的目的。

主持人的体态动作总体感觉要自然、大方,具有美感,并与节目语境和画面相协调。

2. 表情语言的运用

主持人的面部表情可以对观众的情绪产生直接影响,是与观众沟通和交流的重要手段,是主持人无声语言中最富有表现力的部分。亲切的笑容可以给节目营造轻松、明快的气氛;热情的目光使人感到温暖,受到鼓励;坚定的目光会产生一种力量;正直、坦诚的目光会赢得观众的信任;微笑会使主持人具有亲和力,给观众愉快、甜美的感觉,同时可增进相互理解。

运用表情语言时,要注意方法,并学会适当运用和控制面部表情。通过眼神与观众交流时,目光要平视前方;与来宾交谈时,眼睛要看着对方,目光要亲切、温和。此外,还要注意面部表情必须与内容相一致。比如,谈论悲哀的内容时,不可流露出欢快的神情;谈及严肃的话题时,不可面带笑容。

表情语言运用得当,有利于节目的进展,可促进与观众的沟通与交流,收到“只可意会,不可言传”的效果。主持人在屏幕上一出现,还未开口,亲和的微笑、优雅的姿态、端庄的仪表,便春风拂面般印入观众眼帘、心田。这些非语言信息的传递已经“形先夺声”地开始了。

无论是新闻类、综艺类还是生活类节目,每一档节目都因其内容决定了自己的风格,对栏目主持人的形象有着与栏目风格相吻合的要求。新闻类节目对主持人的形象要求是:端庄大方、正义大气;综艺类节目对主持人的形象要求是:时尚个性、富有活力;生活类节目对主持人的形象要求是:真诚、生活,富有亲和力。比如,一个微笑,表达的绝不仅仅是高兴,还有欣喜、欣慰、肯定,甚至等待等诸多含义;一个怒颜,表达的除了愤怒之外,还有批判、反对,甚至相反的意义。尤其当语境到达高潮时,甚至会休止语言,以一个意味深长的表情来体现全部的意义。各种表情微妙的变化,表现出语言分量的轻重、色彩的浓淡、节目的态度。《今日说法》的撒贝宁,表情大多严肃庄重,与法制节目体现的威严性相吻合;《快乐大本营》的谢娜,表情语言丰富,以搞笑、疯闹为主,符合娱乐节目特质;在汶川地震报道中,主持人哀痛的表情已不足以表达当时的悲伤,直播现场主持人当场哽咽、流泪,这种难以控制的感情爆发出语言难以达到的表达效果。可见,表情语在信息传播中对有声语言不仅起着辅助、补充的作用,甚至可以独立表情达意。

眼睛是心灵的窗户,眼神可以表达丰富的感情,交流复杂的感情。可以说,人的交流,首先是从眼神的交流开始的,友善、鼓励、敌意、怀疑等,眼睛都会用眼睛的"语言"说话。眼神的交流不仅在普通情感层面,甚至可以进行心与心的对话。所以,主持人一定要善于运用这种"语言",在节目中与观众、嘉宾、采访对象进行心灵的交流,例如,《鲁豫有约》主持人陈鲁豫,用一双美丽聪慧的大眼睛邀约嘉宾,真诚、友善的眼神让嘉宾愿意敞开心扉,娓娓道来,使访谈氛围和谐、温馨而快乐。

3. 服饰语言的运用

服饰作为电视节目中主持人的无声语言,对于主持人的形象和仪表有很大影响。服饰是否得体,也关系到节目的成功与否。因此,主持人应当学会正确地运用服饰语言。由于主持人的年龄、性格、体形、脸形、肤色各有不同,选择服饰的标准不得一概而论。主持人选择服饰,要受到节目类型、节目内容,不同的环境、时间及不同时尚的制约,还要根据主持人的年龄、性格、体形、脸形等的不同,选择适当的服饰。例如,脸圆者宜选用"V"字形领或开放式领;溜肩者宜选用带垫肩的服装;体胖者选用深色服装;体瘦者选用浅色服装;腿粗的女性主持人不宜穿短裙,年轻的主持人可考虑样式新颖、色彩亮丽的服装,以展示青春活力。电视主持人以其个性化的形象出现在屏幕上,以其鲜明的个人身份代表节目行使话语权。

由此可见,虽然有声语言是主持人传播信息的重要工具,但无声语言辅助有声语言产生的综合效应是不可忽视的。只有用好无声语言,信息传播才是完整的。

技能训练

一、主持人普通话语音训练

(一)声母的练习

在普通话中,一个方块汉字就是一个音节,音节中起头的辅音就是声母,如"ben 奔"中 b 就声母。声母有 b、p、m、f、d、t、n、l、g、k、h、j、q、x、z、c、s、zh、ch、sh、r。

下面来做声母的正音练习,这部分声母对比词组练习主要用来改掉平翘不分,n/l 不分,f/h 含混等习惯。

1. b 和 p 的对比词组练习

被俘——佩服　　毕竟——僻静　　背脊——配给
备件——配件　　火暴——火炮　　七遍——欺骗

2. d 和 t 的对比词组练习

盗取——套取　　吊车——跳车　　赌注——土著
调动——跳动

3. n 和 l 的对比词组练习

千年——牵连　　恼怒——老路　　允诺——陨落
难住——拦住　　门内——门类　　南部——蓝布

蜗牛——涡流　　无奈——无赖

4. g和k的对比词组练习

骨干——苦干　　河谷——何苦　　歌谱——科普
工匠——空降　　个体——客体　　感伤——砍伤

5. f和h的对比词组练习

开方——开荒　　防空——航空　　幅度——弧度
理发——理化　　复员——互援　　防止——黄纸
开发——开花　　初犯——出汗　　公费——工会
飞机——灰鸡　　仿佛——恍惚　　发现——花线
反复——欢呼　　粉尘——很沉　　伏案——湖岸

6. j和q的对比词组练习

经常——清偿　　手脚——手巧　　迹象——气象
激励——凄厉　　积压——欺压　　集权——齐全
居室——趋势　　简陋——浅陋　　咀嚼——取决

7. 平翘舌对比词组练习（z、c、s与zh、ch、sh）

三头——山头　　综和——中和　　冲刺——充斥
自立——智力　　栽花——摘花　　私人——诗人
散光——闪光　　俗语——熟语　　死命——使命
姿势——知识　　暂时——战时　　增收——征收
桑叶——商业　　食宿——实数　　推辞——推迟

（二）平翘舌音辨正

1. z—zh

自治　尊重　增长　做主　杂志　再植　资助
自重　罪状　宗旨　遵照　坐镇　作战　总之

2. zh—z

制造　转载　追踪　振作　正宗　准则　种子
知足　职责　沼泽　种族　装载　正在　主宰

3. c—ch

蚕虫　操场　财产　擦车　促成　采茶　残喘
草创　磁场　仓储　辞呈　操持　错处　彩绸

4. ch—c

炒菜　冲刺　尺寸　陈词　差错　纯粹　初次
船舱　场次　春蚕　除草　揣测　陈醋　储藏

5. s—sh

松树　宿舍　算术　损失　三山　似是　丧失

诉说　琐事　素食　随时　所属　私塾　散失

6. sh—s

收缩　神速　哨所　殊死　申诉　疏松　山色

深思　上司　胜似　输送　生死　世俗　绳索

（三）平翘舌绕口令的练习

（1）上桑山，砍山桑，背着山桑下桑山。

（2）锄长草，草长长，长草丛中出长草，锄尽长草做草料。

（3）四是四，十是十，十四是十四，四十是四十，谁能说准四十、十四。四十四，谁来试一试。

（4）四十个十四十，十四个四十四。十四是十四。四十是四十。谁说十四是"时事"就打谁十四，谁说四十是"事实"就打谁四十。

（5）我说四个石狮子，你说十个纸狮子。石狮子是死狮子，四个石狮子不能撕；纸狮子也是死狮子，十个纸狮子也不能撕。狮子嘶，撕狮子，死狮子，狮子尸。

要想说清这些字，必须读准四、十、死、尸、狮、撕、嘶。

（四）鼻音和边音辨正（鼻音n，边音l）

1. n—l

农林　年轮　耐劳　哪里　脑力　奴隶　纳凉

奶酪　内涝　暖流　能力　凝练　逆流　年龄

2. l—n

岭南　辽宁　冷暖　留念　烂泥　连年　来年

烂泥　老娘　林农　落难　历年　流脑　遛鸟

（五）鼻音和边音绕口令练习

（1）牛良蓝衣布履扛楠木，刘妞绿衣挎篓买蓝布，牛良的楠木上房梁，刘妞的蓝布做衣裳。

（2）大梁拴好牛在柳树下纳凉，碰上从牛栏山牛奶站挤了牛奶要拎到岭南乡牛奶店的刘奶奶，大梁忙拉刘奶奶到柳树下纳凉，接过刘奶奶的牛奶去岭南乡牛奶店送牛奶。

（3）刘庄有个刘小柳，柳庄有个柳小妞。刘小柳放奶牛，柳小妞路边种杨柳。刘小柳的牛踩了柳小妞的柳，柳小妞的柳扎了刘小柳的牛。

（六）唇齿音和舌根音辨正（唇齿音f，舌根音h）

1. f—h

凤凰　繁华　附和　防护　发挥　返回　妨害

放火　符号　愤恨　风寒　绯红　腐化　负荷

2. h—f

恢复　会费　活佛　荒废　划分　换防　豪放

合法　黄蜂　混纺　护法　焕发　和服　海防

（七）唇齿音和舌根音绕口令练习

（1）我们要学理化，他们要学理发。理化不是理发，理发也不是理化，理化理发要分清。学会理化却不会理发，学会理发却不会理化。

（2）风吹灰飞，灰飞花上花堆灰。风吹花灰灰飞去，灰在风里灰飞灰。

（3）人是人，银是银，人银要分清。银不是人，人不是银，发不清人银弄不清语音。

（4）肉眼不念右眼，仍然不念棱兰，远山不念软山，入室不念玉室，然后不念言后，日夜不念热夜。假使念错了，语言就不准确。

二、容易读错的常见、常用字

1. a

吖 ā（不读 yā、常见药名用字）

2. b

畚箕 běn

泌阳 bì（不读 mì）

臂膀 bì

匕首 bǐ（不读 bì 和 bí）

胳臂 bei（轻声，不读 bì）

针砭 biān（不读 biǎn）

3. c

谄媚 chǎn（上声）

一场雨　一场大战 cháng（不读 chǎng，用于事情的经过）

三场比赛　跳场舞 chǎng（用于文体活动）

匀称　称职　称心如意　对称 chèn（不读 chèng）

种（姓氏）chóng

驰骋 chí chěng（不读 chéng）

揣着书 chuāi（区别：揣测 chuǎi）

氽丸子 cuān（非去声）

霓裳羽衣 cháng（误读 shāng）

憧憬 chōng（不读 chóng）

鞭笞 chī（不读 chì）

啜（姓氏）chuài

4. d

档案 dàng（不读 dǎng）

订正 dìng（不读 dīng）

掇拾 duō（拾掇的意思，不读 duò。在"拾掇"里读轻声）

安步当车 dàng（不读平声）

胴体 dòng（去声，不读 tóng）

5. f

菲薄 fěi（芳菲 fēi 是平声）

果脯 fǔ

氛围 fēn

6. g

准噶尔 gá

勾当 gòu（不读 gōu）

力能扛鼎 gāng（不读 káng）

枸杞 gǒu qǐ（皆上声）

呱呱坠地 gū（不读 guā）

7. h

契诃夫　堂吉诃德 hē(不读 kē)

道行 héng(修行的功夫,比喻本领。不读 háng,xíng)

飞来横祸　蛮横　发横财 hèng　　　横加阻拦 héng

一哄而散 hòng　　　　　　　　　哄堂大笑 hōng

哄逗　哄骗 hǒng　　　　　　　　骨骸 hái

薅草 hāo　　　　　　　　　　　白桦树 huà(不读 huá)

馄饨 hún tun(轻声不读 dun)　　　和泥　和面 huó

搅和　和稀泥 huò

溃脓 huì(区别溃烂 kuì)

8. j

通缉 jī(区别编辑 jí)

窗明几净 jī　　　　　　　　　　嫉妒 jí(区别忌妒 jì)

给予 jǐ 上声(不读 gěi,注意和"给以"的区别)

人才济济 jǐ(不读 jì)　　　　　　里脊(轻声,本音 jǐ)

脊背　脊梁　脊柱 jǐ　　　　　　成绩 jì

眼睑 jiǎn　　　　　　　　　　　矫枉过正 jiǎo

缴纳　缴费 jiǎo　　　　　　　　绢花 juàn

配角儿　角色 jué(不读 jiǎo)　　发酵 jiào(不读 xiào)

解送　押解 jiè(误读上声)　　　　粳米 jīng　籼米 xiān(不读 gěng shān)

浑身解数 xiè(误读 jiè)　　　　　强劲　劲敌　劲旅 jìng(不读 jìn)

阴茎　根茎叶 jīng(误读去声)　　循规蹈矩　矩形 jǔ(误读去声)

前倨后恭 jù　　　　　　　　　　龟裂 jūn(不读 guī)

以儆效尤 jǐng(非去声)

9. k

扛枪　扛长工 káng(不读上声)　　内窥镜 kuī(不读 kuì)

傀儡 kuǐ(误为平声)

10. l

书声琅琅 láng(不读上声)　　　　唠叨 láo(区别唠家常 lào)

落不是 lào(误读 luò)　　　　　　量杯　思量 liáng

量体裁衣 liàng(误读阳平)　　　　连篇累牍 lěi(误读去声)

连累 lěi(误读去声)　　　　　　　果实累累 léi léi(阳平)

伤痕累累 lěi lěi(上声)　　　　　浙江丽水 lí(不读 lì)

淋病 lìn(去声,误读阳平)　　　　绿林好汉 lù

囫囵吞枣 lún(不读 lùn,单独"囫囵"一词时,囵读轻声)

棕榈 lǘ(误读上声)

11. m

莽莽群山　草莽 mǎng

扪心自问 mén

腼腆 miǎn tiǎn（都是上声，"腼"误认为是平声）

酩酊 mǐng dǐng（都不是平声）

披靡 mǐ（不读 mí）

12. n

忸怩 niǔ ní（不读 nì）

13. p

土坯　坯胎 pī　胚胎 pēi

睥睨 pì nì（不读 bì）

媲美 pì（去声，不读 bì）

大腹便便 pián

骠勇 piào（不读 biāo）

砒霜 pī（不读 pí）

漂泊 bó

一曝十寒　曝晒 pù

癖好　洁癖 pǐ（不读 pì）

剽窃　剽悍 piāo（不读 piáo）

心广体胖 pán（不读 pàng）

缥缈 piāo miǎo

娉婷 pīng tíng

湖泊 pō

姓氏繁 pó

曝光 bào

14. q

菜畦 qí（不读 xí）

哨卡 qiǎ（上声，不读 kǎ）

牵强附会 qiǎng（误读 qiáng）

绮丽 qǐ（不读 qí）

蹊跷 qī qiāo（不读去声）

15. s

禅让　封禅 shàn

搭讪　讪笑 shàn（不读 shān）

教室　办公室 shì（不读上声）

精髓 suǐ（不读平声）

禅院　坐禅 chán

妊娠 rèn shēn

箪食壶浆 dān sì（不读 shí）

16. t

轻佻 tiāo

妥帖（贴）tiē

请帖 tiě

字帖 tiè

17. w

关于"为"的读音：

（1）去声（帮助，卫护，"为刘氏者左袒"；介词：行为对象，"为你服务"；介词：目的，"为爱情干杯"；对，向，"为外人道"；因为，"为何"）。例如，为人民服务，为何，为虎作伥，为了，为什么，为渊驱鱼为丛驱雀，为着，为你庆幸，不足为外人道也。

（2）阳平声（做，"大有可为"；充当，"选他为"；变成，"一分为二"；是，"十寸为一尺"；介词，与"所"合用，"为群众所喜闻乐见"；助词，跟"何"相应，"何以家为"；副词后，如"广为""极为"）。例如，为非作歹，为富不仁，为害，（无能）为力，为难，为人，为期，为首，为止，为所欲为，为伍。

18. x

纤维 xiān wéi（易读 wēi）

嫌弃 xián（阳平，误读上声）

嬉皮笑脸 xī（误读上声）

鲜见 xiǎn（不读 xiān）

相机行事 xiàng（不读阴平声）

挟制 xié（不读 jiā）

乳臭　铜臭 xiù（不读 chòu）

骁勇　骁将 xiāo（不读 xiǎo）

19. y

眩晕 xuàn yùn（不读 xuán yūn）

倾轧 yà（不是 zhá）

良莠不分 yǒu

迂回　迂腐 yū

年逾古稀 yú（不读 yù）

伛偻 yǔ lǚ

熨帖 yù（熨斗）

鹬蚌相争 yù（不读 yú）

与其 yǔ（不读去声，除了在"参与"里读去声，其他读上声。去声：参与　与会；上声：与虎谋皮，与人为善，赠与，我与你）

晕车　晕船　晕机　晕针 yùn（不读 yūn。头晕，晕厥 yūn）

20. z

包扎　扎小辫 zā（不读 zhā）

载 zǎi：年、登（载）。例如：千载难逢，转载，登载。

拒载　载人 zài（不读上声）。

载 zài：装（载）、又。例如：载重，载体，载运，怨声载道，载歌载舞。

水藻　辞藻 zǎo（不读去声）

札记 zhá

占卜　占星术 zhān

棋高一着 zhāo（不读 zhuó）

着慌 zháo

召开　号召 zhào（无平声）

动辄 zhé（不读 zé）

症结 zhēng（病症是去声）

踯躅 zhí zhú

卷帙浩繁 zhì（不读 yì）

博闻强识　标识 zhì（误读 shí）

压轴戏 zhòu（误读 zhóu）

莺啼鸟啭 zhuàn

颤栗（战栗）zhàn 颤动

发颤 chàn

白术 zhú

渣滓 zǐ（可读轻声，但不读去声 zì）

素质养成

不同节目语境的体态语运用

目前许多电视节目是根据不同对象设置的。下面从少儿、青年、老年三种对象型节目对主持人体态语的要求，进行比较与训练，从中找出共性与个性特征，以便更好地掌握。

一、主持少儿节目

由于这类节目对象天真、活泼，与主持人在年龄上的差距一般较大，所以应当用平视的眼光与他们交流，使之消除胆怯心理，就需要从体态上接近他们、靠近他们，并与之融为一体。因此,形象性、夸张性是体态语训练的关键。但这种形象和夸张必须来自对小朋友的真心喜欢,不能装腔作势,故意装嫩。

✍ **例 话**

小鹿和哆来咪的体态语

在中央电视台《动画城》节目中:

小鹿:"……嘿,哆来咪(用右手食指指着对方),别站在这儿说话不腰疼(脑袋一歪,用手示意了一下对方)。想想人家哪吒那么小的一个小孩子(转身向左前方,两手五指并拢,手心朝下),被关在一个伸手不见五指的黑屋子里(双手伸展合住,做了一个关门的动作,然后右手转了一圈,同时闭了一下眼睛),多害怕呀(双手交叉放在胸前,上身哆嗦了几下)!"

哆来咪:"(一脸的不屑)害怕?你知道我小时候(左手伸出食指转了一小圈),还经常……"

小鹿:"还经常(满脸惊讶神情,并伸出手指配合)?"

哆来咪:"被关在黑屋子里,哎,我一进黑屋(手指动了一下,合住手掌),就呼呼大睡(双手合拢,眼睛闭住,头左右摇晃,一只脚跷起)。"

小鹿:"哼,你呀(用手指指对方),你就哇哇大哭还差不多(手心朝里,然后两手十指分开,分别在脸的左、右晃了两下)。"

哆来咪:"你怎么知道(右手食指指着面颊,做害羞状)?"

小鹿:"好了,(面向观众,头微微向里侧摇了一下)今天的《动画城》节目就到这里结束了(双手张开)。别忘了,明天的十点三十五分的《动画城》节目再见(左手食指点了几下,以示强调),我们再见(左手张开告别,同时身子向里侧)!"

哆来咪:"(对观众点了一下头,表示配合)再见(右手张开告别,同时身子也向里侧)!"

小鹿和哆来咪的体态语灵活多变,形象夸张又不失自然,与节目的内容和谐统一。

训练提示:

听孩子们说话要格外专心致志,距离要近,目光注视要专一,神态充满爱意,表情丰富生动;与孩子说话,手势语稍显夸张,幅度较大。

二、主持青年节目

现在的青年节目都由年轻的主持人担任,言谈举止有许多共同之处,所以不必为了接近观众而去特意想一套别致的体态语。但是,根据不同节目,还是应该有不同的技巧,不同的设计,尤其要克服体态语运用的随意性。年轻人反应快,动作敏捷,在主持的过程中,动作要干净利索,简洁明了,不要拖泥带水。

相对来说,对于益智类、竞猜类节目,主持人体态语使用得较丰富,节奏变化也大,而对于知识性、专业性强的节目,主持人的体态语使用较细腻。

✍ **例 话**

李咏在《幸运52》节目里的体态语

李咏的体态语运用不仅洒脱,还别具一格。有时为渲染气氛,创造娱乐氛围,他握拳出击；有时弓步待发。再看他读卡时，绕口令般的语速，配以夸张的双臂摆动的持卡姿势，都对活跃现场气氛，与观众产生互动，起到了积极的作用。有时，他突然放慢语速，挑起双眉，眼睛忽而看卡，忽而又看台下的观众，扑朔迷离的神秘，给观众造成一种紧张的期盼心理，可谓闹中取静，具有很强的感染力。李咏很会利用体态语渲染悬念，比如广告前后，他总要以洒脱的步态绕场半周，寻找机位与场外的观众通过眼神、表情和动作进行交流，"吊"起大家的胃口。

在一次节目中，李咏这样说道："前几天我收到观众的来信，说我们《幸运52》的幸运超市呀，能不能增加点商品（左手五指合拢再向外打开），比方说艺术品之类的（左手举起晃了一下）。所以我就去了趟拍卖行（左手食指往左侧指）。我以前没去过（左手举起摆了一下），不知那儿的情况，哎呦一去，人特别多呀（双手打开），每个人都拿一小牌（左手五指并拢伸开做小牌状），一会儿往高举（手向上举），一会儿往低举（手向下举），一会儿往高举（手再向上举），一会儿往低举（手又向下举，并且头和目光一直随手势上下起伏）。一会儿拍卖品就给拍光了，我们什么也没落着（双手摊开）。我就琢磨：我不能白来啊！我东瞅瞅，西瞅瞅，哎，发现一样东西（右手举起），我见四下没人就偷偷地给顺来了（从身后拿出一个拍卖锤）……"

训练提示：

（1）体态语不要太随意，过于放松就会显得油滑。

（2）手势不要过多、过快，以免干扰观众视线。

（三）主持老年节目

当今的老人经历了半个世纪的坎坷，奉献了自己最宝贵的年华，他们是社会特别需要尊敬、关爱的对象。随着我国逐步进入老龄化社会，老年节目相应增多。老年节目的主持人一般还不是老年人。作为主持人，尤其应该有正确的心理定位，适时的体态语会让老人倍感温暖。

比如，手势、动作要尽可能地少、轻、慢，以适应老年人的思维节奏。但是如果参加节目的老人的心理年龄还比较年轻，身体较好，主持人在与之接触时，体态语过分"关照"，会显得多余，甚至有损老人的自尊心。主持人怎样以关爱又不失尊重的体态语与他们交流呢？这就需要主持人充分了解老人的心理，在体态上把握好分寸。

例话

陈志峰与"老夫妻"对话

在中央电视台《夕阳红》栏目的一期名为"老夫老妻"的节目中，主持人陈志峰刚说完"我们欢迎他们二位老人上场"，身子便转向从后台上来的两位老人，并快步跨上前去，身体前倾，双手前伸，握住老人的手，接着后退几步领老人坐下。在和老人交流的过程中，他始终保持身体前倾的姿势。当现场老观众要与老先生握手时，陈志峰迅速走下台阶，去搀扶老人。通过这一系列的动作，表达了主持人对老人的热情和尊重。

在节目中，主持人问老人的妻子："在众多的毛病中（主持人面向女嘉宾），您最不能容忍的是什么(主持人面向观众)?"伴随着口语表述,主持人首先面向被提问者,身体前倾,表示出对嘉宾的期待,接着面向观众,一是表示没有忽略台下观众;二是为了获得观众对提问的支持;三是有一种与观众分享乐趣之意。如果没有这些体态语的辅助,只是面朝嘉宾呆板提问,台下观众对这一问题的反应就不如有体态语调动那样强烈,气氛也没有那么活跃。

当陈志峰用试探的口吻向丈夫提问"你就不能改改吗"时,特意在说"不能"的同时,用拿话筒的手上下挥了一下。这一挥,表示了对老先生的"毛病"的幽默规劝。但如果嘉宾是一位年轻人,主持人这样的体态语也许就起不到同样好的效果了。

(资料来源:中国主持人网,http://www.showchina.org/zcr/kcpx/200909/t411952.htm.)

第三节　播音员与主持人的节目流程调控

问题讨论

(1) 谈谈你最喜欢的一位主持人的开场白,或现场模拟一段节目开场白。

(2) 你最喜欢的节目结语是哪段? 能模拟一下吗?

(3) 举一个你最成功的沟通案例。

案例导入

案例一

"2011 感动中国年度人物"开场白

总有一种声音,挥之不去,在天地间久久回响;总有一群背影无法忘怀,成为一个民族的记忆;总有一些瞬间刻骨铭心,生死刹那,把信念传递。一个又一个感动时刻,温暖、陪伴我们,走过十年,他们点燃爱的火把,带给我们前行的力量!

(资料来源:百度文库,http://wenku.baidu.com.)

案例二

"2011 感动中国群体人物"白方礼们

——白方礼无私奉献　蹬三轮车二十年圆贫困孩子上学梦

结束语

"感动中国"走过了十年。十年呀,有欣慰,也有遗憾! 欣慰的是,曾经有那么多人在这儿接受了我们的掌声;遗憾的是,十年,有那么多人,没能在这里接受我们的敬意。

主持人:其实您的遗憾也是我们的,您的期待也是我们的,但是十年是一个机会。在今天环绕我们的这么多的面孔当中,还应该添加进更多更多的面孔。接下来的这位老人,就是其中的一位代表。

主持人：这辆三轮车，曾经洒满了白方礼的汗水，今天盛满了鲜花。作为爱的象征，这辆三轮车已经被中国扶贫基金会收藏。今天围绕着它们的是白方礼小学的同学们，他们都来自白方礼的老家，河北的沧县，这些孩子都非常熟悉白方礼的故事。

主持人：老人已经不能再来到我们的现场了，然而透过这群孩子，我们似乎能更加清晰地看到老人的面庞。这些鲜花就放在三轮车里，仿佛依然被老人的汗水浇灌着，在过去的岁月当中，像白方礼老人这样的人，太多太多了。

主持人：白方礼这样的故事还在延续，而这样的好人就在我们身边。在"感动中国"走过十年的时候，请接受我们的特别敬意，白方礼们！

主持人：接下来，就让来自老人家乡的孩子们，把这花送到您的身边，送到您的手中。送人鲜花，手留余香，这一束花像是一个邀请，也像是一个接力棒，在爱与感动的传承中，你、我、他人人有份。

主持人：让我们传递着鲜花，传递着温暖，带着白方礼们给我们的这种人间的温度，走进新的春天。

主持人：在这新的一年当中，我们已经行走了一段时间，匆匆的脚步里面，我们留给世界的不能只是背影，还应该有我们的期待。为了爱和幸福，让我们为我们每一个人加油。

（资料来源：百度文库，http://wenku.baidu.com.）

案例三

中央电视台《对话》：激情创新开场白
（2001年12月30日播出）

主持人：欢迎大家来到《对话》现场。有一个非常年轻、时尚的人，他形容今天这个时代给他的感受的时候是这样说的，今天这个时代的创新就像一条疯狗，追得他整天惶惶不可终日。说这话的是一个20多岁的小伙子。同样是说创新，有一位60多岁的人，她是这样说的，我们拒绝平庸，宁做旷野里呼啸的狼，也不做马戏团的老虎，没有创意，就去死吧！说这话的就是我们今天邀请到的嘉宾——前科技部部长朱丽兰女士。

（资料来源：百度文库，http://wenku.baidu.com.）

理论研讨

播音员与主持人的节目流程调控如下。

一、巧妙开场

开场白应短小精巧，新颖诱人。古人云："善于始者，成功已半。"好的开头，能唤起受众的兴趣，产生巨大的吸引力；好的开头，能为全篇定下基调，是庄重严肃，还是喜庆欢快，抑或是诙谐幽默；好的开头，能自然顺畅地引起下文，造成接受主持观点的心理定式。如何开好头？下面讲的方法可供参考。

1. 自然导入法

主持人的开场白要立足生动，开启受众的思路，将他们自然引到活动的预定环境中去。

下面是杨澜与姜昆主持《正大综艺》的一次开场白。

杨：各位来宾,电视机前的热心观众朋友们,你们好!

姜：也许你刚刚脱去一天的疲惫,泡一杯浓茶坐到电视机前;也许你正觉得无聊,想不出家门就看到外面的世界,也许你刚刚做完老师布置的作业,希望在休息之前从我们这里得到一点精神享受。

杨：那好吧,就让我们带着您跨越时空的障碍,到世界各地去领略一番异域的风情,聆听美妙的音乐,因为——不看不知道,世界真奇妙!

这里主持人真诚的问候,关切的话语,自然地引入节目的正题。

2. 曲径通幽法

这种方式开始听来觉得有点离题,但主持人娓娓道来,自然引入话题,有曲径通幽之感。例如下面这段开场白:

"82年前,嘉兴人拿出一条船,开了一个会,参加会的人谁都不希望让人认出来;今天,浙江人又拿出一座剧院,开了这样一个会,会上人人都希望人们认出他们来。"

2003年11月5日在浙江举行了第23届电影金鸡奖颁奖仪式,这是中央电视台主持人李咏的开场白。主持人将中国共产党第一次代表大会与电影界的颁奖大会作对比。先不点明主旨,而采用委婉的方式,曲径通幽,逐渐引起人们的注意,最后显露真谛,一语道破,真相大白。

3. 情境导入法

在演出与活动的现场,一般包括主持人、表演者、参与者、听众或观众、演出时间与地点等因素。主持人若能从这些因素入手,形成一种场境效应,就能给受众一种亲切真实感。例如:

尊敬的各位嘉宾,亲爱的女士先生们,人见人爱的姑娘们以及现场的小朋友们:

大家晚上好!

今天,我们欢聚在一起,踏着新年的钟声,共同迎来了一个平安、祥和、激情的夜晚。首先,我代表酒店的老总及全体员工向您的到来表示热烈的欢迎和衷心的感谢! 感谢您在这个特殊的节日里选择与我们一起共度,一起狂欢! 今晚,我们一起狂欢,一起庆祝元旦这个美好的节日。

今夜,我们欢聚一堂、载歌载舞;

今夜,我们激情满怀、心潮澎湃;

今夜,我们送去我们的祝福;

带着祝愿,带着嘱托;

埋藏已久的期盼,化作今日相逢的喜悦。

4. 情感烘托法

从某种意义上说,主持人是活动的灵魂,可以用动人的话语为整个活动或节目设定一种特定的情境,奠定听众或观众欣赏节目的感情基调。

例如,在纪念抗战胜利50周年的一次文艺晚会上,主持人是这样开始的。

"亲爱的观众朋友,您是否还记得 50 年前那段悲惨的历史?那时,日本帝国主义的铁蹄踏进我泱泱国土,山河被毁坏,村庄被烧光,兄弟被掠杀,姐妹被蹂躏。多少人家破人亡,多少人妻离子散。今天,回顾这一悲惨的历史,重翻这痛心的一页,您的心情如何呢?"

这段动人的述说,像一颗巨大的情感炸弹,使深沉的气氛顿时弥漫会场,台上、台下情感相通,产生心灵共鸣,确立了晚会的基调。

5. 幽默调侃法

一些轻松活泼的集会,一些综合板块的演出,往往需要一种欢乐、和谐的气氛。主持人如果用健康高雅、幽默风趣的话语使活动或节目开场,是很受大家欢迎的。

例如,在春节联欢晚会上,中国台湾影视歌三栖明星凌峰出任节目主持人。他是以如下幽默的方式开头的。

在下凌峰,我和文章(中国台湾歌星)不一样,虽然我们都得过"金钟奖"和"最佳男歌星"称号,但我是以长得难看而出名的。两年多来,我们大江南北走了一趟——拍摄《八千里路云和月》,所到之处呢,观众给了我们许多的支持,尤其是男观众对我的印象特别好。因为他们认为本人长相很中国,中国五千年的沧桑和苦难全都写在我的脸上。一般来说,女观众对我的印象不太良好:有的女观众对我的长相已经达到了忍无可忍的地步,她们认为我是人比黄花瘦,脸比煤球黑。但是我要特别声明一下,这不是本人的过错,这是父母在生我的时候没取得我的同意就生成这个样子了……

凌峰对自己的相貌进行了调侃,洒脱不羁,新奇诙谐,使晚会气氛开始就形成了一个高潮。

幽默被喻为"语言中的盐",它使人发笑,引人深思,令人回味。幽默风趣的话语常常能够创设出一种轻松活泼的氛围。

二、连接自然

主持一场活动或节目,一般都应该在中间搭桥,过渡照应,把整个活动连成一个有机的整体。

【例文 1】 在一场晚会刚开始不久,连接大屏幕的一根线路出现了一点小故障,除主持人话筒外,所有音响、屏幕处于瘫痪中,现场突然陷入一片寂静。白岩松急中生智,为大家讲了一个故事:"有一次,一个著名的教授在大学讲课,当课讲到一半时,教室里突然停电了。按理说,这是让人感到烦恼和尴尬的时候,谁知这位教授却说:'本来我长得就不够好看,光线再亮,赋予我的脸庞也毫无意义,这下好了,我终于可以从自卑中走出,在黑暗里找到我的全部自信,因为我要讲的东西才是最重要的。'后来,点上了两根蜡烛。那个时刻是当晚经历了的人们感到最精彩的一幕。"这个故事经过白岩松的表述,变得非常精彩,还恰当地契合了现场的情况,赢得了现场观众热烈的掌声。不知不觉,工作人员抢修好了故障,白岩松又不失时机地幽默了一句:"有时候,一点点挫折能让你的感动更长久,请用掌声鼓励一下我们的工作人员!"

【例文 2】"朋友们,看过《大决战》《毛泽东和他的儿子》《你好!太平洋》这几部影片的观众,可能会对演员把领袖人物说话学得活灵活现而感到惊奇。然而,很多人可能并不知道,在这几部影片中为毛泽东、周恩来、邓小平等演员配音的竟是同一人。他,就是空军政治部话剧团演员周贵元!"这是北京电视台某年元旦晚会上主持人的介绍,采用了烘托、蓄势、铺垫的手法,将周贵元推到观众面前,使观众未看节目就对演员充满了敬意和期待。

【例文 3】　在一次诗文朗诵会上,主持人缓缓走上舞台,她没有立刻报节目,而是充满深情地朗诵了一首诗:"母亲将院子扫干净/雨就来了/母亲将锅揭开/饭就熟了/母亲将衣服补好/夜就深了……母亲刚来得及拢　拢头发/两鬓就白了/母亲刚来得及照一照镜子/皱纹就深了/母亲刚刚入梦/天就亮了……"接下来开始报幕:"请欣赏配乐散文朗诵《妈妈别走》。"

主持人报幕是为了推出下一个节目,主持词既要起到承前启后的作用,又要为即将推出的节目做好铺垫,使前后融为一体。这段主持词无疑起到了烘托、渲染气氛和抛砖引玉的作用,可以说是珠联璧合。

主持活动一般都需要在中间搭桥接榫。主持词的连接词语既要关照先前,画龙点睛;又要引导其后,渲染蓄势。这样承上启下,过渡照应,层层推进,才能把整个活动连接成一个有机的整体。

三、随机应变

一个成功的主持人,最大特点莫过于遇惊不乱,随机应变;能左右逢源,灵巧变通;能快捷思考,准确判断,巧妙地调整表达方式。其技巧如下所述。

1. 巧妙纠错

比如在座谈会上,与会者意见相左,甚至唇枪舌剑,发生争吵,互不相让。这时,主持人就要出来打岔,或转移注意,接过话头自己说,把争论双方的注意力转移到别的方面;或联络感情,帮助双方寻找共同点,缩小感情上和心理上的差距;或公正评价,将双方的意见进行清理和归纳,合理评价,阐述双方都能接受的意见;或引导自省,使双方从事实中反省自己的观点和错误,消除误会,认同真理。

例如,袁鸣口误赢得"满堂彩"。中央电视台著名节目主持人袁鸣应邀到海南省海口市主持"狮子楼京剧团"建团庆典,由于去得匆忙,准备不足,一上场就闹了个令人捧腹的笑话,但她巧妙地将其化解。

袁鸣:现在我荣幸地向大家介绍光临"狮子楼京剧团"建团庆典的各位来宾——今天参加庆典的有……有海南师范学院党委书记南新燕小姐!

(台下缓缓地站起了一位白发苍苍的老教授)

(全场大为诧异,一片哄笑……)

袁鸣:(歉然一笑)对不起,我这是望文生义了——不过,南教授的名字实在是太有诗意了。一见到南新燕三个字,我立刻想起两句古诗:"旧时王榭堂前燕,飞入寻常百姓家",这南飞的新燕是一幅多么美丽的图画!而且我觉得,今天我们这里也出现了类似的情景:京剧一度是清末的宫廷艺术,是流行于我国北方的戏曲,但是现在已经从北方流传到南方,跨过琼州海峡,飞到了海南,而且今天就要在这里安家落户了——这又是一幅多么美妙的图画呀……

(顿时掌声、欢呼声四起)

袁鸣轻松面对失误,立即调动自己的知识和语言储备,紧扣题旨情境,挽逆升华,深化主题,升华格调。

2. 巧破僵局

僵局也是主持人常碰到的难题。一次,著名曲艺家、节目主持人崔琦在北京电视台主持一场曲艺晚会,一位杂技演员在表演《踩蛋》的时候,一不小心,脚下的鸡蛋被他踩坏了一个。观众全都看见了,演员很不好意思地换了一个鸡蛋,崔琦忙打圆场:"为了增加艺术效果,证实鸡蛋是真的,所以演员故意踩坏了一个给大家看。"不巧的是,崔琦话音刚落,演员脚下又一个鸡蛋碎了。观众马上转向主持人:这回看你怎么说。只听崔琦说:"唉,社会上的伪劣产品屡禁不绝,看来不抓不行了——连母鸡都生产劣质产品!"台下顿时一片笑声和掌声。

面对演员一而再的"失误",崔琦先是反话正说,把演员不小心踩坏鸡蛋的出丑行为,机智地"正名"为"验证鸡蛋真假"的正常的特意行为,一下子为演员挽回了面子。后面,崔琦又借机发挥,巧妙地将鸡蛋破碎的原因引申到"伪劣产品"上,既合理又幽默地把责任推到了母鸡身上,令人忍俊不禁,又让人深深感受到他的圆场技巧和语言智慧。

3. 巧解难堪

碰到难堪怎么办?主持人思维要快,应变能力要强。在"海峡情"大型文艺晚会上,舞蹈家刘敏在表演时不慎跌落乐池之中。面对全场惊呆之状,主持人凌峰不慌不忙地走上台,慢慢摘下翘边的礼帽,露出光秃秃的脑袋,向观众深鞠一躬说:"观众朋友,我知道,大家此刻正牵挂着的是刘敏摔伤了没有,那么请放心,假如刘敏真的跌伤了,我愿意后半辈子嫁给她。"机智的调侃,缓解了观众的紧张情绪,使一直揪心的观众忍俊不禁。但是,到底刘敏摔得怎么样,观众仍很牵挂。接着,凌峰又说:"观众朋友,艺术家追求的是尽善尽美,奉献的是完整无缺,现在——刘敏要把刚才没有跳完的三分钟舞蹈奉献给大家,奉献给海峡两岸的父老兄弟姐妹!"刘敏翩然出现在舞台上,观众中爆发出雷鸣般的掌声。

这掌声既有对刘敏高尚艺术品格的赞美,也有对主持人凌峰遇惊不乱、冷静处理,左右逢源、化解尴尬,巧妙、机智地变通主持词而表示的赞赏和谢意。

四、巧于终结

俗话说:"编筐编篓,最难收口。"节目或活动进入尾声,虽然就要结束,但仍要讲究技巧,切忌草率急躁,匆匆收场,要巧于终结。

【例文 1】

女:此时此刻,一切语言都难以表达我们的愉悦。

男:此时此刻,这份愉悦,我们只能在心底默默地感受。

女:此时此刻,我们的诗情、我们的快乐将会永驻。

男:此时此刻,青春的树,枝繁叶茂,我们的诗心也会永驻。

女:让我们以热烈的掌声为我们的青春喝彩!

合:为本次青春诗会的圆满成功喝彩!

这是一次大学生"青春诗会"的主持词结束语,激情昂扬、热情奔放的话语,令人振奋,令人回味无穷。

【例文 2】　文艺晚会主持词。

"朋友们,教师是伟大而崇高的。他们是蜡烛,燃烧自己照亮别人;他们是小草,默默生存点缀人生;他们是渡船,迎着风险送走人们。在这晚会就要结束的时候,让我们深情地对他们道一声:辛苦了,人类灵魂的工程师。"

(资料来源:欧阳友权,朱秀丽.实用口才训练[M].长沙:中南大学出版社,2005.)

技能训练

一、正音练习

在吐字练习中,正音练习很重要。问题主要出在 z、zh 不分,c、ch 不分,s、sh 不分上。

(1) 字的对比练习。训练要求:对比平、翘舌声母,再分别组词,做朗诵练习。

平—翘:滋—之;字—只;咋—扎;总—中;嘴—追;增—正;尊—准;藏—张。

(2) 词的对比练习。训练要求:对比平、翘舌声母,再分别用每个词说句话。

平—翘:自主—支柱;栽花—摘花;木材—木柴;推辞—推迟;私人—诗人;司机—实际。

(3) 组词练习。训练要求:用平、翘舌音组词,辨音记词,再用每个词说句话。

z—zh：在职　杂志　栽种　增长　自重　宗旨

zh—z：渣滓　张嘴　种族　长子　沼泽　振作

c—ch：财产　草场　猜出　采茶　彩绸　餐车

ch—c：车次　场次　蠢才　纯粹　差错　陈词

s—sh：三十　丧生　扫射　私塾　四十　四声

sh—s：哨所　山色　深思　神速　上诉　深邃

二、发音容易出现问题的混编两字词及绕口令

(1) 经济纪律　天气预报　利欲熏心　囤积居奇　里约热内卢　连续剧　人大常委会　人大常务委员会副委员长　中共中央书记处书记　刚果共和国　体育运动委员会

(2) 扁担长,板凳宽,板凳没有扁担长,扁担没有板凳宽。扁担要绑在板凳上,板凳偏偏不让扁担绑在板凳上。

(3) 巴老爷有八十八棵芭蕉树,来了八十八个把式要在巴老爷八十八棵芭蕉树下住。巴老爷拔了八十八棵芭蕉树,不让八十八个把式在八十八棵芭蕉树下住。八十八个把式烧了八十八棵芭蕉树,巴老爷在八十八棵树边哭。(锻炼唇力)

(4) 门口吊刀,刀倒吊着。(反复说,锻炼舌的顶力)

(5) 门前有四辆四轮大马车,你爱拉哪两辆就拉哪两辆,拉两辆,留两辆。(反复说后两句,锻炼舌的弹力和灵活性)

(6) 哥跨瓜筐过宽沟,快过宽沟观怪狗,光顾观狗瓜筐扣,瓜滚筐空哥怪狗。(锻炼舌根的力量和灵活性)

(7) 长虫围着砖堆转,转完了砖堆钻砖堆。(反复说,锻炼舌尖的灵活性)

(8) 山前有个严圆眼,山后有个阎演员,俩人山前来比眼,不知是严圆眼比阎演员的

眼圆,还是阎演员比严圆眼的眼圆。(锻炼唇的展撮灵活性)

(9)西关村种冬瓜,东关村种西瓜,西关村夸东关村的西瓜大,东关村夸西关村的大冬瓜,西关村教东关村的人种冬瓜,东关村教西关村的人种西瓜。冬瓜大,西瓜大,两个村种的瓜个个大。

(10)粉红墙上画凤凰,凤凰画在粉红墙。红凤凰、粉凤凰,红粉凤凰花凤凰。(锻炼口腔开合)

(11)咱俩比"嘴功"。

甲:今天,咱俩比比"嘴功",我有来言,你有去语。

乙:可以,我如果说"大",那你就得说"多"。

甲:我要是说"顺",那你就得说"和"。

乙:好!"大、多、顺、和"四个字。你先说"大",开始——

甲:(由慢到快)元旦喜气大国家变化大,北京开人大,规划真宏大,工程气派大,投入大效益大,上班干劲大下班乐趣大,学习劲头大唱歌嗓门大,生活改善大饭菜香味大,鱼大虾大蛋大鸡大碟子也大碗也大,油水大胃口大,大张嘴嘴张大,少见女人大肚子却常见男人的肚子大——

乙:你那是啤酒肚子啊,还是少喝点儿吧!且听我说"多"——新年欢乐多四方喜讯多,城市发展多农村建设多,机械多水利多,化肥多良种多,绿化多粮食多,现在是,能人多强人多新星多新秀多,大经理多企业家多,博士多硕士多教师多专家多,做学问的人多做生意的人更多,读书的多不读书的也多,考托福的多烤羊肉串的也多——

甲:(快接)吃羊肉串儿的更多!你听我讲"顺"——同心同德者顺哉,顺者同心同心者顺,腾飞的中华百业待顺,政治要理顺经济要理顺,思想要理顺文化要理顺,方方面面都要理顺,工业顺农业顺国防顺科技顺,交通顺道路顺建设顺改革顺,党的领导要顺思想工作要顺,对内政策要顺对外关系要顺,十三亿两千万人民心和气顺!

乙:安定团结者和也,和者团结团结者和,单手为分联手为和,改革的中国首先得和,党政要和干群要和,新老要和中青要和军民要和官兵要和领导班子特别要和。中央和省市和地方和地区和,工农和城乡和学校和工厂和,家庭和邻里和兄弟和姐妹和,你和我和他也和。海峡两岸要和,中国共产党同各民主党派要和,汉满蒙回藏五十六个民族要和上加和,建设具有中国特色的社会主义祖国需要和必须和只能和不能不和——

甲:说得好!

甲、乙:(合,更快)我们的力量来自党和国和军和民和,唯有同心同德紧密团结广泛联合,才能心情舒畅事业发达步调一致与时俱进国家兴旺政通人和!

三、巧接话茬

先选定一个排比句式,一人讲出排比句的前半截,然后限时由另一人讲出后半截,构成一组并列句群,例如:

金钱能买到纸笔,但不能买到＿＿＿＿＿＿＿

金钱能买到伙伴,但不能买到＿＿＿＿＿＿＿

金钱能买到权势,但不能买到＿＿＿＿＿＿＿

金钱能买到服从，但不能买到_____

金钱能买到躯壳，但不能买到_____

金钱可以买到书籍，但买不到_____

金钱可以买到房屋，但买不到_____

金钱可以买到珠宝，但买不到_____

金钱可以买到药物，但买不到_____

金钱可以买到武器，但买不到_____

金钱能买到奉承，但不能买到_____

金钱能买到谄媚，但不能买到_____

金钱可以买到小人的心，但买不到_____

金钱可以买到享乐，但买不到_____

四、妙对成趣

接对对偶句训练择语反应力，可以增添语趣、情趣。请完成下列民谚的接对。

有眼不识泰山，_____

嘻嘻哈哈喝茶，_____

粪堆里长不出灵芝草，_____

千军易得，_____；尺有所短，_____

鱼怕离水，草_____；滴水成河，粒米_____

抓鱼要下水，伐木_____；生姜老的辣，笋子_____

甘蔗老来甜，辣椒_____；明里一把火，暗里_____

路不走长草，刀_____

人勤地出宝，水_____；宁吃鲜桃一口，不吃_____

柿子拣软的捏，山芋_____；菜刀越磨越快，文章_____

一锹挖不成井，一笔_____；大河有水小河满，大河_____

快马也要响鞭，响锣_____；好花不浇不盛开，小树_____

云彩经不住风吹，露水_____；稗草长不出稻穗，狗嘴_____

良言一句三冬暖，恶语_____；行船不怕顶风浪，走路_____

门对千竿竹，_____

同是天涯沦落人，_____

身无彩凤双飞翼，_____

金风未动蝉先觉，_____

干河道里的牡丹花，_____

两脚塞进一只皮靴，_____

小猴子偷黄莲，_____

一块土打下两只斑鸠，_____

对着镜子行礼，_____

五、填对成语

事物消亡前的表面辉煌（　　　　）。

按自己的需要引用别人的话（　　　　）。

在即将成功的时候失败了（　　　　）。

不需攻击，自己就失败了（　　　　）。

治平乱世，回复正常（　　　　）。

一下子解开心结，明白了某种道理（　　　　）。

以空想代替现实，以自我安慰（　　　　）。

羞愧得下不了台，就发脾气（　　　　）。

力量很小却想撼动强大的事物（　　　　）。

行动和目的相反，背道而驰（　　　　）。

行动出没无常，不可捉摸（　　　　）。

不管到什么环境，都安然自得（　　　　）。

素质养成

沟通的艺术

一、赞美是沟通的有效手段

人最需要的是被人发现，而赞美的本质就是发现。在日常生活中，应该去发现、去寻找别人值得称赞的地方，并设法真诚地告诉他，为他平凡的生活带来阳光和欢乐，使生活更加光彩。当你渴望赞美的同时，不妨把赞美先给别人。我们常说："好孩子是夸出来的!"在现场主持中更是这样，多一些赞美，就会多一分和谐。那么，怎么赞美? 赞美是有技巧的。

1. 直接夸奖

鲁豫采访于丹时赞美说："我们编导说啊，同于丹老师做节目非常省力省心，因为于丹老师说话没有废话，出口成章，说出的话就像书中最优美的语言。通过于丹老师讲话，使人感受到中国语言神奇的魅力。"于丹老师更加侃侃而谈。

生活中也是这样。妻子对丈夫说："你是咱家的顶梁柱!"发自内心的由衷的欣赏和赞美，会让丈夫信心大增。同样地，丈夫也要时不时地赞美妻子饭菜做得好，皮肤最近保养得不错，屋子收拾得真利落等，这是对妻子及其所付出劳动的尊重，还巧妙地表达了"感谢了""辛苦了"的意思。

2. 逆向夸奖

指责与挑剔，每个人都难以接受。把指责变成赞美，表扬式地批评，就让人好接受，但很难做到。姜文批评冯小刚时说，冯小刚有两个缺点，一是心不够狠，二是人太自恋。这是一个似否定似肯定的例子。从不接受批评的冯小刚说，他最喜欢姜文的批评，很诚恳。

3. 肯定赞美

每个人有进步时、取得成绩时，都希望被人赞美。好比说我们上学期间拿到了英语四级证书;上班期间发表了一篇论文,在报纸上发表了文章,参加大赛获奖等,都需要鼓励。

4.目标赞美

足球教练文斯·伦巴迪是一位富有传奇色彩的人物。在训练队伍时,他发现一个叫杰里·克雷默的小伙子思维敏捷,球路较多,因此非常看好他。一天,他轻轻地一拍小伙子的肩膀:"有一天,你会成为国家队的最佳后卫!"杰里·克雷默后来真的成了国家足球队的主力队员。他后来回忆说:"伦巴迪鼓励我的那句话对我的一生都产生了巨大的影响。"把未成事实当成已成事实,将起到激励作用。

应该注意,赞美要客观、属实,恰如其分。因为过度的恭维,空洞的奉承,或者恭维、奉承频率过高,都会令对方难以接受,甚至肉麻,令人讨厌,结果适得其反。只有适度的赞美才会令对方感到欣慰。要掌握"度"和火候,尤其用词要讲究分寸。一位老师对学生说:"你们都是好孩子,正直、诚实、学习认真。做你们的老师,我很高兴。"这句话有分寸,使学生既努力学习,又不会骄傲。但如果这样说:"你们都很聪明,将来肯定有出息,比其他班级同学强多了。"这句话就有点过,说得太绝对了!

二、幽默是沟通的润滑剂

幽默是生活中的调味品,是生活中的盐,有了它,生活变得趣味横生,充满神奇的魅力。列宁说:"幽默是一种健康的、优美的品质。"风趣幽默是人类精神的一种高尚境界,也是语言表达的一个高难动作。不难发现,主持人自觉、不自觉地追求着风趣幽默的表达风格。人们总是比较欣赏由笑星们客串的主持,原因就是他们手中握着"笑的武器"。

1.幽默中含解嘲

有人问丘吉尔:"作为一个政治家,必须具备什么才能?"

丘吉尔回答说:"作为政治家,必须有预先知道明天将要发生什么事的才能。"

问:"那么,要是明天没有发生呢?"

邱:"假如没有发生的话,你必须有自圆其说的才能。"

2.幽默中有温情

伟大导师马克思的求爱表白方式很特别:马克思深深地爱着燕妮,他也知道燕妮的心,但双方都没有表白、挑破。一天黄昏,他俩同坐在摩泽河畔的草坪上谈心。马克思凝视着燕妮,决心倾吐自己炽烈的感情。

他轻声说:"燕妮,我已找到爱人了!"

燕妮听了,心里不由得一怔,连忙问道:"你爱她吗?"

马克思热情地说:"爱她,她是我遇见的姑娘中最好的一个。我将永远从心底里爱她!"

燕妮信以为真,强忍住自己的感情,平静地说:"祝福你。"

这时,马克思风趣地说:"我身边还带着她的照片呢。你想看看吗?"马克思把一只精制的小木匣子递过去。

燕妮打开小木匣,恍然大悟。原来匣子里面是一面小镜子,镜子里正映着自己微微泛红的脸。

3. 幽默中有智慧

英国前首相威尔森在竞选时，突然有个故意捣乱者高声打断他的演讲："狗屎，垃圾！"把他的话贬得一钱不值。如果大家遇到这种情况，很可能会大声地回应："你说的是猪屎。"他又说"狗屎"，你又说"猪屎"，这样下去，不可能分胜负，你自己也很掉价，而且演讲的心情会很糟糕。

威尔森是怎么做的呢？只见他面对狂呼着的捣乱者，报以微微一笑，然后平静地说："这位先生，我马上就要谈到你提出的脏乱差的问题了。"那个捣乱者一愣，不知所措，一下子哑口无言了，威尔森却从窘境中解脱出来。

4. 幽默中有力量

当遇到攻击或讽刺的话语时，幽默能带给你力量。

丹麦作家安徒生很俭朴，戴着破旧帽子在街上行走。

有路人嘲笑他："你脑袋上的那个玩意儿是什么？能算是帽子吗？"

安徒生回敬道："你帽子下边的那个玩意儿是什么？能算是脑袋吗？"

显然，那个路人对安徒生是一种讽刺性的嘲笑。在正面攻击时使用反击性幽默，方能显现力量。

与此相同，还有这样的例子：一位作家刚发表了一篇小说，获得赞誉。另一位作家对他说："这本书还不错，是谁替你写的呢？"

写书的作家回答："哦，谢谢你的称赞。请问，是谁替你把它读完的呢？"

显然，这位作家受到了攻击，他不温不火地回敬了过去，足见语言的犀利。当然，如果双方是很好的朋友，很知己，双方说了这样的话，也会一笑了之。

5. 幽默中有修辞

有一年的春节小品晚会上，在李咏和王小丫与几个小孩子表演的小品中有一段孩子式的脑筋急转弯幽默：

"说野外的一座独木桥上，一只山羊走到了桥中间，一看前面有一只老虎，回头一看，后面有一头狮子。山羊要过去，最终它是怎样过去的？"

"戴上伪装的草圈圈过去的。"

"不是。"

"是从桥下面藏着过去的。"

"不是。"

"是从水底下潜水过去的。"

"也不是。"

"那你说是怎样过去的？"

"山羊是昏过去的。"

6. 幽默中有真理

毛泽东也是一位幽默风趣的演讲大师。当年他在延安抗大做演讲，讲到统一战线时，他问学员们："什么叫战争？什么叫政治？"学员们不知怎么回答。于是他说："战争就是打得赢就打，打不赢就走。政治，就是把敌人搞得少少的，把我们搞得多多的。"

三、逻辑使沟通更严谨

逻辑,是英文"logic"一词的音译,起源于希腊语中的"logos",原意为思想、思维、理性、言语,现指思维的规律性及客观事物发展的规律性。

逻辑和语言密切相关,人的思维逻辑性必须通过语言来体现;而语言表达必须符合逻辑。因此在语言交际中,尤其是主持节目时,必须十分注重运用逻辑技巧。只有这样,才能使主持有分量、有档次。所以,有必要学一点逻辑知识与技巧。

无论怎样,沟通一定要以真诚为基础,以守信为原则;否则,再有技巧的沟通都等于空谈。

第四节　播音员与主持人内功塑造

问题讨论

(1) 你最喜欢哪一位播音员或主持人的声音?
(2) 如何让自己的声音好听并富于变化?

案例导入

案例

我为什么要主持《动物世界》

我解说《动物世界》,最大的收获就是找到了一种适合我的发声结构、发声方法,而又能准确地与之相协调的播音方法。我在二十多年播送新闻的过程中形成了平白直叙的风格,声音追求响与亮,语言要求平整规律,感情只限于喜与怒、爱与恨的一般表述。因此,在一段时期以来,我解说的许多专题片,只有高亢昂扬,而少有阴柔低缓。

在《动物世界》的解说中,我找到了一种我最喜爱的风格。这些学术上的体会与探索,不宜在本文阐述。但在我播音的生涯中,这个栏目给了我新的艺术生命,而观众最喜爱与肯定我的也是在解说《动物世界》中产生的风格。如今提起《动物世界》,人们就会想起我,无论在何地见到我也都会自然而然地提起《动物世界》。

《动物世界》把我的播音道路拓宽了、延长了。我不仅受益于文化心态上的种种感怀,同时在业务上使我终有代表。有的人干了一生,几乎没有代表作,那是很遗憾的一件事;有的人尽管有一两件值得称道的代表作,可又体现不出他的主体风格。风格与代表作相辅相成,事业有成就当之无愧了。

(资料来源:赵忠祥.赵忠祥:岁月回眸[M].北京:中国工人出版社,2016.)

理论研讨

播音员与主持人的声音优美,悦耳动听,除去有天生的原因之外,后天的练习也很重要。播音员与主持人的声音条件是自身最硬的基本功。让声音更好听,是许多人梦寐以求的愿望。

一、口腔控制

人的声音从哪儿来？声音是从嗓子里发出的，需要肺部提供气息作为动力。但是，仅仅这样回答是不完整的，尤其是想要发出好听的声音，一定离不开人的思维活动和情感运动。比如，你郁闷的时候和高兴的时候，说话声音是不一样的。前者是消极、被动的，低沉的；后者是积极、主动的，明亮的。还有，你早上刚睡醒时接电话，对方一听就会说"你刚睡醒吧"。为什么能听出来呢？就是因为这时你的大脑还没运转开来，当然了，在它指挥下的嗓子也还没醒，声音也会带着"被窝味儿"。根据生活中的这些例子，可以明确：声音发出的过程是发声器官在大脑的支配下发出声音。

可见，思维和情感是我们发出好听声音的重要前提，也是克服播音主持常见的"读书腔""蹦字"等问题的根源。我们要保证一定是"心动"带着"嘴动"。这就是人们常说的"言为心声"，只有这样，我们说的话才有感染力、有亲和力。

然而，光"心动"还不行，没有"嘴动"，哪里来的好声音呢。我们知道，口腔是人体发声的最后一部分通道，作为语音的制造场，作为发声器的"喇叭"，口腔使喉部发出的声音得到扩大和美化。

播音员声音好听，是因为会控制口腔，而不是满嘴用力。那该怎么用力呢？这是通过"提颧肌、打牙关、挺软腭、松下巴"四个方面的配合来实现的。请记住四个动词：提—打—挺—松。

1. 提——提起颧肌

提颧肌不是做成微笑的状态，而是颧肌稍有紧张的感觉就可以。有人称为"提嚼肌"或"提笑肌"。这两种说法有不当之处，应为提颧肌。颧肌用力向上提起时，口腔前上部有展宽感觉，鼻孔也随之有少许张大展阔，同时使上唇贴紧牙齿。唇齿相依使唇的运动有了依托，更容易把握咬字的力度，对提高声音的亮度和字音的清晰度都起到明显的作用。

2. 打——打开牙关

打牙关就是要使上、下槽牙在咬字时有一定的距离。想象上、下后槽牙之间有一指厚的海绵垫，撑起了牙关和两颊肌肉。这样做，使咬字位置适中，力量稳健，其作用是非常明显的。

3. 挺——挺起软腭

软腭在上腭后部，用舌尖抵硬腭向后舔会感觉到它的具体位置。抬起上腭后部软腭部分，可以加大口腔后部的空间，同时减小鼻腔出路的入口，避免声音过多地灌入鼻腔而造成浓重的鼻音。男生用半打哈欠和干杯痛饮的动作体验挺软腭；女生用倒吸冷气的体验能找到挺软腭的感觉。注意，播讲时不能一"挺"到底，还应有程度上的变化，否则会带来"音包字"的问题。

4. 松——放松下巴

前三步做到位之后，会感觉到自己的上口盖主动地往上方提了起来。这时，只要不刻意地往下收紧下巴，就做到了"放松下巴"。

二、吐字归音的方法

当完成口腔控制后，试着说说"一"，声音会比以前响亮了。可是有些人依然吐字不清、含混吃字，下面进行吐字归音的练习。"吐字归音"是我国传统声乐艺术提及咬字方法时所用的一个术语，它把一个音节的发音过程分为出字、立字、归音三个阶段，通过对每个发音阶段不同的控制，使吐字达到清晰、饱满、弹发有力的境界。下面以头尾俱全的音节"电 diàn"为例，说明吐字归音对音节各部分的具体要求。

1. 出字

出字指字头（声母）和字颈（韵头、介音）的发音过程，要求"部位准确，叼着有力"。老艺人把出字过程形象地比作"嘬"，说"嘬字如嘬虎"，意思是说，出字时就像大老虎叼着小老虎跳跃山涧一样不紧不松，叼得紧了会死，叼得松会掉。又说咬字要用七寸三分劲儿。例如，"电 diàn"的声母"d"的发音过程应是：先在准确位置（舌尖与上齿背）成阻，蓄积足够气力，然后迅速除去舌尖与上齿背的阻力，打开口腔。

2. 立字

一个音节的发音是否能达到字润珠圆，与韵腹的发音有密切关系。例如，发"电 diàn"字字音，出字过后就应打开口腔至发 a 的状态。气要跟上、充实，并取得较丰富的共鸣。与头尾比较，韵腹的发音过程最长，应有"竖起"和"立体"展开的感觉。

3. 归音

归音是指音节发音的收尾过程，要做到"干净利索，趋向鲜明"。归音的过程是力渐松、气渐弱、口渐闭、声渐止的过程，与出字、立字比较，掌握起来难度更大。归音时，也不能"拖泥带水留尾巴"。"趋向鲜明"是指唇舌的动作要"到家"。

4. 枣核形

"枣核形"是指以声母为一端，韵尾为一端，韵腹为核心，体现了清晰集中、圆润饱满的审美要求。当然，"枣核形"不能一成不变。字字出于一模，必然会削弱语言的感情色彩，破坏语言节奏，影响内容的表达。视不同情况使"枣核形"有所变化，或拉长或缩短，还可以调节吐字力度，这都是允许的，是于表达有利的。

总之，我们讲要用心吐字，用爱归音。

三、怎样喊嗓练声

第一阶段：呼吸训练

未曾出声先练气。气为声之本，气为声之帅，练声之前首先要让"容气之所"强大并兴奋、活跃起来。研究表明，人在正常情况下，每分钟呼吸 16～19 次，每次呼吸过程 3、4 秒钟；而演唱时，有时一口气要延长十几秒，甚至更长，而且吸气时间短，呼出时间长，因此必须掌握将气保持在肺部慢慢呼出的要领，应做如下练习。

1. 深吸慢呼气息控制延长练习

其要领是：先学会"蓄气"。先压一下气，把废气排出，然后用鼻和舌尖间隙像"闻花"一样，自然松畅地轻轻吸，吸得要饱。然后，气沉丹田，慢慢地放松胸肋，使气像细水长流般慢慢呼出，呼得均匀，控制时间越长越好，反复练习 4～6 次。

2. 深吸慢呼数字练习

我们把第一个步骤称为"吸提推送","吸提"的气息向里向上,"推送"的气息向外向下,在"推送"的同时做气息延长练习。推荐以下三种练法。

(1) 数数练习:"吸提"同前。在"推送"的同时,轻声快速地数数字"12345678910"。一口气反复数,数到这口气气尽为止,看你能反复数多少次。

(2)"数枣"练习:"吸提"同前。在"推送"的同时轻声说:"出东门过大桥,大桥底下一树枣,拿竹竿去打枣,青的多红的少,(吸足气)一个枣两个枣三个枣四个枣五个枣……"到这口气气尽为止,看你能数多少个枣。反复4~6次。

(3)"数葫芦"练习:"吸提"同前。在"推送"的同时轻声念:"金葫芦,银葫芦,一口气数不了 24 个葫芦,(吸足气)一个葫芦两个葫芦三个葫芦……",到这口气气尽为止,反复4~6次。

数数字、"数枣""数葫芦"控制气息,越练,控制越自如,千万不要跑气。开始腹部会出现酸痛,练过一段时间,会自觉大有进步。

3. 深吸慢呼长音练习

经过气息练习,声音开始逐步加入。这一练习仍是练气为主,发声为辅,在推送的同时择一中低音区,轻轻地,男生发"啊"音("大嗓"发"啊"是外送与练气相顺),女生发"咿"音("小嗓"发"咿"是外送)。一口气托住,声音出口呈圆柱形波浪式推进,能拉多长拉多长,反复练习。

4. 托气断音练习

这是声、气各半练习。双手叉腰或护腹,由丹田托住一口气到额咽处冲出同时发声。声音以中低音为主,有弹性。腹部及横膈膜利用伸缩力同时弹出。推荐以下三种练习。

(1) 一口气托住,嘴里发出快速的"噼里啪啦,噼里啪啦"(反复)。到这口气将尽时,发出"嘭—啪"的断音。反复 4~6 次。

(2) 一口气绷足,先慢后快地发出"哈—哈"(反复)(加快),"哈,哈,哈……"锻炼有迸发力的断音。演唱中的"哈哈……"大笑、"啊哈""啊咳"常用。

(3) 一口气绷足,先慢后快地发出"嘿—厚、嘿—厚"(反复逐渐加快)"嘿厚,嘿厚……",加快到气力不支为止,反复练习。

经过这一阶段练习,会感觉气息饱满,"容气之所"兴奋、活跃起来,而声音一直处于酝酿、保护之中。在此基础上,即可开始准备声音练习了。

第二阶段:气、音、字的练习

我们在研究喊嗓练声时,有意地先练气息,不急于发声。从气、音、字结合练起,明白它们之间的关系:气为音服务,音为腔服务,腔为字服务,字为词服务,词为情服务。从这个关系中可以看到,字的位置居于中心,前面牵着"音"和"腔",后面联着"词"与"情"。当中一塌,满盘皆输。所以,在喊嗓练声中的字、音、气的关系,应是托足了"气",找准了"音",咬真了"字"。具体方法是:用汉语拼音的方法把字头、字腹、字尾放大、放缓,以字练声,然后加快,同时练嘴皮子和唇齿牙舌喉的灵活性。

1. **唇音练习**（先放慢、放大念一遍,逐渐加快到念绕口令）

八—百—标—兵—奔—北—坡

北—坡—炮—兵—并—排—跑

炮—兵—怕—把—标—兵—碰

标—兵—怕—碰—炮—兵—炮

2. **齿音练习**（方法同上）

四—是四,十一是—十,十四是—十四,四十一是—四十,不要把十四—说—四十,也不要把四十一说—十四。

3. **舌音练习**（方法同上）

六十六岁刘老六,推着六十六只大油篓,六十六枝垂杨柳,拴着六十六只大马猴。

4. **喉音练习**（方法同上）

山前有只虎,山下有只猴,虎撵猴,猴斗虎,虎撵不上猴,猴也斗不了虎。

5. **舌音牙音练习**（方法同上）

（1）南边来个老爷子,手里拿碟子,碟子里装茄子,一下碰上了橛子。打了碟子,撒了茄子,摔坏了老爷子。

（2）白石塔,白石搭,白石搭白塔,白塔白石搭,搭好白石塔,白塔白又大。

（3）打南坡走来个老婆婆,手里托着俩笸箩。左手托着的笸箩装着菠萝,右手托着的笸箩装着萝卜。你说说,是老婆婆左手托着的笸箩装的菠萝多,还是她右手托着笸箩装的萝卜多? 说的对送你菠萝和萝卜,说的不对让你扛着笸箩上山坡。

（4）三哥三嫂子,借我三斗三升酸枣子。明年上山摘了酸枣子,如数奉还三哥三嫂这三斗三升酸枣子。

（5）阿凡提,骑毛驴,手里拿着一条鱼。毛驴走路急,掉了手中的鱼。阿凡提,下毛驴,下了毛驴去拾鱼。弯腰去拾鱼,拾鱼跑了驴。阿凡提,心里急。拾起鱼,追毛驴。追上毛驴骑毛驴,骑上毛驴手提鱼。

（6）报菜名：蒸羊羔儿、蒸熊掌、蒸鹿尾儿、烧花鸭、烧雏鸡、烧子鹅、卤煮野鸭、酱鸡、腊肉、松花、小肚儿、凉肉、香肠、什锦酥盘儿、熏鸡、白肚儿、清蒸八宝鸭、江米酿鸭子,罐儿焖鸡、罐儿焖鸭、山鸡、兔脯、菜蟒、银鱼、清蒸哈什蚂,烩鸭丝儿、烩鸭腰儿、烩鸭条儿、清拌鸭丝儿、焖白鳝、焖黄鳝、豆腐鲶鱼、锅烧鲤鱼、清蒸甲鱼、抓炒鲤鱼、抓炒面鱼、软炸虾腰、软炸鸡、炸白虾、炝青虾、炸面鱼、炝竹笋、爆银鱼、熘黄菜、芙蓉燕菜、炒虾仁儿、烩虾仁儿、烩银丝儿、烩海参、烩鸽蛋、炒蹄筋儿、蒸南瓜、酿冬瓜、炒丝瓜、酿倭瓜、焖鸡掌、焖鸭掌、熘鲜蘑、熘鱼肚、熘鱼骨、醋熘鱼片、三鲜苜蓿汤、红丸子、白丸子、苏造丸子、南煎九子、干炸丸子、三鲜丸子、四喜丸子、葱花丸子、豆腐丸子,一品肉、马牙肉、红焖肉、白片肉、樱桃肉、米粉肉、坛子肉、炖肉、大肉、松肉、烤肉、酱肉、酱豆腐肉,烧羊肉、烤羊肉、涮羊肉、五香羊肉、煨羊肉、爆三样儿、爆三样儿、清炒三样儿、白煨杂碎儿、三鲜鱼翅、栗子鸡、红烧活鲤鱼、板鸭、童子鸡。

第三阶段：吟诗、吟唱练习

这一阶段主要是挖掘"低音宽厚、中音圆润、高音坚韧"的嗓音素质，不盲目拔高、爬高，而是巩固中音、低音，使其音色华美、音质纯正，锻炼高音的坚韧和弹性。此时的念白练唱都是无伴奏的，是一个台阶一个台阶爬上来的，所以提高嗓音素质是有基础的。

(1) 吟诗要不急不慢，挑选韵律性强、朗朗上口的诗吟诵。例如，《毛主席诗词》"天高云淡，望断南飞雁，不到长城非好汉"等。再如，念现代戏的一些经典道白，"久旱的禾苗逢甘霖，点点记在心""千枝万叶一条根，都是受苦人"等，都是喊嗓练声的好素材。传统大段念白及一些贯口练习也可在这一阶段用来锻炼气息和发声。

(2) 吟唱：具有念白吟诵相夹，半唱半念交相辉映的特点，比吟诗更难，其情感更宜抒发，其音律更宜舒展，正好用来喊嗓发声。例如，直接吟唱《秦琼卖马》"好汉英雄困天堂，不知何日回故乡"；或《清风亭》"年纪迈，血气衰，年老无儿绝后代""听妈妈高声唤悲哀，想必是为娇儿失却了夫妻恩爱"。

试吟诵下面的诗歌：

祖国啊，我亲爱的祖国
舒 婷

我是你/河边上//破旧的老水车⌒

数百年来⌒纺着疲惫的歌～

我是你/额上//熏黑的矿灯⌒

照你/在历史的隧洞里//蜗行⌒摸索～

我是/干瘪的稻穗↘，是失修的路基⌒

是淤滩上的驳船↗

把纤绳/深深

勒进//你的肩膀↗（这两句语速要快，是前边蕴积的感情的勃发）

——祖国啊～（第一次咏叹，深沉的感叹，语气低沉，表达出难以言状的悲哀）

我是贫困↘

我是悲哀～

我是你祖祖辈辈

痛苦的希望啊～

是"飞天"袖间//

千百年来/未落到地面的花朵～

——祖国啊⌒（第二次咏叹，痛苦的呼唤，语调略高，表达出几多痛苦，几多希望）

我是你//簇新的理想↗

刚从神话的蛛网里/挣脱～

我是你//雪被下古莲的胚芽↗

我是你//挂着眼泪的笑窝～

我是新刷出的/雪白的起跑线↘

是绯红的黎明↗

正在喷薄↗(这两句语速要快,气势昂扬,读出一种难抑的激情)

　　　——祖国啊⌒(第三次咏叹,欣喜的呼唤,语气中流露出抑制不住的喜悦)

我是你/十三亿分之一～

是你九百六十万/平方公里/的总和↗

你以伤痕累累的乳房⌒

喂养了

迷惘的我↘,深思的我↘,沸腾的我↘

那//就从我的血肉之躯上

去取得⌒

你的富饶↗,你的荣光↗,你的自由↗(语速快,语调逐句上升,为下面的最高音蓄势)

　　　——祖国啊⌒

我亲爱的//祖⌒国↗(全诗最高音,感情最强烈。语气昂扬,倾吐献身祖国的热望)

注:/表示时间停顿较短;//表示时间停顿略长;⌒表示语气延长;～表示颤音;↗和↘分别表示声调微升和声调略降,突出抑扬顿挫感。

四、语调表达技巧

语调即说话的腔调,是语音、语气、速度、节奏的和谐统一,是一句话里语音高低轻重的配置。每个句子都有语调,恰当地运用语调,能有效地润色语言,促进思想沟通,使语言表达更加清晰明确,增强语言的表现力。

(一)把握重音

重音是指表达者在朗诵或说话时为了突出重点,强调真实意思,把句子中一些重要的语词或音节加以强调和处理。一般用增加声音的强度来体现,有语法重音和强调重音两种。

1. 语法重音

根据语法结构的特点,把句子中的某些部分重读的,叫作语法重音。语法重音的位置比较固定,常见的规律是:①一般短句子里的谓语部分常重读;②动词或形容词前的状语常重读;③动词后面由形容词、动词及部分词组充当的补语常重读;④名词前的定语常重读;⑤有些代词也常重读。如果一句话里成分较多,重读将不止一处,往往优先重读定语、状语、补语等连带成分。值得注意的是,语法重音的强度并不十分强,只是同语句的其他部分相比较,读得比较重一些罢了。

下面举例说明语法重音在短句中常见的规律:

(1)谓语部分重读。例如,太阳出来了,水开了。

(2)修饰词重读。例如,这是一张美丽的图画。

(3)动词后面的补语重读。例如,跑得像飞一样快。

(4)有些代词重度。例如,什么是理想?这是什么?

(5)数量结构一般重读。例如,王大爷有五只羊。

2. 强调重音

为了强调某种特殊的感情或某种特殊意义而故意说得重一些的音,目的在于引起听者注意自己所要强调的那个部分。强调重音没有固定的规律,而是受说话的环境、内容和

感情支配。同一句话,强调重音不同,表达的意思往往不同。比如,"今天我来这儿讲课"这句话,重音不同,语意就不同:

今天我来这儿讲课(明天不来)

今天我来这儿讲课(不是别人来)

今天我来这儿讲课(明天在别处讲)

今天我来这儿讲课(不是来聊天)

由此可见,重音的位置对语意有重要影响。正确使用重音,是准确表情达意的关键。

不管是对于主持人,还是日常生活中的人们,说话不突出重音,有时可能会闹出笑话。因此,在主持说话中,把握重音十分重要。

✎ 例 话

他为什么"答非所问"

赵大妈家的电视机出毛病了。她想起隔壁的高云是个电工,就去敲他的门:"高云,你会不会修电视机呀?"

"我不会修电视机。"(重音放在"修"字)

"不会修,敢情是装配过电视机……"

"我不会修电视机!"(重音放在"电视机")

"我家收录机也坏了,帮我……"

"我不会修电视机!"(重音在放"我"字)

"你们玩电的小哥儿多,你帮我找一个……"

高云把门打开,急得直抓头,说:"大妈,你怎么总是听不懂我的话呢?"

赵大妈说:"我说,你怎么老是把话答岔了呢?"

一句简单的问话,高云却回答得令人啼笑皆非,原因就在于没有把握准说话的重音。如果他强调的是"不会",就明确回答了赵大妈提出的"会不会"修电视机的问题了。

训练提示:

从这个例子可以看出把握重音训练的重要性。老百姓尚且如此看重重音,主持人更应该注意了。

(二)注意升降调

语调的升降,是指语调的高低抑扬变化。同一个语句,因为语调升降处理不一样,能表达出不同的意思。

【例文】

第一句话:

"你到这里来过?"

——表示高兴(这太好了!)

——表示惊讶(真没想到。)

——表示怀疑(这可能吗?)

——表示责怪（你不应该来这里呀！）

——表示愤怒（真太不像话了！）

——表示惋惜（唉！无可挽回的过失。）

——表示轻蔑（这地方你也来，你太差劲了！）

第二句话：

"你这个人！"

——表示奇怪（你怎么忽然变卦了？）

——表示气愤（你竟然干这种事？）

——表示埋怨（你怎么姗姗来迟！）

——表示惋惜（多下点功夫就好了！）

——表示感激（你为我们想得真周到！）

——表示嗔怪（你真会缠人啊！）

第三句话：

这是一百万元。（一手交钱，一手交货，司空见惯）

这是一百万元！（强调金额很大）

这是一百万元？（怀疑，不相信有这么多）

这是一百万元？（惊讶，怎么这么多）

这是一百万元？（喜悦，为一下子有这么多钱而高兴）

这是一百万元！（后悔，不该错过赚大钱的机会）

从上例可知，语调的升降变化，在句末较为明显。语调分为四种：高升调、降抑调、平直调和曲折调。

（1）高升调：句子的语势由低到高。一般表示惊讶、疑问、反诘、呼唤、号召等。例如：

近来你的学习成绩怎么下降了！

全世界无产阶级联合起来！

（2）降抑调：句子的语势由高到低。一般表示肯定、感叹、恳求、自信、祝愿等。例如：

我们的理想一定能实现。

请你帮我解决这个问题吧。

（3）平直调：整个句子语势平稳舒展，没有明显的高低变化。一般用于陈述、说明、解释，表示严肃、庄重、平静、冷漠、悼念等。例如：

我们面临着严峻的考验。

（4）曲折调：句子的语势曲折变化，有起有伏。一般用来表示夸张、讽刺、幽默等。例如：

她太可爱了，连哭鼻子的样子也招人喜欢。

好个国民党的友邦人士！是些什么东西！

（三）巧设停顿

停顿是语言的一种特殊形式——零语音形式，是在语流中有意识插入的间隙休止，称为口头语言的"标点符号"。它在口语表达中有两个作用:首先,停顿起着标点符号的作用,它作为话语中换气的间隙,既是表明上句话的结束,又是下句话的前奏,以此加强语言的清晰度和表现力。其次,停顿能使口语抑扬顿挫,它以间歇的长短、一定时间单位里次数的多少,形成讲话的节奏,给人以韵律美。可以毫不夸张地说,作为主持人,说话不讲究停顿,等于"不会说话",不是一个合格的主持人。一个高明的节目主持人,必须潜心研究口语中"停顿"这个修辞手段,以提高表达的质量。

和重音一样,停顿的位置不同,一句话表达的语意也会不同。比如,"她了解我不了解"这句话,在不同的停顿之下可以有不同的意义:

她/了解我不了解?(问是否了解自己)

她了解/我不了解。(承认自己不了解)

她了解/我不了解?(不承认自己不了解)

她了解我/不了解?(想证实她了不了解)

她了解我不/了解?(不相信别人了解)

可见,停顿要得当、得体,应当根据传情表意的需要合理设置停顿。巧设停顿可造成言外之意、弦外之音,让人觉得"此时无声胜有声"。美国作家马克·吐温说过:"恰如其分的停顿能产生非凡的效果,这是语言本身难以达到的。"训练有素的播音员或主持人往往善于利用语句的停顿,让听众去思索、回味和期待,以获得理想的语言效果。

(1)念一念下面的句子,揣摩一下停顿得是否恰到好处。

① 现在播送∧中央气象台今天早晨6点钟发布的天气预报。

② 过去∧我们没有被困难吓倒,现在∧我们也不会在困难面前畏缩不前!

③ 自古以来被称作天堑的长江∧被我们征服了!

④ 心灵中的黑暗∧必须用知识来驱除。

⑤ 他∧当过营业员,在报社干过记者,做过电工。

⑥ 中国人打败了美国队∧获得了冠军。

⑦ 满以为可以看到辉煌的日出∧却只看到团团浓雾。

⑧ 他说"我∧我∧我∧没有进这间办公室。"

(2)下面是主持人敬一丹在一次节目中的导入语。请先读几遍,然后流畅地说出来,注意体现口语不同形式的停顿:

"……前不久∧我到广西都安瑶族自治县去了一趟∧,留下了刻骨铭心的印象∧。我们是专门为采访贫困到那里去的∧,然而∧我们在那里看到的∧、听到的∧、触摸到的∧、感受到的一切∧仍然让我们感到震惊∧。可以说∧我们是奔着贫困去的∧,可是目睹的一切∧竟叫我们一时无话可说∧。"

"这样一些数字都来自都安——∧这里是国家重点扶贫特困县∧,全县人均年收入300元以下的有6万人∧;人均年收入在200元以下的∧还有15万7千多人∧;整个家产折价不到100元的∧还有1750户∧。数字要通过对比∧才能显示意义∧。如果我们把这些数字∧和我们生活当中熟悉的数字对比一下∧就可以清楚地了解都安了∧。从广西回到北京以后∧我就想了解∧,像都安这样的地方∧,我们全国∧究竟有多少呢∧?"

（四）掌握普通话语流音变

在语流（句子）中，由于受到相邻音节的相邻因素的影响，一些音节的声母、韵母或声调会发生语音的变化，称之为语流音变。普通话中最典型的语流音变是轻声、儿化、变调。

1. 轻声

在句子里失去了原有的声调念成较轻、较短的调子，叫作轻声。例如：

哥哥、葡萄、你们、亲爱的……

2. 儿化

儿化起着修饰语言色彩作用。儿化不是在音节之后加一个单独 er 的音节，而是在音节末尾最后一个音素上附加个卷舌动作，使韵母发生变化。例如，眼珠儿——zhur，小孩儿——har，小事儿——shir 等。

常见儿化音节如下所述。

（1）B

ba＞bar　刀把儿　话把儿

bu＞bur　碎步儿

ban＞bar　快板儿　腰板儿　老伴儿　蒜瓣儿　杂拌儿

ben＞bar　够本儿　老本儿　下本儿

bi＞bir　针鼻儿

bian＞biar　小辫儿

（2）C

ca＞car　板擦儿

cha＞char　找茬儿　裤衩儿

（3）D

dai＞dar　鞋带儿

dan＞dar　脸蛋儿

dao＞daor　岔道儿　走道儿

dian＞diar　差点儿　一点儿

diao＞diaor　走调儿

dou＞dour　裤兜儿

du＞dur　爆肚儿

dun＞duer　胖墩儿　打盹儿

（4）G

gan＞gar　白干儿　包干儿　光杆儿

ge＞ger　饱嗝儿　挨个儿

gen＞ger　刨根儿

gua＞guar　大褂儿

gun＞guer　冰棍儿　光棍儿

guo＞guor　蝈蝈儿

(5) H

hai＞har　小孩儿

hao＞haor　好好儿

hui＞huer　那会儿　一会儿　这会儿

huo＞huor　干活儿　做活儿　大伙儿

(6) J

jian＞jiar　坎肩儿

jiao＞jiaor　豆角儿

jin＞ji:er　够劲儿　傻劲儿

jiu＞jiur　抓阄儿

juan＞juar　烟卷儿

jue＞juer　旦角儿

(7) K

kan＞kar　门槛儿

kou＞kour　死扣儿

kuai＞kuar　一块儿

(8) L

liang＞liar　鼻梁儿

liu＞liur　一溜儿

(9) M

men＞mer　调门儿　嗓门儿　邪门儿　有门儿　纳闷儿

mian＞miar　扇面儿　照面儿

ming＞mir　打鸣儿　起名儿

niu＞niur　顶牛儿

pian＞piar　刀片儿

(10) Q

qu＞qu:er　小曲儿

quan＞quar　出圈儿

(11) R

ren＞rer　开刃儿　桑葚儿

(12) S

shao＞shaor　掌勺儿　口哨儿

shen＞sher　走神儿

shi＞sher　顶事儿

shui＞shuer　墨水儿

(13) T

tan＞tar　收摊儿

tian＞tiar　聊天儿

tiao>tiaor 面条儿

tie>tier 锅贴儿

tou>tour 奔头儿 个头儿 老头儿 年头儿 说头儿 头头儿

tui>tuer 跑腿儿

(14) W

wan>war 好玩儿

wei>wer 走味儿

wo>wor 被窝儿

(15) X

xia>xiar 一下儿

xian>xiar 单弦儿

xin>xir 送信儿

(16) Y

ya>yar 豆芽儿

yan>yar 心眼儿

yi>yir 玩意儿

ying>yir 人影儿

yuan>yuar 人缘儿 绕远儿

(17) Z

za>zar 打杂儿

zao>zaor 早早儿

zi>zer 枪子儿 铜子儿 咬字儿

zui>zuer 奶嘴儿 围嘴儿 烟嘴儿

3. 变调

在连续读音节时,相邻音节声调发生变化的现象叫做变调。

(1) 上声变调规律

① 上声音节单念或在句尾时不变。

② 上声音节在阴平(一声)、阳平(二声)、去声(四声)和轻声音节前,其调值由上声(三声)变为21(即所谓的半上)。例如,每天(měi tiān)、每年(měi nián)、每月(měi yuè)、广西(guǎng xī)、朗读(lǎng dú)、打算(dǎ suàn)、点心(diǎn xīn)等。

③ 上声音节与上声音节相连,前一个音节由214变为接近35(所谓阳上)。例如,手指(shǒu zhǐ)、只好(zhǐ hǎo)、美好(měi hǎo)、厂长(chǎng zhǎng)、领导(lǐng dǎo)等。

(2) 去声变调规律

去声音节在非去声音节前一律不变。在去声音节前,由全降变成半降,调值由51变成53。例如,救护、制胜等。

(3) "一"的变调规律

① 非去声音节前变去声(一年、一般化)。

② 去声音节前变阳平(一部、一个人)。

③ 夹在重叠词中间念轻声(看一看、想一想)。

④ 单念或数词中不变调。

例如,"一"的读音由第一声变调为第二声:

一半　一并　一带　一旦　一道　一动　一定　一度　一概　一共　一贯　一晃

一会儿　一刻　一块儿　一溜儿　一路　一律　一面　一气　一切　一色　一顺儿

一瞬　一味　一下儿　一线　一向　一样　一再　一阵　一致

例如,"一"的读音由第一声变调为第四声:

一般　一斑　一边　一点儿　一端　一发　一晃　一经　一举　一口　一览　一连

一旁　一齐　一起　一如　一身　一生　一时　一手　一体　一同　一统　一头

一无　一些　一心　一行　一应　一早　一朝　一直　一准　一总

(4)"不"的变调规律

① 单用或在词句末尾,以及在阴平、阳平、上声前念本调——去声。(我不、不说)

② 在去声音节前变阳平。(不去)

③ 夹在词语中间念轻声。(行不行)

(5)语气词"啊"的音变

① 前面音节的末尾音素是 u(包括 ao、iao)的,读作"哇"(wa)。例如:

你在哪里住啊(zhù wa)?　他人挺好啊(hǎo wa)!　口气可真不小啊(xiǎo wa)!

② 前面音节的末尾音素是 a、o、e、i、ü、ê 的,读作"呀"(ya)。例如:

快去找他啊(tā ya)!　你去说啊(shuō ya)!　今天好热啊(rè ya)!

③ 前面音节的末尾音素是 n 的,读作"哪"(na)。

早晨的空气多清新啊(xīn na)!　多好的人啊(rén na)!　你猜得真准啊(zhǔn na)!

④ 前面音节的末尾音素是 ng 的,读作"啊"(nga)。

这幅图真漂亮啊(liàng nga)!　注意听啊(tīng nga)!　最近太忙啊(máng nga)!

⑤ 前面音节的末尾音素是-i(前)的,读作"啊"(za);前面音节的末尾音素是-i(后)、er 的,读作"啊"(ra)。

今天来回几次啊(cì za)!　你有什么事啊(shì ra)!　你怎么撕了一地纸啊(zhǐ ra)!

掌握"啊"的变读规律,并不需要一一硬记,只要将前一个音节顺势连读"a"(像念声母与韵母拼音一样,其间不要停顿),自然就会念出"a"的变音来。

技能训练

一、活动你的口腔

与舞蹈演员每天要练习基本功(比如压腿)一样,播音员主持人也要做基本功的训练。老话说:一天不练自己知道,三天不练同行知道,十天不练观众知道。为了拥有动听、美妙的声音,我们开始练习吧!

第一步,打开口腔:如果你刚刚起床,还在半睡半醒之间徘徊,那就伸伸懒腰,舒服地打个哈欠吧。记得,打哈欠时不要压紧下巴,尽量使口腔的上口盖随着两嘴角向上提起,上下唇和舌头不要刻意使劲,放松即可。

第二步,活动肌肉:张口咀嚼与闭口咀嚼结合进行,舌头自然放平。

第三步,双唇练习:双唇噘紧,向前、后、左、右、上、下,以及左、右转圈。

第四步,舌的练习,有以下几种方法:

(1) 舌尖顶下齿背,舌面逐渐上翘。

(2) 舌尖在口内左、右顶口腔壁,在门牙上、下转圈。

(3) 舌尖伸出口外向前伸,向左右、上下伸。

(4) 舌在口腔内左、右立起。

(5) 舌尖的弹练,弹硬腭、弹口唇。

(6) 舌尖与上齿龈接触打响。

(7) 舌根与软腭接触打响。

第五步,综合练习:以记录速度播读新闻稿件,进行口腔控制练习。记录速度是指可以保证听众记录的速度,一般每一句话要播三次,一分钟播 25 个字,生字、词以及容易混淆的同音字、词还应该给予解释,并且要读出箭头、标点符号以及分段。用记录速度播读新闻的时候,语气表达方式指的是语气、重音、停顿等,应该和正常速度播读一样,但是轻声音节要重读,只有这样才可以使记录者听清、听懂。

(资料来源:吴郁.播音学简明教程[M].北京:中国传媒大学出版社,2004.)

二、吐字归音练习

1. 双唇音 b p m

发音时,力量应集中在双唇中央三分之一,不要全唇用力,不要双唇抿起,唇部收紧,接触有力。

b:宝贝　背包　备播　博大精深　闭月羞花　兵强马壮

p:品牌　拼命　批判　披荆斩棘　铺天盖地　排山倒海

m:茂密　美眉　盲目　满山遍野　闷闷不乐　马到成功

2. 唇齿音 f

芬芳　肺腑　发放　分秒必争　飞沙走石　防患未然

一条裤子八条缝

一条裤子八条缝,
横缝上面有竖缝,
缝了横缝缝竖缝,
缝了竖缝缝横缝。

费 和 会

手艺学不会,
材料用得费。
正是会的不费,
费的不会。

奋发商店卖混纺

奋发商店卖混纺，

有红混纺，黄混纺，粉红混纺，花混纺，

纷繁的混纺让大娘着了慌。

仿佛进了混纺的大市场，

眼也花，手也忙。

吩咐女儿快挑混纺。

3. 字词练习

提示：开口音稍闭，闭口音稍开，体会共鸣的调节。

开口音与闭口音指的是复韵母舌位动程大小之间的对比关系，直接表现在韵腹元音舌位高低的对比上。普通话有 6 组相对的复韵母：ai—ei；ao—ou；ia—ie；ua—uo；iao—iou；uai—uei。例如：

白雪—背离　排场—佩服　来来往往—累死累活

贸易—谋划　跑堂—剖析　浩瀚无边—厚此薄彼

下课—斜角　假期—杰出　下不为例—歇斯底里

瓦片—窝藏　划船—火车　刮目相看—国计民生

销售—休息　敲门—秋天　娇小玲珑—九霄云外

外国—微笑　怀揣—威信　歪七扭八—惟妙惟肖

三、"啊"的音变练习

1. ya(在 a、o、e、i、ü、ê 音素后面时，不包括 ao、iao)

快打啊！　就等你回家啊！　夸啊！　大家快来吃菠萝啊！　都是记者啊！

好新潮的大衣啊！　日子过得真快啊！　快帮我解围啊！　你怎么不吃鱼啊？

这孩子多活跃啊！　快去找他啊(tā ya)！　你去说啊(shuō ya)！

今天好热啊(rè ya)！　你可要拿定主意啊(yì ya)！　我来买些鱼啊(yú ya)！

赶紧向他道谢啊(xiè ya)！

2. wa(在 u 音素后面时，包括 ao、iao)

您在哪儿住啊？　他普通话说得真好啊！　还这么小啊！　屋顶还漏不漏啊？

看你一身油啊！　你在哪里住啊(zhù wa)？　他人挺好啊(hǎo wa)！

口气可真不小啊(xiǎo wa)！

3. na(在-n 音素后面时)

这件事儿可不简单啊！　笑得真欢啊！　买这么些冷饮啊！　发音真准啊！

早晨的空气多清新啊(xīn na)！　多好的人啊(rén na)！　你猜得真准啊(zhǔn na)！

4. nga(在-ng 音素的后面时)

小心水烫啊！　小点儿声啊！　行不行啊　不管用啊！　这幅图真漂亮啊(liàng nga)！

注意听啊(tīng nga)　最近太忙啊(máng nga)！

5. ra(在舌尖后元音-i、卷舌元音 er 的后面时,在儿化韵后面时)

没法治啊！　随便吃啊！什么了不起的事啊！　他是王小二啊！

这儿多好玩儿啊！　你有什么事啊(shì ra)！　你怎么撕了一地纸啊(zhǐ ra)！

6. za(在舌尖前元音-i 的后面时)

烧茄子啊！　这是第几次啊！　他就是老四啊！　今天来回几次啊(cì za)！

7."啊"的综合练习

(1)幼儿园这些孩子啊！

(2)真可爱啊！

(3)大家看啊！

(4)他们真高兴啊！

(5)他在读诗啊！

(6)孩子在画画啊！

(7)这些孩子又是唱啊,又是跑啊,又是跳啊！

(8)他们是多么幸福啊！

四、儿化音练习

(1)有个小男孩儿,穿件儿蓝小褂儿,拿着小竹篮儿,装的年糕和镰刀。有个小女孩儿,穿件儿绿花儿裙儿,梳着俩小辫儿,拉着一头老奶牛。俩人儿手拉手儿,唱着快乐的牧牛歌儿,拉着牛拿着篮儿,溜溜达达向前走。走到柳林边,拴上牛放下篮儿,拿出了年糕和镰刀,吃了甜年糕,拿起小镰刀,提着竹篮儿去割草。割了一篮儿一篮儿嫩绿嫩绿的好青草,欢欢喜喜地喂饱了那头老奶牛。

(2)进了门儿,倒杯水儿,喝了两口儿运运气儿,顺手儿拿起小唱本儿,唱一曲儿,又一曲儿,练完了嗓子我练嘴皮儿,绕口令儿,练字音儿,还有单弦牌子曲儿,小快板儿,大鼓词儿,越说越唱我越带劲儿。

(3)有个小孩儿叫小兰儿,挑着个水桶上庙台儿,摔了个跟头捡了个钱儿。又打醋,又买盐儿,还买了一个小饭碗儿。小饭碗儿,真好玩儿,没有边儿,没有沿儿,中间有个小红点儿。

(4)有那么一个杂货店儿,只有两间小门脸儿。别看地方不大点儿,卖的东西不起眼儿,有火柴,有烟卷儿;有背心儿,有裤衩儿;有蜡烛,有灯捻儿;还有刀子、勺子、小菜板儿。起个早儿,贪个晚儿,买什么都在家跟前儿。

(5)小小子儿,不贪玩儿。画小猫儿,钻圆圈儿;画小狗儿,蹲小庙儿;画小鸡儿,吃小米儿;画个小虫儿,顶火星儿。

(6)吃仁儿不吃皮儿,吃皮儿不吐仁儿。磕下皮儿,吃了仁儿。吃了仁儿,吐了皮儿。皮儿吐了一堆儿,一堆皮儿没仁儿。

五、贯口练习

1. 中国和外国的舞蹈种类

送鼓舞、彩鼓舞、恒鼓舞、童鼓舞、手鼓舞、长鼓舞、太平鼓舞、面具舞、祭祀舞、宫廷舞、霍拉舞、拉鼓舞、秧歌舞、红绸子舞、水袖舞、草帽舞、狮子舞、顶龙舞、盾牌舞、旱船舞、龙升舞、鞍带舞、倘格舞。

伦巴舞、恰恰舞、多榔舞、芭蕾舞、跳脚舞、扁担舞、水萍舞、踢踏舞、欧亚舞、达漫溢舞、织布舞、多耶舞、拍手舞、扇子舞、孔雀舞、韩波舞、天鹅舞。

轮舞、象舞、盆舞、圣舞、赞舞、伞舞、花舞、弓舞、蛇舞、罐舞、竹马灯舞、花鼓灯舞、采茶灯舞、康布拉舞、珍珠舞、南旺武角灵舞、乡村舞、净演舞、恭驳舞、社交舞、中将舞、体育舞、农作舞、草编舞、插秧舞、丰收舞。

面巾舞、集锦舞、青春舞、宗匠舞、荷花舞、盘子舞、纱巾舞、中峦舞、群燕舞、蔷薇舞、红花舞、种瓜舞、拍球舞、达曼衣舞、波罗多舞、布泽美舞、阿细跳月舞、迪斯科舞、西班牙斗牛舞。

2. 出国旅游

进老挝、万象、开罗、曼谷、缅甸、仰光、孟加拉、印度、加尔各答、孟买新德里,过巴基斯坦、阿富汗、伊朗、伊拉克、叙利亚、黎巴嫩、土耳其、安卡拉,过黑海,到俄罗斯,乌克兰、(加快)斯大林格勒、列宁格勒、莫斯科、爱沙尼亚、拉脱维亚、立陶宛、波罗的海,到芬兰、瑞典、斯德哥尔摩、挪威、丹麦、德国、柏林、波兰、华沙、捷克斯洛伐克、匈牙利布达佩斯、罗马尼亚、保加利亚索菲亚,希腊、阿尔巴尼亚、南斯拉夫、意大利、瑞士、瑞典、法国巴黎、马赛、地中海、直布罗陀、葡萄牙、西班牙、马德里,过英吉利海峡,到伦敦,英格兰、苏格兰、爱尔兰、冰岛,过了大西洋到美洲!

素质养成

一、好听声音的标准

(1) 准确规范、清晰流畅:播音员主持人是受众的普通话老师,声音准确规范是必需的。为了能够让大家听清楚、听明白,表达过程中不能堆字、蹦字,要自然流畅。

(2) 圆润集中、朴实明朗:这是对声音色彩的基本要求。播音员声音要润泽不干涩,吐字要玉润珠圆,声音集中而不散,字音饱满而不瘪。

(3) 刚柔并济、虚实结合:发音吐字要有韧性、弹性,能强能弱、能刚能柔、有虚有实、有轻有重。

(4) 色彩丰富、变化自如:根据稿件的不同,播读者的感情随之不断变化,声音的色彩也相应发生变化。声音的色彩是在对比变化中体现出来的,声音色彩的层次越丰富、细致,就越有表现力。

用一句话描述播音员发声的基本要求,就是准确规范,富于变化。

二、情境模拟

(1) 想象距离的远近和场景的不同,朗读古诗《望庐山瀑布》。这首山水小诗,写得有声有色,情景交融,深深地激发着人们对庐山风光的向往和对祖国山河的热爱。

望庐山瀑布

李　白

日照香炉生紫烟,

遥看瀑布挂前川。

飞流直下三千尺,

疑是银河落九天。

【情境1】　自己轻声低吟。

【情境2】　设置不同的距离,让对方能够听见:5 米——10 米——50 米。

【情境3】　想象自己站在舞台中央,台下有数百名观众听你朗诵。

【情境4】　随着诗歌的意思,感觉自己的声音也跟着变化。

(2)结合不同情境,声音随之发生变化,试着发出不同的声音。

【情境1】　阿毛是你五岁的小表弟,虎头虎脑的,很可爱,他就站在距你几步远的门口,你亲切地招呼了他一声:"来,阿毛。"

用声提示:较小的音量,声音明朗而柔和,气息适中。

【情境2】　阿毛走了过来,边走边喊着:"我要出去玩,我要出去玩!"由于奶奶在隔壁房间午休,你担心阿毛的喊声吵醒了奶奶,忙竖起手指放在嘴唇上,说:"小声点,阿毛。"

用声提示:小音量,低弱声,声音虚而弱。

【情境3】　你连忙带他下楼,他和小朋友们玩皮球。几个小伙伴一起争抢着一个皮球,阿毛也挤在里面,你略带呵斥地说:"阿毛,回来!"

用声提示:较大音量,中等强度的声音,声音较响亮,清晰度较高。

【情境4】　阿毛不听话,好像就没听见你的话,依然夺抢着皮球,你高声喊:"阿毛!"

用声提示:大音量,高强度的声音,声音靠前,气息下沉。

【情境5】　抢到皮球的阿毛为了躲避小伙伴的追赶,抱着球就朝马路对面跑去,正好一辆汽车飞驰而来,你惊慌地喊:"小心,阿毛!"

用声提示:高强的呼喊声,声音靠前偏虚,气息压力增大。

(资料来源:百度文库,http://wenku.baidu.com.)

![第二章]

文艺作品演播

> 任务一：有感情地表演式朗读 3 篇寓言童话，录音后反复揣摩、修改。
> 任务二：表演式背诵 5 首格律诗，在联欢会上展现才艺。
> 任务三：表演式背诵 2 首自由体诗，在公众场合亮相。
> 任务四：表演式朗读散文、小说各 1 篇。
> 任务五：召开文艺作品演播汇报会。

第一节　寓言童话朗读

问题讨论

（1）案例一的标题有何意义？文中"咀嚼"一词在此有何意义？"猪学者"真正的"学问"是什么？

（2）案例二揭示了一个什么道理？水牛爷爷、小白兔、狐狸艾克和小老鼠分别用什么样的声音表现？

（3）案例三分析每种猴不同的形象蕴含的意义。怎样化妆声音来表现？

（4）案例四读后悟出了什么道理？

（5）案例五表达了作者怎样的情感？分别用什么语气表现？

案例导入

案例一

一头学问渊博的猪

一头绝顶聪明的猪，住在一个非常有名的图书馆的院子里，它深信自己由于多年图书馆的生活,已经成了渊博的学者。

有一天,一只八哥来访问。这头猪立即按照惯例,对客人进行了自我介绍。

"朋友。相信我吧! 我在这个图书馆里待的时间很长了,我对这儿的沟渠、粪坑、垃圾堆,都有着深刻的了解,甚至屋后山坡上的墓穴,都叫我拱翻了好几个。谁要是想在这个图书馆里得到知识而不找我,那他算是白跑一趟了。"

八哥说:"你所说的都是图书馆外面的事,那里面的东西也了解吗?"

"里面? 那我最清楚不过了,无非是一些简单的木架子,上面堆满了各色各样的书。"

"你对那些书也了解吗?"八哥又问。

"怎么不了解呢? 那是最没意思的了,它们既没有什么香气,也没有什么臭气,我咀嚼过好几本了,也谈不上什么味道,干巴巴的,连点水分也没有。"

"可是那些人们老在里面待着,据说他们在里面探求知识的宝藏呢!"八哥又说。

"人们? 你说他们干什么? 他们确实是那样想的,想在书里找点什么东西。我常常看到许多人把那些书翻来翻去,结果什么也没有得到,还是把书扔在架子上又走了。我保险他们在里面连糠渣、菜叶都没有得到一点,还谈什么宝藏! 我从不做那种蠢事,与其花时间去啃书本,还不如到垃圾堆翻几个烂萝卜啃啃呢。"

"算了吧! 我的学者。"八哥说,"一个从垃圾堆里啃烂萝卜的嘴巴,来谈论书本上的事,是不大相宜的,还是去啃你的烂萝卜吧!"

案例二

谦虚过度

水牛爷爷是森林世界公认的谦虚人,很受大家尊重。小白兔夸它:"水牛爷爷劲儿最大了!"小山羊夸它:"水牛爷爷贡献最多了!"它就说:"哎,不能这样讲了,奶牛吃下的是草,挤出来的是奶。它的贡献比我多。"

狐狸艾克很羡慕水牛爷爷谦虚的美名。它想:"我也来学一下谦虚吧。这谦虚太好学了。"它想了想:"水牛爷爷的谦虚不就是两点吗? 一是把自己什么都说小点儿;二是把自己什么都说少点儿。对! 就是这样。"

一天,艾克遇到了一只小老鼠。小老鼠看到艾克有一条火红蓬松的大尾巴,不禁发出了由衷的赞美:"哎呀,艾克大叔,您这条尾巴真大呀!"艾克学着水牛爷爷的口气,歪歪嘴:"哎,过奖了。你们老鼠的尾巴比我大多了。""啊,什么?"小老鼠大吃一惊:"你长那么长的四条腿,却拖条比我还小的尾巴?"艾克谦虚地说:"哎,不能这么讲了,我哪有四条腿,三条了,三条了。"小老鼠以为艾克得了精神病,吓跑了。

艾克的"谦虚"没有换来美名,倒换来了一大堆谣言。大家说:"哎,森林世界出了一条妖狐狸,只有三条腿,还拖着一条比老鼠还小的尾巴……"

案例三

猴 吃 西 瓜

猴王找到了个大西瓜。可是怎么吃呢? 这个猴王从来也没有吃过西瓜。忽然他想出了一条妙计,于是就把所有的猴都召集来了,对大家说:"今天我找到了一个大西瓜,这个西瓜的吃法嘛,我是全知道的,不过我要考验一下你们的智慧。你们谁能说出西瓜的吃法? 要是说对了,我可以多赏他一份,要是说错了,我可要惩罚他!"小毛猴一听,搔了搔腮说:"我知道,吃西瓜是吃瓤!"猴王刚想同意。"不对,我不同意小毛猴的意见!"一个短尾巴猴说,"我清清楚楚地记得我和爸爸到我姑妈家的时候,吃过甜瓜,吃甜瓜是吃皮。我想西瓜是瓜,甜瓜也是瓜,当然应该吃皮了啦!"大家一听,有道理,可到底谁对呢,于是都不由得把眼光集中到一只老猴身上。老猴一看,觉得出头露面的机会来了,就清了一下嗓子,说道:"吃西瓜嘛,当然……是吃皮啦,而且是一直吃皮,我想我之所以老而不死,也正是由于吃西瓜皮的原因!"

有些猴早等急了,一听老猴也这么说,就跟着嚷起来。"对,吃西瓜吃皮!""吃西瓜吃皮!"猴王一看,认为已经找到了正确的答案,就向前跨进一步,开言道:"对,大家说的都对,吃西瓜吃皮! 哼,就小毛猴崽子说吃西瓜是吃瓤,那就叫他一个人吃瓤,咱们大家都吃西瓜皮!"于是将西瓜分开,小毛猴吃瓤,大家伙共分西瓜皮。

有个猴吃了两口,就捅了捅旁边的说:"哎,我说这可不是滋味啊!"

"咳——老弟,我常吃西瓜,西瓜嘛,就这味……"

案例四

一只"讲道德"的狼

狼常常到牧场里偷吃羊,牧羊人便在牧场周围设了陷阱,要捉住狼。一次,贪心的狼又来了。它一心只想到羊肉的滋味,当然不会知道地上有陷阱,一不留神,便跌进了陷阱。狼用尽气力也跳不上来,便大叫起来:"岂有此理! 你们凭什么设陷阱暗算别人? 这太不讲道德了!"牧羊人笑着说:"原来你是一只讲道德的狼。那么,你来偷吃我的羊,算是什么道德呢?"

案例五

狼 和 小 羊

狼来到小溪边,看见小羊正在那儿喝水。

狼非常想吃小羊,就故意找碴儿,说:"你把我喝的水弄脏了! 你安的什么心?"小羊吃了一惊,温和地说:"我怎么会把您喝的水弄脏呢? 您站在上游,水是从您那儿流到我这儿来的,不是从我这儿流到您那儿去的。"

狼气冲冲地说:"就算这样吧,你总是个坏家伙! 我听说,去年你在背地里说我的坏话!"

可怜的小羊喊道:"啊,亲爱的狼先生,那是不会有的事,去年我还没有生下来呐!"

狼不想再争辩了,龇着牙,逼近小羊,大声嚷道:"你这个小坏蛋! 说我坏话的不是你就是你爸爸,反正都一样。"说着,就往小羊身上扑去。

📖 理论研讨

一、童话的概念、特点和种类

童话是以现实为基础,通过想象、幻想,采取拟人、比喻、夸张等修辞方法写出的新奇有趣的故事。它以叙事的手法来表现中心,故事情节曲折,深入浅出地讲出一些道理,给人以教益和启迪。

童话的主要特点是:

(1)情节完整、曲折,形象生动、鲜明。如《牛郎织女》的故事,从小牛郎说到大牛郎,再说到他与织女的相遇、结合、生儿育女,最后天各一方。这些情节完整、清楚,曲折动人,形象鲜明,让人难以忘怀。

(2)幻想丰富、奇特、夸张、强烈、感人。如《卖火柴的小女孩》中,"小女孩手抓一把火柴,被活活冻死"的描写,让我们脑中浮现出令人难过的场景,激起对小女孩深切的同情。文中小女孩五次擦火柴出现的幻想就是作者的想象。在童话世界里,人死能复生,牛羊会说话,木偶能旅行,魔语可变出金银珠宝,桌布可生出山珍海味,衣服能隐形,地球、星球随心邀游,这些都符合儿童天真的幻想心理,孩子们自然喜读愿读。但是,幻想不等于胡思乱想。它有一定的现实依据,它们之间往往是通过象征、比拟等方法结合起来的。童话离不开幻想,幻想离不开夸张。如果童话幻想的内容没有夸张,就会失去光彩;童话的语言缺少夸张,就会缺乏感染力;童话的形象没有夸张,就会显得黯淡。在讽刺性的童话里,没有夸张,就会失去锋芒。如《皇帝的新装》里那个自以为是的赤裸裸的皇帝,在现实生活中是不可能存在的,但我们愿意相信这个故事,就因为现实中就有这样的骗子,利用一些人的虚伪、愚昧、盲从,导演了一幕幕令人啼笑皆非的荒诞剧目,给人以警示和教益。

(3)语言简洁活泼,表现手法新颖。童话属于儿童文学作品,所以在语言上有着特殊的要求。从语言风格看,童话的语言要求简洁、活泼、准确、新颖。从语言的表达效果看,童话多用拟人、对照、反复等表现方法。普希金的《渔夫和金鱼的故事》告诉我们一个道理:人不能太贪心,应该懂得知足。

按照表现题材,童话划分为如下类型:

(1)拟人化童话,将大自然中的动植物或者世界上一切没有生命的东西赋予人的生命,模拟人的语言,成为童话中的"人物"。如叶圣陶的《稻草人》、安徒生的《丑小鸭》。

(2)人物童话,即以普通的人物作为主人公的童话,但一定是经过极度夸张的,如《卖火柴的小女孩》。

(3)超人化童话,即把童话中的人物形象塑造成一些超自然的、幻想的、想象中的形象,如神仙妖魔,或者把某些抽象概念人格化。超人化童话描写的是超自然的人物及其活动,如《渔夫和金鱼的故事》。

(4)知识童话(也称科学童话),即把神奇的科学世界或者未来世界的远景用童话的形式表现出来,通过丰富的想象、幻想和夸张来塑造形象,用曲折动人的故事情节和浅显易懂的语言文字反映社会生活,扬善抑恶,起到教育人的目的,引起少年儿童的浓厚兴趣。一般来说,知识童话故事情节神奇曲折,生动浅显,对自然物往往做拟人化的描写,多采用夸张、拟人、象征等表现手法去编织奇异的情节。

童话总是通过曲折动人的故事情节来反映现实生活,提示某种道理,对人们,尤其对儿童进行多方面的教育。在阅读时,我们要通过对童话中人物形象的具体分析去领悟做人或生活的道理。

二、寓言的概念、特点和种类

寓言是一种篇幅短小,含有训诫和讽刺意味的小故事。它来源于民间口头创作,后来被一些思想家和学者改造成为一种短小精悍的散文。它通过一个个生动有趣的小故事,告诉人们一个深刻的道理或某种教训,所以带有明显的劝谕或讽刺意义。

寓言的主要特点是:

(1) 强烈的教训性。寓言与一般故事的区别在于其最终目的是为了阐明教训或哲理。很多寓言在开篇或结尾直截了当地说出教训。这种教训一般都是通过讽刺、嘲笑显示出来的。我们在每一个寓言故事中都可以找到一种思想、一个灵魂,那就是人类在自然和社会斗争中逐渐积累的知识与经验的智慧结晶。例如,《东郭先生和狼》讽刺无原则的好心肠,教育人们认清敌人的豺狼本性,从故事中吸取教训。

又如《农夫和蛇》(伊索寓言),一个农夫在冬天看见一条蛇冻僵了。他很可怜它,便拿来放在怀里。那蛇受了暖气,就苏醒了,等到恢复了它的本性,便咬了恩人一口。农夫受了致命的伤。农夫临死的时候说道:"我怜惜恶人,应该受到这个恶报。"这个故事是说,对恶人即使仁至义尽,他们的本性也不会改变。

(2) 明显的比喻性。寓言是一个比喻故事,但它不同于修辞中的比喻,它不限于个别语句,而是把整个寓言描述的故事作为一个比喻,来影射社会上的某类人、某类事或某种现象。如《守株待兔》和《刻舟求剑》,通过比喻来影射那些墨守成规、不知变通的人及他们的荒唐事。

(3) 犀利的讽刺性。寓言通过犀利的言辞、机智的幽默来实现对人性的弱点、现实的谬误、社会的不合理现象的讽刺和训诫,以其尖锐有力的锋芒能给人以深刻的警醒。例如《天鹅、梭子鱼和虾》,一天,梭子鱼、虾和天鹅出去把一辆小车从大路上拖下来。三个家伙一齐负起沉重的担子。它们用足狠劲,身上青筋根根暴露;无论它们怎样地拖呀,拉呀,推呀,小车还是在老地方,一步也没有移动。倒不是小车重得动不了,而是另有缘故:天鹅使劲儿往上向天空直提,虾一步步向后拖,梭子鱼又朝着池塘拉去。究竟哪个对,哪个错,我不知道,我也不想寻根究底;我只知道小车还是停在老地方。三种动物合伙拉一辆小车却无法使其挪动半步,说明合作的人用心不一致就会把事业弄糟。作者最后的感叹虽然没有直接点明寓意,但已鲜明地摆明了自己的立场,以极度夸张的手法制造戏剧性的故事情节和场面,达到讽刺的目的。

(4) 高度的概括性。寓言中的人物形象不做细致的刻画,情节不展开,没有曲折的描写、详尽的叙述和烦琐的议论。作者常截取生活中最富代表性的片断加以概括、提炼,将深刻的道理浓缩在一个短小的故事里,甚至三言两语,便揭示出要阐明的事理或讽刺对象的本质。例如《狮子和狐狸》(伊索寓言),狐狸讥笑母狮每胎只生一子。母狮回答说:"然而是狮子!"这故事是说:美好的东西在质不在量。又如《歪头看戏》(作者:金江),一个歪头的人去看戏,戏看完后,人家问他:"戏做得怎样?"他说:"戏做得不错,只是戏台搭得不正。"人家说:"咦!我们怎么没看出戏台是歪的?恐怕毛病还是在你自己身上吧!"

这个寓言是说：以自己的主观经验推断客观现象，遇到问题不从自身探究根源，而寻找多种借口是不可取的。

寓言一般按表现内容划分，有如下几种。

（1）哲理寓言。通过生活中的一件小事，由浅入深、由表及里地阐述生活中蕴含的一些道理，给人以启迪。比如《揠苗助长》，故事的起因是"一个人一心盼着自己的禾苗快快长高"，经过是"他走下田去，把地里的禾苗拔高了一些"，结果是他儿子跑到地里一看，"禾苗全都枯死了"。《揠苗助长》告诉我们：光有良好的愿望而没有实事求是的科学态度，必然会把事情办坏。《塞翁失马》出自《淮南子·人间训》，通过千百年来的流传，渐渐地浓缩成一句成语："塞翁失马，焉知祸福。"它说明人世间的好事与坏事都不是绝对的，在一定的条件下，坏事可以引出好的结果，好事也可能会引出坏的结果。

（2）劝诫寓言。《亡羊补牢》说的是因为羊圈有窟窿，羊被狼叼走了，此时再去修补羊圈，还不算晚。它说明一个道理：出了问题或犯了错误，遭到挫折，这是常见的现象，只要能认真吸取教训，及时采取补救措施，就可以避免继续犯错误，遭受更大的损失。

（3）讽刺寓言。再如《滥竽充数》中的南郭先生，就是生活中那些没有真才实学，凭做假、蒙混度日的人；也可以用"滥竽充数"比喻那些缺乏才干而混充行家的人，或是比喻拿次要的东西混在好的里面。《刻舟求剑》告诉我们，不要以静止的眼光来看待变化、发展的事物，世界上的事物总是在不断地变化，不能凭主观做事情。人不能死守教条，情况变了，解决问题的方法、手段也要随之变化，否则就会失败。所以，不能片面、静止、狭隘地看待问题。《买椟还珠》比喻那些只图表面，不识内里，缺乏鉴别能力，以致取舍不当的行为。

（4）诙谐寓言。《画蛇添足》说的是"每个人在地上画一条蛇，谁画得快，就把这壶酒给他"，有个人把蛇画好后，见别人没画好，就给蛇画起脚来。结果，画蛇添足的人虽然先画完，却没喝到酒。像《狼和小羊》《狐狸和乌鸦》《鲨鱼与鱼》，虽然写的是动物，但是影射的都是现实生活中的人或事。

寓言篇幅短小、语言简洁、结构单一，一般采用一事一理的写法，所以层次很清楚。经常使用拟人、夸张、讽刺等表现手法。

三、寓言和童话的区别

寓言和童话有不少相似之处，它们的故事都是假托的、虚构的、幻想的，采用各种生物或非生物来充当故事的角色，也都有教育意义。但二者是有区别的。

1. 从概念上看

童话是一种带有浓厚幻想色彩的虚构故事。幻想是童话的基本特征，是童话的核心，也是童话的灵魂，没有幻想就没有童话。当然，童话中的人物一般是现实中并不存在的假想形象，童话所描述的故事一般也是不可能发生的，如《田螺姑娘》《神笔马良》等。

寓言，就是含有劝谕和讽刺意味的故事。故事本身寓含某种深刻的道理。寓，就是寄托，寓言就是借助于某种故事形式来表达作者的思想感情和主观态度，如《揠苗助长》。

2. 从篇幅上看

童话故事完整，篇幅较长，长篇可达数万字，结构比较复杂，情节神奇曲折。幻想比寓言更丰富、更奇特，语言多加修饰，刻画人物形象比较细致，但不可能通篇构成一个比喻，如《皇帝的新装》《蚕和蚂蚁》等。

寓言结构简单,篇幅短小,情节单纯有趣,幻想程度较轻,语言朴实精练、要言不烦,通篇构成一个比喻,如《塞翁失马》《黔驴技穷》等。

3. 从内容上看

童话多表现幻想世界,充满幻想色彩。从风霜雨雪到星辰日月,从花木草石到鱼鸟虫兽,对大自然的一切事物都可加以人格化,以物拟人,突出形象,妙趣横生,可读性高,如《宝葫芦的秘密》《卖火柴的小女孩》等。

寓言多来自现实生活,内容多反映人们对生活的看法,或对某种社会现象的批评,或对某种人的讽刺和箴戒。托古讽今,小中见大,是社会现象的高度提炼和概括,更容易被人接受,如《自相矛盾》《刻舟求剑》。

四、怎样朗读寓言、童话

(一)寓言朗读

寓言是一种文学体裁,以散文或者韵诗的形式,讲述带有劝谕或讽刺意味的故事。其结构大多短小,主人公多为动物,也可以是人或非生物;主题多是惩恶扬善,多充满智慧、哲理;素材多起源于民间传说。寓言通常是借此喻彼,借小喻大,借古喻今,惯于运用拟人的手法,语言简洁、锋利。

下面以案例四为例分析如何朗读寓言。

(1)把握寓言中的"故事",这是读懂寓言的基础。

我们在读寓言时,首先要把寓言当作故事去读,要知道它叙述了一件什么事,事情的起因、经过、结果怎样,故事中有哪些人物(有时是采用拟人手法写的植物、动物等),主要人物是谁,他们(它们)各自扮演了什么角色。这则寓言讲的是一只狼因为想偷吃牧场里的羊,结果落入陷阱,它却反过来指责牧羊人设陷阱不道德。

(2)琢磨故事中蕴含的道理,这是读懂的关键。

首先要找出故事中各种事物之间的联系。这则寓言讲了狼要吃羊而落入陷阱;牧羊人设陷阱是为了保护羊。然后进行分析可知,按照狼指责牧羊人设陷阱是不道德的这一说法,牧羊人只有不设陷阱,乖乖地让狼吃羊才是讲道德了。很显然,这是讲不通的。最后,就能得出结论:一贯做坏事的狼,居然也讲起道德来了,这是十分荒谬可笑的。这就是这则寓言的道理。

(3)联系现实生活,领悟寓言中的寓意。

从结构上看,大多数寓言分为故事和教训两部分。教训就是寓言故事的寓意。因此,我们在阅读寓言时,要联系生活实际去深入体会它的教育意义。读寓言不能就事论事。人和狼说话、讲道理,生活中是没有的,但生活中像狼这种荒谬可笑的例子有没有呢?对照找一找,是有的。世上不是有那么一种人嘛,想坑害别人,结果自己倒霉,反而指责别人不讲道德。这不就是像那只狼一样的恶人吗?能够联系实际,这才是读懂的标志。

(二)童话朗读

童话世界是瑰丽而生动的。在童话作品中,天地日月、风云雷电、山川鸟兽、花草虫鱼,都可以被赋予"人"的性格、"人"的思想感情,并以其鲜明的形象和独特的个性活跃在幻想生活的舞台上,所以总是特别受到孩子们的欢迎。那么,如何朗读好童话呢?

1.抓形象核心

童话故事和记事类文章一样,也有几大要素。我们在阅读童话故事时,必须弄清它们叙述的是一件什么事,事情是怎样发生的,又是怎么发展的,结果怎样,故事中有哪些"人物",主要人物是谁,它们各自扮演什么角色。弄清了这些要素,这个故事我们也基本上读懂了。例如,《小蝌蚪找妈妈》告诉我们小蝌蚪变成青蛙的全过程,还使我们知道青蛙是庄稼的好朋友,所以要保护它。因为是有益于人类的好朋友,所以在朗读"池塘里有一群小蝌蚪,大脑袋,灰黑色的身子,甩着长长的尾巴,快活地游来游去"这一段对小蝌蚪群体娇态的描述时,语音要亲切、丰厚,语气要新奇、谐趣。具体地说,"大脑袋,灰黑色的身子,甩着长长的尾巴"三个短语的朗读速度要逐个加快。这样,不仅可以使儿童听者对小蝌蚪有一个完整、系统的印象,还可以使他们感受到小蝌蚪妩媚多姿、新奇有意思,自然地沉浸到喜闻乐听的情趣之中。

2."化妆"好角色

朗读童话,除了用普通话语音朗读、把握作品的基调、使用朗读的基本技巧外,关键是要适当地给声音"化化妆",以加强表现力。朗诵的音色因角色不同而有变化。为了逼真地表现出作品中的角色,可以进行模仿、夸张。例如朗诵乌鸦的话时,声音可以尖一些,因为乌鸦体形很小;而朗诵蜗牛的话时,把声音放低一些,慢一些,因为蜗牛总是慢腾腾的。这样,立刻就可以将两个角色的声音拉开距离,形成对比。不但塑造出不同的角色,还加强了作品的艺术效果。

3.要读得"入格"

所谓"入格",是指朗读要正确、自然、流畅,语气应尽可能接近口语,要"字正腔圆"。如果是夸张的口吻,可以从节奏、速度、音量等方面进行技巧处理,以求取得较好的效果。如《狼和小羊》,狼非常想吃小羊,就故意找碴儿,说:"你把我喝的水弄脏了!你安的什么心?"小羊吃了一惊,温和地说:"我怎么会把您喝的水弄脏呢?您站在上游,水是从您那儿流到我这儿来的,不是从我这儿流到您那么去的。"这段内容充满着对狼蛮横无理的憎恨,和对小羊温柔可爱的同情。朗读时,对狼蛮横无理的话不能绘声绘色地读,必须用带有否定色彩的佯音读,即力度要弱,语音要低。如果用强力度、高语音读的话,就会在客观上起着宣传赞扬"狼气势汹汹"的效果。那样的话,憎恶的语气就一点也不会有了。语气又能落重,并且用升语调,否则的话,狼质问的口吻、强横的情态就表现不出来。对于小羊的语言,要用平力度慢语速读,以形象地表现小羊据理力争、弱不畏强。只有这样调配,狼"强暴蛮横"的嘴脸、小羊"弱小理辩"的形象才能鲜明地表现出来。

技能训练

一、理解并朗读

1.一头学问渊博的猪

文章标题标新立异,引发读者兴趣。"咀嚼"带有讽刺的意味,中词贬用,猪是真正地用嘴"咀嚼"。猪学者的学问局限于自身知识经验范围,不能吸收、理解大千世界纷杂的学问,不以开阔的思维去接受事物;以固有的经验观念批判其他事物,是可笑、可悲的。另一方面,这个故事让我们认识到:知识是无穷无尽,切不可故步自封,局限于自己狭隘的经验。本文的寓意类似于"坐井观天"。

2. 谦虚过度

凡事要有度,要谦虚适度,谦虚过度会很可笑。水牛爷爷是森林世界里德高望重的老者,宽厚、善良、受大家尊重。其声音要低沉,有内涵,苍老、沧桑,又不失身份。对于小白兔,联想其可爱、娇珑的体态,声音应该是甜美的女高音。对于小山羊,根据其"咩咩"的叫声,应设计出"黏""绵",略长一些的音色。狐狸是有名的狡猾的动物,加上艾克学习上又不肯动脑思考,只做表面文章,所以应该是一种华丽、不太踏实的男高音。小老鼠体态实在太小,所以一定是细小、伶俐的尖音了。初学者要慢慢揣摩、体会,找出自己认为最恰当的声音形象。

3. 猴吃西瓜

这篇童话批判了经验主义,即形而上学的思想方法和工作作风,其特点是在观察和处理问题的时候,从狭隘的个人经验出发,不是采取全面的观点看事物。它教会我们看待问题的方法:一切从实践角度出发,尊重客观现实。朗读时,先分析不同猴的形象,注意不同身份的猴的不同语气。将猴王想象成领袖形象,语气要有威严,有一定的力度;但猴王是一个不懂装懂、装腔作势的官僚主义形象,读起来,威严中带着些许滑稽。小毛猴年龄小,说话不仔细考虑,可将其幻化成生活中率真的、敢说真话的小青年形象,声音应尖细一些,语速要快一些。短尾巴猴的年龄比小毛猴稍长,它的话经过了思考,但犯了可爱的经验主义错误,语速应适中。老猴是迂腐的、经常做出错误决定、思想跟不上形势的老者形象,语速很慢,但说出来的话很有分量,有一种得意与卖弄的意味。后两个猴的对话以悄悄话的形式进行,最后一个猴装出一种什么都知道的语气,讽刺意味更浓。

二、阅读并朗读

1. 童话

卖火柴的小女孩

这是一年的最后一天——大年夜,鹅毛般的大雪纷纷扬扬地从天空中飘落下来,天气冷得可怕。

一个卖火柴的小女孩在街上走着,她的衣服又旧又破,打着许多补丁,脚上穿着一双妈妈的大拖鞋,但是这又有什么用呢?她还是又冷又饿,风吹得她瑟瑟发抖。她的口袋里装着许多盒火柴,一路上不住口地叫着:"卖火柴呀,卖火柴呀!"人们都在买节日的食品和礼物,又有谁会理她呢?

快到中午了,她没有卖掉一根火柴,没有哪个好心人给过她一个钱。

她走着走着,在一幢楼房的窗前停下了,室内的情景吸引住了她。哟,屋里的圣诞树多美呀,那两个孩子手里的糖果纸真漂亮。

看着人家幸福的表情,小女孩想到了生病的妈妈和死去的奶奶,伤心地哭了。哭有什么用呢？小女孩擦干眼泪，继续向前走去。

"卖火柴呀，卖火柴呀！叔叔，阿姨，买一些火柴吧！"

可是，人们买完节日礼物，都急匆匆地赶回家去，谁也没有听到她的叫卖声。雪花落在她金黄色的长头发上，看上去是那么美丽，可谁也没有注意到她。

小女孩走着走着，一辆马车飞奔过来，她吓得赶快逃开，大拖鞋跑掉了。马车过去后，她赶紧找鞋。那是妈妈的拖鞋呀，妈妈还躺在床上呢。可是，一只找不到了，另一只又被一个男孩当足球踢走了。小女孩只好光着脚走路，寒冷的雪将她的小脚冻得又红又肿。

天渐渐黑了，街上的行人越来越少，最后只剩下小女孩一个人了。街边的房子里都亮起了灯光，窗子里还传出了笑声。食品铺里飘出了烤鹅的香味，小女孩饿得肚子咕咕直叫。小女孩好想回家，可是没卖掉一根火柴，她拿什么钱去给妈妈买药呢？

雪越下越大，街上像铺了一层厚厚的白地毯。

小女孩一整天没吃没喝，实在走不动了，她在一个墙角里坐下来。她用小手搓着又红又肿的小脚，一会儿，小手也冻僵了。真冷啊，要是点燃一根小小的火柴，也可以暖暖身子呀。她敢吗？她终于抽出了一根火柴，在墙上一擦，哧！小小的火苗冒了出来。小女孩把手放在火苗上面，小小的火光多么美丽，多么温暖呀！她仿佛觉得自己坐在火炉旁，那里面火烧得多旺啊。小女孩刚想伸出脚暖和一下，火苗熄灭了，火炉不见了，只剩下烧过的火柴梗。

她又擦了一根，哧！火苗又窜了出来，发出亮亮的光。墙被照亮了，变得透明了，她仿佛看见了房间里的东西。桌上铺着雪白的台布，上面放满了各种各样好吃的东西。一只肚子里填满苹果和梅子的烧鹅突然从盘子里跳出来，背上插着刀叉，摇摇晃晃地向她走来。几只大面包也从桌上跳下来，一个个像士兵一样排着队向她走来。然而就在这时，火柴又熄灭了，她面前只剩下一面又黑又冷的墙。小女孩舍不得擦火柴了，可她冻得浑身直抖。无奈之下，她又擦了一根，哧！一朵光明的火焰花开了出来。哗！多么美丽的圣诞树呀，这是她见过的最大最美的圣诞树。圣诞树上挂着许多彩色的圣诞卡，那上面画有各种各样的美丽图画。树上还点着几千支蜡烛，一闪一闪地好像星星在向她眨眼问好。小姑娘把手伸过去，唉，火柴又熄灭了，周围又是一片漆黑。

小姑娘又擦了一根火柴，她看到一片烛光升了起来，变成了一颗颗明亮的星星。有一颗星星落下来了，在天上划出一条长长的火丝。所有的星星也跟着落下来了，就像彩虹一样从天上一直挂到地上。"有一个什么人快要死了。"小女孩说。因为她那唯一疼她的奶奶活着的时候曾经告诉过她：一颗星星落下来，就有一个灵魂要到上帝那儿去了。

小女孩又擦亮一根火柴，火光把四周照得通亮，奶奶在火光中出现了。奶奶朝着她微笑着，那么温柔，那么慈祥。"奶奶——"小女孩激动得热泪盈眶，扑进了奶奶的怀抱。"奶奶，请把我带走吧，我知道，火柴一熄灭，您就会不见的，像那暖和的火炉、喷香的烤鹅、美丽的圣诞树一样就会不见的！"小女孩把手里的火柴一根接一根地擦亮，因为她非常想把奶奶留下来。这些火柴发出强烈的光芒，照得比白天还要亮。奶奶从来也没有像现在这样美丽和高大。奶奶把小女孩抱起来，搂在怀里。她们两人在光明和快乐中飞起来了。

她们越飞越高,飞到没有寒冷,没有饥饿的天堂里去,和上帝在一起。

火柴熄灭了,四周一片漆黑,小姑娘幸福地闭上了眼睛。

新年早晨,雪停了,风小了,太阳升起来了,照得大地金灿灿的。大人们来到街上,大家祝贺着新年快乐。小孩们着新衣,愉快地打着雪仗。

这时,人们看到了一个小女孩冻死在墙角,她脸上放着光彩,嘴边露着微笑。在她周围撒满一地的火柴梗,小手中还捏着一根火柴。

朗读提示:《卖火柴的小女孩》写于1846年,是安徒生的代表作品之一。作者通过对小女孩悲惨遭遇的描述,流露了对贫苦人民的深切同情和对不合理社会制度的批判。作者的情感也应是我们朗读这篇课文应有的情感。朗读这篇课文的基调应该是低沉而富于启发性的。低沉是为了烘托悲惨的气氛,启发性是为了引起人们深思造成小女孩悲惨命运的社会原因。朗读的基本语调应为低沉、缓慢。当然,在具体朗读时,还要在大致统一的基本语调、语气中,根据故事情节的展开和发展变化,再想象获得的真切感受的实际,适当变换语调和语气。

黄鹂和山雀

老黄鹂在树上搭了个窝,里面睡着一窝小黄鹂。老黄鹂站在窝边的树枝上。

海棠树上有一片嫩叶卷了起来。老黄鹂看见了,连忙飞过去,从那片卷着的叶子里,捉出一条黄绿色的小毛虫,飞了回来。小黄鹂都把脖子伸得长长的,张开黄黄的小嘴,叫着:"妈妈,给我吃,给我吃!"老黄鹂把小虫塞到一只小黄鹂的嘴里。那只小黄鹂吃得津津有味,问妈妈:"这是什么呀? 真好吃!"老黄鹂说:"这是卷叶虫。这种害虫很狡猾。它吐出丝,把嫩叶卷起来,自己躲在里面吃叶肉。"

一只山雀飞来,落在旁边一棵树上,把一块树皮似的东西吞了下去。小黄鹂惊奇地叫起来:"山雀阿姨,您怎么吃树皮呀!"

"孩子,你们不知道。这不是树皮,是梨椿象。它们专吸果汁,坏透了!"山雀说完,又衔了一个梨椿象,去喂她的孩子。

一个月过去了,小黄鹂和小山雀长大了。它们在枝叶茂盛的果树林里飞来飞去,跟着妈妈捕捉害虫。

秋天,果树上结满了果子。一阵风吹过,红通通的海棠,黄澄澄的梨,都轻轻地点头,在感谢黄鹂和山雀呢。

朗读提示:小黄鹂对老黄鹂所说的话,读音要细而高,以形象小黄鹂的小;读的速度要快,以形象小黄鹂急切要食的神态。对于小黄鹂与山雀所说的话:"山雀阿姨,您怎么吃树皮呀?"要用细而高的语音,表现小黄鹂幼稚、短见、多奇的特点。对于老黄鹂所说的话:"这是卷叶虫。这种害虫真狡猾。它吐出丝,把嫩叶卷起来,自己躲在里面吃叶肉。"和山雀所说的:"孩子,你们不知道。这不是树皮,是梨椿象。它们专门偷吃果汁,坏透了!"读音要低而浑厚,速度要慢一点儿,以形象"长辈人"坦诚稳重,识多见广,和声善气。这种灵活恰当的语音变换,可以使角色的个性明朗,给儿童的感受真切、新奇、深刻,使之越听越爱听。

2. 故事

卖火柴的小男孩

［英］迪安·斯坦雷

故事发生在爱丁堡。有一天,天气很冷,我和一位同事站在旅馆门前谈话。这时走过来一个小男孩,身上只穿一件又薄又破的单衣,瘦瘦的小脸冻得发青,一双赤脚冻得通红。他对我们说:"先生,请买盒火柴吧!"

"不,我们不需要。"我的同事说。

"买一盒火柴只要一个便士啊!"可怜的孩子请求着。

"可是,我们并不需要火柴。"我对他说。

小男孩想了一会儿,说:"我可以一便士卖给你们两盒。"

为了使他不再纠缠,我打算买一盒。可是当我掏钱的时候,发现没有零钱,于是我对他说:"明天再买吧"。

"请您现在就买吧先生,我饿极了!"男孩乞求道:"我可以去给您换零钱。"

我给了他一先令,他转身就跑了。等了很久也不见他回来,我猜想,可能上当了。但是当我想到那孩子的面孔,想到他流露出的那种使人信任的神情,我断定他不是那种人。

晚上,旅馆的人说,有一个小孩要见我。当小孩被带进来的时候,我发现他不是那个卖火柴的小男孩,但可以看出是他的弟弟。这个男孩在破衣服里找了一会儿,然后才问:"先生,您是买珊迪火柴的那位先生吗?"

"是的。"

"这是您那个先令找回来的四便士。"小男孩说,"珊迪受伤了,不能来了。一辆马车把他撞倒了,从他身上压了过去。他的帽子找不到了,火柴也丢了。还有七个便士也不知道哪去了。说不定他会死的。"我让这孩子吃了些东西,然后和他一块儿去看珊迪。这时我才知道,他俩是孤儿,父母早死了。可怜的珊迪躺在一张破床上,一看见我,就难过地对我说:"我换好零钱往回跑的时候,被马车撞倒了。我的两条腿都断了,就要死了。可怜的小利比,我的好弟弟! 我死了你怎么办呢? 谁来照顾你呢?"

我握住珊迪的手,对他说:"我会永远照顾小利比的。"

珊迪听了,目不转睛地看着我,像是表示感激。突然他眼睛里的光消失了。他死了。

直到今天,谁读了这个故事也不能不深受感动。饱受饥寒的小珊迪那美好的品质,将永远打动着人们的心。

朗读提示:这是一篇生活故事。朗读时,要用叙述性口吻读叙述性语言,语调稍低,给人物语言定位。"我"的语言热情、善良,充满关爱。"同事"的话虽只有一句,但要读得淡漠。"珊迪"和"利比"的语调相近,都充满孩子的稚气,表现出他们性格的单纯、善良,以及诚实的优秀品质。

骄傲的孔雀

孔雀很美丽,可是很骄傲,只要看到谁长得漂亮,他就抖动羽毛,展开尾巴,炫耀自己的美丽。

有一天,孔雀昂着头,挺着胸脯,拖着美丽的长尾巴,沿着湖边散步。树上的花喜鹊很有礼貌地向他点头问好,他理也不理。

忽然,孔雀发现湖里有一只鸟,跟他一模一样,十分漂亮。他立刻停住脚步,展开尾巴,那美丽的尾巴抖动着,像一把五彩洒金的大扇子。谁知湖里的那只鸟也停住脚步,展开尾巴,那美丽的尾巴也抖动着,像一把五彩洒金的大扇子。

骄傲的孔雀有点生气了,他睁大了圆圆的眼睛,抖了抖头上的羽毛。湖里的那只鸟也睁大了圆圆的眼睛,抖了抖头上的羽毛。骄傲的孔雀可真生气了,他昂着头,挺着胸脯,向前迈了一大步,没想到一下子跌进湖里去了。

孔雀不会游泳,他在湖里挣扎了半天,好不容易抓住了一个树根,爬上岸来,他回头朝湖里看看,这回可高兴了,湖里的那只鸟,浑身湿淋淋的,还在发抖呢!

树上的花喜鹊咯咯地笑起来。孔雀看了花喜鹊一眼,不高兴地说:"丑喜鹊,你笑什么?"花喜鹊拍拍翅膀,说:"骄傲的孔雀,湖里的那只鸟就是你自己的影子啊!你骄傲得连自己也看不起了!"

朗读提示:孔雀的骄傲是令人鄙视唾弃的,所以,要用贬斥的语气。文中"很骄傲"是对孔雀品行不佳的强调,要用重读慢语速表现。"他就抖动羽毛,展开尾巴,炫耀自己的美丽"要用低语音、弱力度、较快语速读出贬义语气。"很有礼貌"要用高音重读,以示花喜鹊礼貌的坦诚和郑重。"理都不理"要用低音快读,以表现孔雀的淡漠无礼;如果用高音重读的话,将会产生赞美的口气,情感立场就颠倒了。

素质养成

朗读的魅力

著名语言学家张志公先生说:"阅读教学(表达能力提高)第一是读,第二是读,第三还是读。""读书百遍,其义(道理和寓意)自见。"朗读不仅可以使学生加深对文章内容的理解,更好地感知文章的美学因素,而且可以有效地培养学生的思维能力。所以,在课堂教学中重视朗读,抓住并努力抓好朗读,有着不可估量的作用。

第一,朗读可以充分调动学生学习播音主持的兴趣。因为兴趣是学习最好的老师。试想,当抑扬顿挫的朗读给人以悦耳的享受时,当声情并茂的朗读将人带入身临其境的意境时,当富有韵律的朗读撞击人的心灵时,有谁会无动于衷?有谁不产生尝试一番的念头,进而激发其播音主持的浓厚兴趣?例如学孟郊《游子吟》一诗时,教师这样导入:母亲拨亮了那盏昏暗的油灯,温暖顿时洒满了简陋的屋子。灯光下,母亲又颤颤地瞄准了针眼。一次,又一次,一次,又一次,母亲就这样用那根细细的线、长长的线,串起了一个又一个艰辛的日子。每一针,都仔仔细细;每一线,都饱蘸深情。看着母亲满头的银发和饱经风霜的脸,泪水禁不住淌满了我年轻的面颊。缝好了,母亲又比试着,觉得满意了,才套到了我的身上,把扣子一粒粒地扣好,就像打点一粒即将撒播的种子。母亲哽咽着,用有点哆嗦的手轻轻拍着我的肩:"儿呀,要记住回家的路……"我知道,我是一根土生土长的小草,一根春天里的小草。母亲阳光般的注视,将把我的一生覆盖。无论漂泊多远,黑暗中的那盏油灯,永远是我生活中唯一的方向,唯一的牵挂。今生今世,我,明白了……"这样,学生的兴趣被我们激发了，又何必担心效果呢？

第二，朗读可以培养学生的审美情趣。同是一篇诗或文，干巴巴地读和声情并茂地朗读，其效果是截然不同的；正如人们所说一千个读者读"哈姆雷特"就有一千个"哈姆莱特"形象。这就是由于审美观念的不同造成的。朗读时，语气的轻重，语调的高低，语速的快慢，加上情感的起伏迂回，形成了或铿锵有力，或婉转缠绵，或回旋往复，或一泻千里的音乐之美。它最大限度地调动了学生的听觉、视觉、触觉，叩击他们的灵魂，拨动他们的心弦，使其产生强烈的共鸣，获得极美的艺术享受，并由此而逐渐提高了学生的审美情趣。

第三，朗读可以激发人的情感美。声情并茂的朗读有助于文中蕴含感情的抒发与宣泄，使静态的无声的语言文字化为动态的有声的具体情景，从而激发读者与听者的情感美。可以说，好的朗读可以使读者、听者、作者的情感交融在一起，化为一种难以言传的情感力量，拨动人的心弦，撼动人的灵魂。

第四，朗读可以丰富学生的联想和想象能力。美文佳作都具有极佳的意境美，而这美常常是无法用语言表达的，正所谓"可意会而不可言传"，这意境美是需要借助联想和想象实现的。朗读，将语言文字创设的意境美展示出来，而造成人们身临其境感觉的就是借助合乎情理的联想和想象。所以，我们说联想和想象是语言的翅膀，朗读，则是托起这双翅膀的空气。在朗读中根据具体的语境充分展开联想和想象，使他们展开双翅自由翱翔于语言的天空。

第五，朗读可以发展学生的智力。我们知道，智力的核心是思维，即思考问题、解决问题的能力。而思维所运用的载体正是语言。所以，朗读不单是对语言能力的训练，也是对思维能力的训练。思维能力的提高，自然意味着智力的提高。那些高谈阔论、令人折服的政治家，谈锋犀利、语言缜密的名律师，妙语连珠、使人感动的演说家，逻辑严密、富有创意的大学者，莫不是智力超群的佼佼者。而一个口齿不清，说起话来颠三倒四、词不达意的人，要说他思维敏捷、智力超群，恐怕是没有人会相信的。所以，通过朗读来发展学生的智力是最最直接有效的方法。

第六，朗读可以陶冶美好情操，培养高尚品德，使学生领悟到做人的道理。在前面几项的基础上，朗读还能最大限度地将作者的意图和文章的主题表现出来，从而使学生领悟到做人的道理。读孟郊《游子吟》时，会知道母爱的伟大与无私……在朗读中，要体会文章的情感，随主人公的命运或悲或喜；或爱或恨。学会在朗读中辨别真善美、假丑恶，进而领悟到做人的道理，为自己今后的人生之路构建起一座健康而美丽的精神家园。

（资料来源：百度文库，http://wenku.baidu.com.）

彭丽媛和丹麦女王为两国儿童读童话

新京报讯（记者高美）　今天上午 11 点 20 分，位于东长安街北侧的妇女儿童博物馆，迎来了国家主席夫人彭丽媛女士和丹麦女王玛格丽特二世。现场 80 名来自中丹两国的小朋友，聆听了"第一夫人"和丹麦女王朗读的安徒生童话《丑小鸭的故事》。

女王用丹麦语读，彭丽媛女士用中文读，两人一共朗读了 4 段。

在现场，彭丽媛和丹麦女王还宣布了中丹文化季开幕。

（资料来源：新京报，http://www.bjnews.com.cn/news/2014/04/25/314533.html.）

第二节　诗歌朗读

问题讨论

（1）陆游、唐婉凄美的爱情故事堪称"千古绝唱"。朗读两首《钗头凤》，用一种什么情感基调把握？

（2）《满江红》表达了作者怎样的情怀？如何朗读好这首词？

（3）《水调歌头》是作者在什么情况下写的？如何理解并把握诗人的感情？

（4）《将进酒》这首诗的感情大起大落，起于悲，由悲转乐，转激愤，转狂放，最后归结为什么基调？

（5）《念奴娇·赤壁怀古》上、下阕各写什么？抒发作者怎样的情感？

（6）《春江花月夜》被闻一多先生誉为什么？一生仅留下两首诗的张若虚，也因这一首诗得到怎样的评价？

（7）《沁园春·雪》表现了作者怎样的胸怀和境界？如何朗读？

（8）《致橡树》表达了作者怎样的爱情观？对于我们有哪些启示？

（9）读了《再别康桥》，怎样理解作者的"诗化人生"？对于诗中的建筑美、音乐美、绘画美应如何体会？朗读时，怎样把握好节奏？

案例导入

案例一

钗　头　凤
陆　游

红酥手，黄縢酒。满城春色宫墙柳。东风恶，欢情薄。一怀愁绪，几年离索。错，错，错！
春如旧，人空瘦。泪痕红浥鲛绡透。桃花落，闲池阁。山盟虽在，锦书难托。莫，莫，莫！

钗　头　凤
唐　婉

世情薄，人情恶，雨送黄昏花易落。晓风干，泪痕残。欲笺心事，独语斜阑。难！难！难！
人成各，今非昨。病魂常似秋千索。角声寒，夜阑珊。怕人寻问，咽泪装欢。瞒！瞒！瞒！

案例二

满　江　红
岳　飞

怒发冲冠，凭栏处，潇潇雨歇。抬望眼，仰天长啸，壮怀激烈。三十功名尘与土，八千里路云和月。莫等闲，白了少年头，空悲切。

靖康耻,犹未雪。臣子恨,何时灭?驾长车,踏破贺兰山缺。壮志饥餐胡虏肉,笑谈渴饮匈奴血。待从头,收拾旧山河,朝天阙。

案例三

水 调 歌 头

苏 轼

丙辰中秋,欢饮达旦,大醉,作此篇,兼怀子由。

明月几时有?把酒问青天。不知天上宫阙,今夕是何年。我欲乘风归去,又恐琼楼玉宇,高处不胜寒。起舞弄清影,何似在人间!

转朱阁,低绮户,照无眠。不应有恨,何事长向别时圆?人有悲欢离合,月有阴晴圆缺,此事古难全。但愿人长久,千里共婵娟。

案例四

将 进 酒

李 白

君不见黄河之水天上来,奔流到海不复回。

君不见高堂明镜悲白发,朝如青丝暮成雪。

人生得意须尽欢,莫使金樽空对月。

天生我才必有用,千金散尽还复来。

烹羊宰牛且为乐,会须一饮三百杯。

岑夫子,丹丘生,将进酒,杯莫停。

与君歌一曲,请君为我倾耳听。

钟鼓馔玉不足贵,但愿常醉不复醒。

古来圣贤皆寂寞,唯有饮者留其名。

陈王昔时宴平乐,斗酒十千恣欢谑。

主人何为言少钱,径须沽取对君酌。

五花马,千金裘,呼儿将出换美酒,与尔同销万古愁。

案例五

念奴娇　赤壁怀古

苏 轼

大江东去,浪淘尽,千古风流人物。故垒西边,人道是:三国周郎赤壁。乱石穿空,惊涛拍岸,卷起千堆雪。江山如画,一时多少豪杰!

遥想公瑾当年,小乔初嫁了,雄姿英发。羽扇纶巾,谈笑间,樯橹灰飞烟灭。故国神游,多情应笑我,早生华发。人生如梦,一尊还酹江月。

案例六

春江花月夜

张若虚

春江潮水连海平,海上明月共潮生。

滟滟随波千万里,何处春江无月明?

江流宛转绕芳甸，月照花林皆似霰。
空里流霜不觉飞，汀上白沙看不见。
江天一色无纤尘，皎皎空中孤月轮。
江畔何人初见月？江月何年初照人？
人生代代无穷已，江月年年只相似。
不知江月待何人，但见长江送流水。
白云一片去悠悠，青枫浦上不胜愁。
谁家今夜扁舟子？何处相思明月楼？
可怜楼上月徘徊，应照离人妆镜台。
玉户帘中卷不去，捣衣砧上拂还来。
此时相望不相闻，愿逐月华流照君。
鸿雁长飞光不度，鱼龙潜跃水成文。
昨夜闲潭梦落花，可怜春半不还家。
江水流春去欲尽，江潭落月复西斜。
斜月沉沉藏海雾，碣石潇湘无限路。
不知乘月几人归？落花摇情满江树。

案例七

沁园春·雪

毛泽东

北国风光，千里冰封，万里雪飘。
望长城内外，惟余莽莽；
大河上下，顿失滔滔。
山舞银蛇，原驰蜡象，欲与天公试比高。
须晴日，看红装素裹，分外妖娆。
江山如此多娇，引无数英雄竞折腰。
惜秦皇汉武，略输文采；
唐宗宋祖，稍逊风骚。
一代天骄，成吉思汗，只识弯弓射大雕。
俱往矣，数风流人物，还看今朝。

案例八

致 橡 树

舒 婷

我如果爱你——
绝不像攀援的凌霄花
借你的高枝炫耀自己；
我如果爱你——
绝不学痴情的鸟儿，

为绿荫重复单调的歌曲；
也不止像泉源，
常年送来清凉的慰藉；
也不止像险峰，
增加你的高度，衬托你的威仪。
甚至日光，
甚至春雨。
不，这些都还不够！
我必须是你近旁的一株木棉，
作为树的形象和你站在一起。
根，紧握在地下，
叶，相触在云里。
每一阵风过，
我们都相互致意，
但没有人，
听懂我们的言语。
你有你的铜枝铁干，
像刀，像剑，也像戟；
我有我红硕的花朵，
像沉重的叹息，
又像英勇的火炬。
我们分担寒潮、风雷、霹雳；
我们共享雾霭、流岚、虹霓。
仿佛永远分离，
却又终身相依。
这才是伟大的爱情，
坚贞就在这里：
爱——
不仅爱你伟岸的身躯，
也爱你坚持的位置，足下的土地！

案例九

再 别 康 桥

徐志摩

轻轻的我走了，正如我轻轻的来；
我轻轻的招手，作别西天的云彩。
那河畔的金柳，是夕阳中的新娘；
波光里的艳影，在我的心头荡漾。

软泥上的青荇,油油的在水底招摇;

在康河的柔波里,我甘心做一条水草!

那榆荫下的一潭,不是清泉,是天上虹;

揉碎在浮藻间,沉淀着彩虹似的梦。

寻梦?撑一支长篙,向青草更青处漫溯;

满载一船星辉,在星辉斑斓里放歌。

但我不能放歌,悄悄是别离的笙箫;

夏虫也为我沉默,沉默是今晚的康桥!

悄悄的我走了,正如我悄悄的来;

我挥一挥衣袖,不带走一片云彩。

理论研讨

一、诗歌的认识

(一)诗歌的概念和特点

所谓诗歌,指的是与小说、戏剧、散文、影视文学并列的一种用丰富的想象、富有节奏感、韵律美的语言和分行排列的形式来抒发思想情感的文学样式。它是世界上最古老、最基本的文学形式。中国诗歌起源于先秦,鼎盛于唐宋代。在 21 世纪的中国,诗词仍然深受普通大众青睐。

诗歌的特点如下所述:

(1) 浓郁的抒情性。《诗经》里,古人就发出了"心之忧矣,我歌且谣"的歌声。中国古代不合乐的称为诗,合乐的称为歌,现代一般统称为诗歌。"在心言志,发言为诗"是人们对诗歌本质最普遍的认识。所谓"志",即诗人的思想和情感。"诗歌是本以抒发自己的感情的"(鲁迅),"没有感情,就没有诗歌"(郭小川)。诗最本质的特点就是抒情。例如,"枯藤老树昏鸦,小桥流水人家,古道西风瘦马,夕阳西下,断肠人在天涯。"(马致远《天净沙·秋思》)诗的前三句是三组九个客观事物,表现不出诗人什么感情,但诗的最后两句:"夕阳西下,断肠人在天涯",将前面的客观描写统一到夕阳西下倦于漂泊的游子眼中,表现出旅人倦于漂泊而又不得不漂泊的悲苦彷徨之情,被誉为千古"秋思之祖"。

(2) 精练、含蓄、雅致。中国诗歌讲究"余音绕梁,三月不绝于耳"的朦胧美感和韵味,"诗贵含蓄""句中有余味,篇中有余意,善之善者也"(姜夔,南宋文学家)说的是诗歌要含而不露,又忽藏忽露,意在言外,余味无穷。这样含蓄、内敛的情感用凝练的语言表达出来,就是高雅脱俗。例如王昌龄的《闺怨》:"闺中少妇不知愁,春日凝妆上翠楼。忽见陌头杨柳色,悔教夫婿觅封侯"。杨柳在古人心目中,是"春色"的代替物,又是友人别离时相赠的礼物,古人很早便有折柳相赠的习俗。一位无忧无虑的少妇欢欢喜喜梳妆打扮上楼,可忽见"杨柳",一下子思绪万千,也想到平日里的夫妻恩爱,想到与丈夫惜别时的深情,想到自己的美好年华在孤寂中一年年消逝,而眼前这大好春光却无人与她共赏……或许她还会联想到,丈夫戍守的边关,不知是黄沙漫漫,还是和家乡一样杨柳青青呢?诗人没有直抒少妇的真实联想,而用"悔教夫婿觅封侯"含蓄地表达了少妇的希冀与无奈,哀怨与伤感。让少妇心中那沉积已久的强烈幽怨、离愁和遗憾,用"忽见"二字一下子引发起来,好像要一发而不可收。千言万语化成一句话"悔教夫婿觅封侯",留给人无限的想象空间,雅致不俗。

(3)韵律和谐、押韵。在中国古代,押韵与否是区分诗与非诗最主要的标志。虽然押韵的不一定是诗,但诗歌必须是押韵的,中国古代没有出现无韵诗。例如《春晓》(唐,孟浩然):"春眠不觉晓,处处闻啼鸟。夜来风雨声,花落知多少。"这首诗的第1、2、4句中最后一个字的读音是:晓 xiǎo,鸟 niǎo,少 shǎo。韵脚上的这三个字的读音都押了"ao"这个韵。又如《登鹳雀楼》(唐,王之涣):"白日依山尽,黄河入海流。欲穷千里目,更上一层楼。"每句五个字,我们叫它五言绝句。这里押韵的韵脚只有第2、4句中的最后一个字:流 liú,楼 lóu,用了 iu、ou 韵。而第1、3句的最后一个字:"尽 jìn"和"目 mù",声音特别短促,我们叫它仄声。在这首诗里,1、3句的"挫",2、4句的"扬",产生了抑扬顿挫的音乐和谐美。押韵为诗歌创造一种同声相应、回环往复的韵律之美,增强了诗歌的抒情强度,使诗歌便于吟诵、记忆和流传。

(4)节奏鲜明。节奏是诗歌音乐美的重要组成部分,在诗中通常表现为声音的长短、高低、快慢诸形态富有规律性的变化。例如,四言为"二二"节奏,如"东临/碣石,以观/沧海""蒹葭/苍苍,白露/为霜"。五言有"二二一"节奏,也有"二一二"节奏,如"大漠/孤烟/直,长河/落日/圆""晨兴/理/荒秽,带有/荷锄/归"。七言有"二二三"节奏,也有"二二二一"节奏,如"商女/不知/亡国恨,隔江/犹唱/后庭花";另外还有"二二一二"节奏,如"春蚕/到死/丝/方尽,蜡炬/成灰/泪/始干"。节奏鲜明,韵味悠长。节奏之于诗歌,是它的外形,也是它的生命。

(5)句式整齐。句式整齐是诗歌区别于其他文学形式的外在的显著标志。诗歌讲究句式整齐,不仅仅是为了形式的美观,主要是为了更好地表达思想内容。如果句式太长,会影响诗的精练,读起来气韵难继;太短,又会影响内容的完整和气韵的连贯;过于参差不齐,会使韵脚显得散落,节奏不鲜明,读起来不顺口,不容易记忆。

(二)诗歌分类

对于诗歌,最常见的分类方式有以下三种。

(1)根据诗歌的性质和内容,分为抒情诗和叙事诗。

抒情诗主要通过直接抒发诗人的思想感情来反映社会生活,篇幅一般比较短小,大多数作品没有完整的故事情节,也不塑造具体的人物形象,常常借助于诗中所描写的自然景物或事件直抒胸臆,而且抒情的主体往往就是诗人自己,如情歌、颂歌、哀歌、挽歌、牧歌和讽刺诗。这类作品很多,不一一列举。

叙事诗一般有比较完整的故事情节和人物形象,同时具有浓厚的抒情色彩,概括性较强。叙事诗包括史诗、英雄颂歌、故事诗和诗剧等多种形式。史诗如古希腊荷马的《伊里亚特》和《奥德赛》;故事诗如我国诗人李季的《王贵与李香香》;诗体小说如英国诗人拜伦的《唐璜》,俄国诗人普希金的《叶甫盖尼·奥涅金》。

(2)根据作品语言的音韵格律和结构形式,分为格律诗、自由体诗和散文诗。

格律诗是按照一定格式和规则写成的诗歌。它对诗的行数、诗句的字数(或音节)、声调音韵、词语对仗、句式排列等有严格规定,如我国古代诗歌中的律诗、绝句和词、曲,欧洲的十四行诗。

自由体诗是近代欧美新发展起来的一种诗体。它不受格律限制，无固定格式，注重自然的、内在的节奏，押大致相近的韵或不押韵，字数、行数、句式、音调都比较自由，语言比较通俗。我国"五四"以来也流行这种诗体。

散文诗是兼有散文和诗的特点的一种文学体裁。作品中有诗的意境和激情，常常富有哲理，注重自然的节奏感和音乐美，篇幅短小，像散文一样不分行，不押韵，如鲁迅的《野草》。

（3）根据诗歌发展的阶段，分为古代诗歌、现代诗和当代诗。

中国古代诗歌发展到晚清时，其形式已不能适应社会进步的要求。现代诗歌是指 20 世纪上半叶以前的诗歌；20 世纪下半叶以后的诗歌称为当代诗歌。

二、格律诗的朗读

（1）朗诵格律诗，首先要注意掌握思想内容与感情基调。如壮志难酬、苍凉悲怆的《渔家傲》，豪迈奔放、想象瑰丽的《望天门山》，气壮山河、慷慨悲壮的《过零丁洋》，委婉含蓄、缠绵悱恻的情诗《无题》，与世无争、清新自然的《归园田居》，忧国忧民、沉郁顿挫的《春望》。这些通常都是古人以景托情，借景象描写、抒发自己的情怀之作。朗读格律诗之前，应该了解诗人的身世境遇，琢磨诗中字词的含义，了解诗人的情怀，确定朗读语调。比如《宿建德江》这首五言绝句，其作者是我国盛唐时期著名的诗人孟浩然，他年轻时候没有得到仕进的机会，后来一直着隐士般的生活。但为生活所迫，他不得不经常奔走于江淮之间。《宿建德江》就是他在旅途中的诗作。诗人通过自然景色的描写，抒发了旅途中的孤寂情怀。"移舟泊烟渚，日暮客愁新"，诗人连日奔波，日落黄昏时刻，把船划到烟雾弥漫的荒渚附近准备过夜。一个"移"字，不仅表达出船靠岸的动作，也说明行船不止一日，使人联想到诗人长途旅行的疲惫、寂寞、孤独。一个"新"字，道出诗人旧愁未尽，又添新愁的茫茫身世。天色渐晚，无处投宿，诗人无可奈何，在这荒村水边度夜，暮霭、苍烟，前途渺渺，更增添了异乡飘零的愁闷情绪。"野旷天低树，江清月近人"，诗人在船头茫然远望，只见天和树连在一起，树显得矮了，天地显得更加辽阔。莽莽旷野，自己竟孤身一人夜宿水边！低头看船前，江水清澈，月影倒映水中，随波浮动。唉，寂寞旅人，只有明月相伴！有了如此的分析和感受，可采用低缓的语调朗读，使荒村水边的静寂画面和诗人的孤独情怀融为一体，进而表达作者异乡飘零时的孤寂、落寞和前程渺茫的情怀。

（2）要划好语节。语节是格律诗特有的标志，类似于音乐中的节拍，进而形成不同的语流速度。不同的格律诗有不同的语节划分，在朗诵前，应参照诗句的具体语义及每行字数划分一定规格的语节。例如，五言诗是每句两顿，每顿两个字或一个字，并且主要是第三个字或第五个字可以一个字成为一顿。而七言诗比五言诗增加一顿，为每句三顿，主要是第五个字或第七个字可以一个字成为一顿。这种划分是灵活的，可以根据不同表达的需要来调整。

例如，李白的《静夜思》，语节可划分为以下两种。

① 床前——明——月光，

疑是——地上——霜。

举头——望——明月，

低头——思——故乡。

② 床前——明月光,

疑是——地上霜。

举头——望明月,

低头——思故乡。

例如,李白的《早发白帝城》,语节可划分为以下两种。

① 朝辞——白帝——彩云——间,

千里——江陵——一日——还。

两岸——猿声——啼——不住,

轻舟——已过——万重——山。

② 朝辞——白帝——彩云间,

千里——江陵——一日还。

两岸——猿声——啼不住,

轻舟——已过——万重山。

以上五言诗和七言诗究竟划分为哪一种更合适,可根据使用情况而定。一般来说,在古诗词赏析中,采用第一种划分,能较好地体现中国古典诗歌的格律特征。在朗诵中,用第二种划分较好些,能较完整、清晰地体现诗义,朗诵起来也不过于死板。

(3) 要发挥想象,进入诗的意境。朗读格律诗时,要想象出诗中的一切情景,有助于我们更好地表达情感。比如唐代诗人王维的《鹿砦》:"空山不见人,但闻人语响。返影入深林,复照青苔上。"这是一首五言绝句,全诗20字。前两句"空山不见人,但闻人语响",写眼睛看到的景象和耳朵听到的声音。空荡的山中,看不到行人,说明了"静"。但"静"并不是万籁无声,正是因为"静",才能听到看不见的人说话的声音。有静有动,一幅优美的有声画面油然而生。后两句"返影入深林,复照青苔上"描写深林夕照。"深林""青苔"构成一片清幽的境界,一缕夕阳更为画面添了些许生机,使人感到温暖而舒适。四句诗所表现出的声息、动态、色彩,仿佛可见可闻,给人诗情画意、身临其境之感。经过体会和想象,将自己化入诗中感受,然后通过语调的变化,传达出诗歌优美静谧、引人入胜的意境。又如,宋代诗人陆游的《游山西村》这首诗,它描绘了一幅色彩明丽的农村风光。"莫笑农家腊酒浑,丰年留客足鸡豚"——丰收年景,家家户户杀鸡宰猪,热情款待客人,反映了田园生活的喜悦。"山重水复疑无路,柳暗花明又一村"——一重重山,一道道水。山水环绕,使人误以为是没有路可走了,突然眼前又出现了柳暗花明的村落,怎不令人惊喜啊!经过分析、想象,把朗诵者也化入诗的画面中去——纯朴的农家生活,优美而热闹的农村景象。朗诵起来,就能自如地运用语调的变化,绘声绘色地传达出诗情画意。

(4) 押住韵脚。在诗句末尾,韵母相同的字称为韵脚。马雅可夫斯基曾说:"没有韵脚,诗就会散架子的。韵脚使你回到上一行去,叫你记住它,使得形成一个意思的各行诗维持在一块儿。"朗读时,押韵极为重要,使人在反复的吟咏中体会格律诗的美妙。如贺知章的《咏柳》:"碧玉妆成一树高,万条垂下绿丝绦。不知细叶谁裁出,二月春风似剪刀。"其中,一、二、四句押韵,押平声韵 ao,韵脚是"高""绦""刀"。诵读时,应适当强调韵脚"高""绦""刀"的读音,使之清晰响亮、和谐动听。又如孟浩然《春晓》:"春眠/不觉/晓,处处/闻/啼鸟。夜来/风雨/声,花落/知/多少。"念到"晓、鸟、少"时,字音要适当延长,略带吟诵的味道,使听众能感觉出诗的音韵美和节奏感。前两句是写诗人早上醒来后看到的景物,朗诵时要用柔和、舒缓的语调,音量不要过大。"鸟"字的尾音可稍向上扬,表现出诗人见到的是春光明媚,鸟语花香的明朗景象。后两句写诗人想起昨天夜里又刮风又下雨,不知园子里的花被打落了多少。在读"花落知多少"时,要想象出落花满园的景象。可重读"落"字,再逐渐减轻"知多少"三个字的音量,表现出诗人对落花的惋惜心情。

(5) 注意平仄。除了节奏和韵脚之外,平仄是指声调的抑扬。平即平声,包括阴平和阳平;仄即仄声,包括上声、去声和入声(入声在普通话里已不复存在,分别归入阴、阳、上、去四声)。例如王之涣的《登鹳雀楼》:"白日依山尽(平仄平平仄),黄河入海流(平平仄仄平)。欲穷千里目(仄平平仄仄),更上一层楼(仄仄仄平平)。"平声字高扬,仄声字低抑。格律诗在字数、语节、韵脚已定的情况下,有了平仄。朗读起来,语势将更为错落有致,节奏回环也将更加鲜明。朗读格律诗,强调平仄,但不必拘泥平仄。

(6) 讲究对仗。对仗就是结构相同、词性相同、词义相对的上句和下句组成对偶句。如名词对名词、动词对动词、形容词对形容词、副词对副词等("绝句"不讲究对仗,用不用对仗都可以)。对仗的种类有很多种,比如"山重水复疑无路,柳暗花明又一村"两句。朗读这样的对偶句,应注意上下句的重音、节拍都要上下成对,以形成整齐优美、和谐悦耳的效果。

三、自由体诗的朗读

自由体诗是现代流行的一种新诗,其字数、句数、行数、段数、平仄和音韵均没有固定的格式,但有节奏,大致押韵,朗诵时应注意以下几点。

1. 把握诗歌的情感基调

朗读现代诗,首先必须把握其思想内容。根据思想内容,确定情感基调。一首诗总有一定的感情倾向,要么雄浑、豪迈,要么哀婉、缠绵;要么喜悦、欢乐,要么愤慨、激愤……这样就形成了诗歌的情感基调。如《再别康桥》,写的是离愁别绪,其情感基调定在一个"愁"字上,而且这愁,不是哀愁,不是浓愁,而是轻淡的柔愁,愁中又带有一丝对康桥美景的沉醉,带有一丝对母校眷恋的深情。台湾诗人余光中的诗《乡愁》也写的是愁,是一首怀念祖国、渴望回归大陆的爱国的思念之愁,它以一种民谣的形式,倾吐了对祖国统一的强烈愿望,表达了深沉而忧郁的思念祖国的情感基调。

2. 划分诗的结构层次

把握基调后,要进一步对诗歌的内容与结构进行分析,厘清其情感变化的层次。

例如《木兰诗》全文共 7 个自然段,可分为 3 部分。第一部分(第 1~3 自然段):叙述木兰代父从军,踏上征途。第二部分(第 4 自然段):概写木兰十年来的征战生活。第三部分(第 5、6 自然段):叙述木兰还朝辞官,回乡与亲人团聚。全文如史诗般,把木兰代父从军的过程娓娓道来,思想感情随之波澜起伏。

3. 发挥想象,展示诗的意境

自由体诗在朗诵时要借助丰富的想象力,通过典型画面激发读者想象,体会诗中所蕴含的思想情感,展现出"景抒情,景中有情;情景交融,诗情画意"的生动形象,激发朗读者丰富的思想情感。

怀　人

张　朗

绵绵的春雨

为我的小楼

挂起了一幅长日不卷的珠帘

无端地敲响了

满楼的寂寞

独对长窗　我

想烹一壶茶　想写一首诗

又想你翩然来临

穿帘而入

茶正开　诗刚成

春天,下起了雨,我坐在小楼中,连绵不断的春雨,像"挂起了一幅长日不卷的珠帘",而且敲响了"满楼的寂寞"。此时一种画面感浮现在脑海中:寂寞难耐的我想烹茶、写诗,还想起了"翩然来临"的你;在你进来时,"茶正开,诗刚成",万般曼妙,恰到好处地戛然而止。诗中,先写现实中无比孤寂的我,后写想象中何等惬意的我。两相对比,令人眼前一亮。全诗之妙,妙在"言有尽,意无穷"。诗中所怀的人是谁呢?是风度翩翩的朋友,还是妩媚动人的情人?让读者去想象,显示了诗的朦胧美。

4. 读出诗的节奏和韵律

节奏是诗歌的生命。朗读诗歌要把握节奏,对诗行中的音节进行恰当地划分,用充满变化的语调表现丰富、具体的感情色彩。具体地说,诵读在语速上有一定的规律可循。例如《乡愁》这首诗采用了我国民族层层窄窄矮矮浅浅分别递进、对比互衬的写作方法修饰邮票、船票、坟墓、海峡,短短的十六行诗就有八个"头"字,显示出鲜明的节奏感。再如《天上的街市》的第一段:

远远的/街灯/明了,

好像/天上的/明星,

天上的/明星/亮了,

好像/点着/无数的/街灯。

优美的语句展示出美妙无比的空中幻景,奇光异彩,轻松而舒缓的节奏给听众带来无比美好的遐想。朗诵前要细细品味,渐入意境。

一般来说,一个单个的词或意思紧密的词组就是一个节奏。例如:

于是,怀着/一种/隐秘的/想望

有一天/我/终于/爬上了/那个/山顶(王家新《在山的那边》)

饥寒的/年代里,理想/是/温饱(流沙河《理想》)

总的说来,现代诗歌朗读具有很浓的表演性。它需要朗诵者掌握一定的技巧,将情感投入其中,反复吟咏,方能渐入佳境,最终达到"诗、人合一"的最高境界。

技能训练

一、两首《钗头凤》译文及写作背景

1. 译文

陆游的《钗头凤》译文:红润柔软的手,捧出黄封的酒,满城荡漾着春天的景色,宫墙里摇曳着绿柳。东风多么可恶,把浓郁的欢情吹得那样稀薄,满怀压抑着忧愁的情绪,离别几年来的生活十分萧索。回顾起来都是错,错,错!

美丽的春景依然如旧,只是人却白白相思得消瘦,泪水洗尽脸上的胭红,把薄绸的手帕全都湿透。满园的桃花已经凋落,幽雅的池塘也已干涸,永远相爱的誓言虽在,可是锦文书信靠谁投托。深思熟虑一下,只有莫,莫,莫!

唐婉的《钗头凤》译文:世事炎凉,黄昏中下着雨,打落片片桃花,这凄凉的情景中人的心也不禁忧伤。晨风吹干了昨晚的泪痕,当我想把心事写下来的时候,却不能够办到,只能倚着斜栏,心底里向着远方的你呼唤;和自己低声轻轻地说话,希望你也能够听到。你能听到吗?想忘记以前的美好时光,难;能和远方的你互通音信,倾诉心事,难;在这个世情薄,人情恶的境遇中生存,更是难上加难!

今时不同往日,咫尺天涯,我现在身染重病,就像秋千索。夜风刺骨,彻体生寒,听着远方的角声,心中再生一层寒意,夜尽了,我也很快就像这夜一样了吧?怕人询问,我忍住泪水,在别人面前强颜欢笑。我想在别人面前隐瞒我的病情;隐瞒我的悲伤;隐瞒这种种悲伤都是来自对你的思念!可是,又能瞒得过谁呢?

2. 写作背景

陆游的《钗头凤》词是一篇"风流千古"的佳作,它描述了一个动人的爱情悲剧。据《历代诗馀》载,陆游年轻时娶唐婉为妻,感情深厚。但因陆母不喜唐婉,威逼二人各自另行嫁娶。十年之后的一天,陆游沈园春游,与唐婉不期而遇。此情此景,陆游"怅然久之,为赋《钗头凤》一词"。这便是这首词的来历。

传说,唐婉见了这首《钗头凤》词后,感慨万端,亦提笔和《钗头凤》词一首。不久,唐婉带着凄凉与哀怨抑郁而去。给陆游留下了"此恨绵绵无绝期"的终身伤痛。

二、《满江红》译文及理解

1. 译文

我怒发冲冠,独自登高凭栏,阵阵风雨刚刚停歇。我抬头远望,天空一片高远壮阔。我禁不住仰天长啸,一片报国之情充满心怀。三十多年的功名如同尘土,八千里经过多少风雨人生。好男儿,要抓紧时间为国建功立业,不要空空将青春消磨,等年老时徒自悲切。靖康年间的奇耻大辱,至今也不能忘却。作为国家臣子的愤恨,何时才能泯灭!我要驾上战车,踏破贺兰山缺。我满怀壮志,发誓喝敌人的鲜血,吃敌人的肉。待我重新收复旧日

山河,再带着捷报向国家报告胜利的消息。

2. 意义

这首词,代表了岳飞"精忠报国"的英雄之志,表现出一种浩然正气、英雄气质,表现了报国立功的信心和乐观主义精神。"壮志饥餐胡虏肉,笑谈渴饮匈奴血""待从头收拾旧山河",把收复山河的宏愿,把艰苦的征战,以一种乐观主义精神表现出来。读了这首词,使人体会,只有胸怀大志、思想高尚的人,才能写出感人的词句。在岳飞的这首词中,词里句中无不透出雄壮之气,充分表现作者忧国报国的壮志胸怀。从"怒发冲冠"到"仰天长啸",先是写在家里庭院中的情况,他凭栏观雨,按说这是一种很惬意的生活,却按不住心头之恨而怒发冲冠。一句"仰天长啸",道出了精忠报国的急切心情。

"三十功名尘与土,八千里路云和月",说明了岳飞高尚的人生观。两句话把作者的爱与恨,追求与厌恶,说得清清楚楚。岳飞在这里非常巧妙地运用了"尘与土""云和月",表白了自己的观点,既形象,又很有诗意。

"莫等闲、白了少年头,空悲切",这两句话很好理解,可作用很大,接着上面表达出的壮烈胸怀,急切期望早日为国家收复山河,不能等待了! 到了白了少年头,那悲伤都来不及了。它有力地结束了上片所表达的作者心情。

下片一开始就是"靖康耻,犹未雪;臣子恨,何时灭?",把全诗的中心突出来:为什么急切地期望,胸怀壮志? 就因为靖康之耻。几句话很抽象,但是过渡得很好,又把"驾长车、踏破贺兰山缺"具体化了。

从"驾长车"到"笑谈渴饮匈奴血",都以夸张的手法表达了对凶残敌人的愤恨之情,同时表现了英勇的信心和无畏的乐观精神。

"待从头收拾旧山河,朝天阙",以此收尾,既表达胜利的信心,也说了对朝廷和皇帝的忠诚。岳飞在这里不直接说凯旋、胜利等,而用了"收拾旧山河",显得有诗意,又形象。这首慷慨激昂的词是爱国将领岳飞的真情流露,表达了作者雪耻复仇,重整河山的抱负。

岳飞的这首词直观通达,悲壮粗犷,文辞直抒胸臆,意调激越高亢,具有极大的感染力,它激励了后世无数志士仁人的抗敌爱国热情。

三、《水调歌头》译文及简介

1. 译文

丙辰年的中秋节,高兴地喝酒直到第二天早晨,喝到大醉,写了这首词,同时思念弟弟苏辙。

明月从什么时候才开始出现的? 我端起酒杯问一问苍天。不知道在天上的宫殿,今天晚上是哪一年。我想要乘着清风回到天上,又恐怕返回月宫的美玉砌成的楼宇,受不住高耸九天的寒冷。翩翩起舞,玩赏着月下清影,归返月宫,怎比得上在人间。

月儿转过朱红色的楼阁,低低地挂在雕花的窗户上,照着没有睡意的自己。明月不该对人们有什么怨恨吧,为什么偏在人们离别时才圆呢? 人有悲欢离合的变迁,月有阴晴圆缺的转换,这种事自古来难以周全。只希望这世上所有人的亲人能平安健康,即便相隔千里,也能共享这美好的月光。

2．简介

《水调歌头》是熙宁九年（1076 年）苏轼在密州（今山东诸城）任知州时所作的一首中秋词，词首有序："丙辰中秋，欢饮达旦，大醉，作此篇兼怀子由。"通常认为这是一篇怀人之作，一"兼"字说明并非止于此。其时作者在政治上甚不得意，又久未与其弟苏辙谋面，心中颇多积郁。中秋之夜，与友人共游金山，"天宇四垂，一碧无际……俄月色如画，遂共登金山顶之妙高台"。苏轼请同行著名歌者袁陶歌其《水调歌头》，不觉随之起舞，借以宣泄对时事人生的无限感慨，并抒发对弟弟的强烈思念。这首词久负盛名，历来评价甚高。《苕溪渔隐丛话》说："中秋词自东坡《水调歌头》一出，余词尽废"，认为是写中秋的词里最好的一首，这是一点也不过分的。这首词仿佛是与明月的对话，在对话中探讨着人生的意义。既有理趣，又有情趣，很耐人寻味。它的意境豪放而阔大，情怀乐观而旷达，对明月的向往之情，对人间的眷恋之意，以及那浪漫的色彩、潇洒的风格和行云流水一般的语言，至今还能给我们以健康的美学享受。

四、《将进酒》译文、理解及朗读指导

1．译文

看啊！黄河之水汹涌澎湃从天上倾泻而来，一去不回头，直奔向烟波浩渺的东海；

看啊！头上的青丝转眼间成了雪一样的白发，高堂上对着镜子只能是慨叹、悲哀！

得意的时候，且自纵情欢乐吧，莫使金杯空流月色，徒唤年华不再重来。

胸有雄才大略的人，必定能干出一番事业，失而可得的黄金，抛撒千两又何足惜哉！

杀羊呵，宰牛呵！我们要玩他一个痛快，为这相聚，也该一起喝它三百杯！

岑夫子，丹丘生，干杯干杯！不要停。

嗨，我要唱歌啦，你们仔细听：

那些荣华富贵，有什么值得苦苦追求？我但愿自由自在地沉醉，悠悠然不再清醒。

自古来，睿智彻悟之人总会感到灵魂的寂寞，唯有那寄情诗酒者，好歹留下个名声。

曹植当年，大摆筵席在平乐观中，痛饮名酒，恣意笑闹借以忘忧；

主人说什么，没有这么多的金钱用来花费？快快去买回酒来，让我们喝他个够！

噫，这五花的宝马，千金的狐裘，把这些玩意儿拿去，给我换来酒，酒，酒！噢——让我们在这杯中的烈焰里熔化无穷无尽的愤懑与忧愁！

2．理解

《将进酒》这首诗是李白咏酒诗的代表作，全面、真实地展示了诗人的个性特征，也体现了他充满矛盾的思想感情。把诗人深广的忧愤和强烈的自信，把苦闷的内心和狂放的举止巧妙地结合起来。

这首诗写于唐玄宗天宝十一年（752 年），李白赐金还乡之后。李白游历于祖国的大好河山之中。在好友岑勋、元丹丘家做客聚饮。那时距安史之乱（755—763 年）只有三五年的光景，唐玄宗贪于美色，把国家政事交给奸臣李林甫和杨国忠打理，官场一片黑暗，社会腐败到无以复加的地步。正是在这种黑暗的社会背景和和诗人赐金还乡的经历中，三人登高饮宴，对酒当歌，感慨万千。感叹时光流逝，发出了"人生快事莫若置酒会友"的心声，感叹社会黑暗，抒发了"报用世之才而不遇合"的悲愤情怀。在酒兴高涨之时，李白吟

出此千古绝唱。

这首诗的感情大起大落,起于悲,由悲转乐,转激愤,转狂放,最后归结为一个"愁"字。

初读这首诗,会觉得它豪气十足,但弄清诗人感情的发展脉络后,就会看出诗人的激愤之情占主导地位。确切地说,豪放只是它的外壳,内核则是激愤。

第　层(1～4句):时光易逝,人生短促(悲)

第二层(5～14句):烹羊宰牛,饮酒作乐(欢)

第三层(15～20句):长醉不醒(激愤)

第四层(21～最后):同销忧愁(狂放)

结尾"呼儿、与尔"口气甚大,设想一下,诗人不过是被友招待的客人,此刻却将宾做主,高踞一席,提议典裘卖马,几令不知谁是主人。浪漫主义色彩极浓。

至此,诗情狂放至极,情犹未已,诗已告终,却忽然迸出一句"与尔同销万古愁"。

李白的愁不是李煜的"恰似一江春水向东流"的愁,不是李清照的"才下眉头,却上心头"的愁,也不是贺铸的"一川烟草,梅子黄时雨"的愁。李白的忧愁中有达观,李白的忧愁中有豪放,是为天下贤能之士志不得舒而愁,体现了愁的深广。

3. 朗读指导

(1) 开头两联均用"君不见"领出,像面对面和你说话一样。"君",指岑夫子、丹丘生,要读得亲切、从容。"黄河"一联用的是比兴手法,读时头脑中须有黄河奔流的视像。黄河之水应为山上来,作者用"天上来"极言黄河源头之高。"天"字要重点突出,"不复回"暗指时光易逝之意,均须重读。"高堂"一联是承接"不复回"而来,要语调较长,瞬间过渡到人生,人生易老,韶光易逝,所以才有"悲白发"。"悲"字当重读,用"朝如"句更加酣畅淋漓地表达了光阴易逝、人生苦短。这两联纵览天地人生,境界阔大,读时要很有声势,有慷慨生悲的韵味。

(2) 以下为悲中转欢,节奏逐渐加快。"人生"一联为入题语,重音当落在"得意""尽欢"和"空对月"上。"天生"一联显示了诗人强烈的自信和对未来的信心,应当读得掷地有声,"千金散尽还复来"要读得潇洒。"还一复一来",要稍慢。第一个高潮在"会须一饮三百杯"这句上,应当读得豪气十足,要用升调读;"三百杯"一句尤当着力渲染。为突出这一句,上句"烹羊宰牛且为乐"宜轻读。

(3) "岑夫子、丹丘生"语气急转为亲切,像面对面劝酒一样,节奏逐渐加快,重音依次落在"将""莫停""歌""倾耳听"等字上,突出祈请之意,亲切、稍慢、诚恳。

(4) "钟鼓"一句至结尾为诗的主体部分。至此,诗人感情由欢转激愤,诗人在此直抒胸臆,尽吐块垒,必须读得酣畅淋漓,展现诗人狂放不羁的个性。

"钟鼓"二句是这首劝酒歌的主题,也是全诗主旨所在。诗人说这话时,其愤激之情已见于辞色,应当读得不屑。"不足贵""不复醒"二语当用极强音读,以见其视金钱于粪土的情怀。其下"古来"二句是以圣贤作比,突出饮者的豪放之气和狂放之态。两句之中,上句宜轻读,下句宜重读,要表现出十足的自信和豪迈。

"陈王"二句援引古人饮酒情形为例,用叙述调读而略带感情色彩。重音当落在"恣欢谑"三字上,但欢中有悲,因为诗人说陈王,其实又是说自己,不过是怀才不遇、借酒消愁而已。其下两句"主人"句宜轻读;"径须"句是诗人反客为主,直命沽酒,豪放之态栩栩如生,宜重读。读后应稍作停顿,为结尾的抒情高潮蓄势。

(5)结尾前三句反客为主,直呼小儿,感情转为豪放,当快读;至"与尔同销",可两字一顿并放慢速度,再用夸张语调读最后三字;"古""愁"之后皆当有延长音。这是全诗的高潮,须有强大的声势,才能显示诗人飘逸的风格,不是一般的儿女愁情。

五、《念奴娇·赤壁怀古》译文及简析

1. 译文

长江向东流去,波浪滚滚,千古的英雄人物都(随着长江水)逝去。那旧营垒的西边,人们说(那)就是三国时候周瑜(作战的)赤壁。陡峭不平的石壁直刺天空,大浪拍击着江岸,激起一堆堆雪白的浪花。江山像一幅奇丽的图画,那个时代汇集了多少英雄豪杰。

遥想当年的周瑜,小乔刚嫁给他,他正年轻有为,威武的仪表,英姿奋发。(他)手握羽扇,头戴纶巾,谈笑之间,(就把)强敌的战船烧得灰飞烟灭。(此时此刻),(我)怀想三国旧事,凭吊古人,应该笑我自己多愁善感,头发早早地都变白了。人生在世就像一场梦一样,我还是倒一杯酒来祭奠江上的明月吧!

2. 简析

这首词是苏轼47岁谪居黄州游赤壁时写的。通过对赤壁的雄奇景色的描写,表现了诗人对三国的周瑜谈笑破敌的英雄业绩的向往,抒发了诗人凭吊古迹而引起的自己功业无成而白发已生的感慨。境界开阔,气势雄浑,透露着一种豪迈气概,堪称古诗词的千古绝唱。

(1)上片写景

大江东去,浪淘尽,千古风流人物——词一开始,以一泻千里、日夜东流的长江着笔,滚滚波涛,淘尽了千古以来的"风流人物",他们的英雄业绩已成历史,如同这长江的浪花一样,带着他那美好的形象和青春的生命直奔大海,再不回头。作者面对此景,感到历史的流逝,有如东去的江水,不禁引起对历史英雄人物的缅怀。

故垒西边,人道是:三国周郎赤壁——"故垒"指古战场遗址就在眼前,"西边"点明方位。"人道是",借人们的传说加以证实,深化"怀古"的感情色彩。"三国周郎赤壁"三个名词分别说出"赤壁之战"的时代、人物、地点,将"赤壁之战"的历史风云的画卷呈现在读者面前,引出对三国战事的回忆,使人自然联想到赤壁之战的宏伟战斗场面。

乱石穿空,惊涛拍岸,卷起千堆雪——先写石的险峻:陡峭峥嵘的石壁直插云天;再写涛的汹涌:急流澎湃,狂涛拍岸发出吼声;最后写"拍岸"后的"惊涛"所出现的浪花飞溅的奇丽景象。此句写出了长江的雄奇壮丽景观。

江山如画,一时多少豪杰——这两句是上、下片转折的枢纽。"江山如画",是对上面所描写的雄伟江山的总括评价。"一时多少豪杰",虽赞颂周郎,但也讴歌历代的无数英雄。这些英雄人物已随着长江水而流去了,只剩下如画的江山和无所建树的"我"。

(2)下片怀古

遥想公瑾当年,小乔初嫁了,雄姿英发。羽扇纶巾,谈笑间,樯橹灰飞烟灭——"遥想公瑾当年,小乔初嫁了,雄姿英发"这三句描写周瑜风华正茂的形象。"小乔初嫁了"中的"小乔",是乔玄的小女,是当时有名的美人。周郎与她结婚是在建安三年(公元198年),

到赤壁之战的时候,他俩成为夫妇已经 10 年了。这里写"初嫁",不是诗人的一时疏忽,而是着意渲染词的浪漫气氛,衬托周瑜的"雄姿英发"形象。"羽扇纶巾,谈笑间,樯橹灰飞烟灭",周瑜手执羽扇,头戴纶巾,表明他虽为武将,却有文士的风度。"谈笑间"三字,力透纸背,反映了周瑜当年赤壁破曹时那种轻而易举的神态。"樯橹"指曹操的军队,含有贬义。"灰飞烟灭",火烧赤壁的情景和曹操覆灭的惨象逼真地再现出来,给读者留下难忘的印象。这一段具体描写年轻英俊的周瑜雍容娴雅、指挥若定的大将风度。

故国神游,多情应笑我,早生华发——作者面对大好河山,思绪仿佛神游到三国时代周瑜立功的地方,"可笑我自己太多愁善感,白发早已生出来了"。慨叹周瑜少年得志,年轻便建功立业,而自己有志难伸,毫无作为呀。

人生如梦,一尊还酹江月——这是苏轼对人生的无限感慨,渗透着消极感伤的情调,也有大彻大悟、超脱尘俗的味道。人生真的犹如一场空梦,辉煌像周瑜那样是一生,郁闷像苏轼一样也是一生,在滚滚不息的长江面前,在圆缺循环的月亮面前,一切的失意潦倒,迫害挫折,郁闷愁苦又算得了什么呢?因此,苏轼才会情不自禁倒一杯酒祭奠江水和月亮。这就是苏轼的生存智慧,这就是苏轼的达观态度,这也就是苏轼的诗意人生。

六、《春江花月夜》译文及简介

1. 译文

春天,江潮汹涌,与大海连成一片,
一轮明月,和着潮汐的韵律,从海上冉冉升起。
月光与水光相映,激滟的波纹,连绵千里万里,
哪里有春江,哪里就有明亮的月光。
江水蜿蜒曲折,环绕芳草丛生的原野,
月光闪闪,似雪珠,像冰球,晶莹剔透,闪烁在长满鲜花的树林。
白霜自空而降,感觉不到飞流的痕迹,
白沙袒露江畔,那身影若有若无。
江水共长天一色,没有些微尘埃,
孤零零的明月,高悬在皎洁的天空。

江畔的人们,是谁最初看见明月?
江上的明月,是何年最早照耀人间?
人生,经历一代又一代,无穷无尽,
江月,照耀一年又一年,年年相同。
江月在等待,不知道在等待何人?
但见长江滚滚流,奔腾到海不回头。

漂泊的游子哟,像一片白云,流荡到远方,
思念的人儿,站立春枫浦,愁不胜愁。
今晚,谁的小舟停泊在江边?

是谁,相思在明月映照的小楼?

可怜的是,那楼上的月影徘徊移动,

照耀着离人的泪眼,照耀着梳妆台。

卷起闺阁珠帘,遮不住幽幽的月光,

拂去捣衣石的月色,月色去而复返。

此时此刻,互相仰望月亮,却闻不见彼此的声音,

希望追随月华,照耀着你的身影。

抬头见鸿雁高飞,渐渐消逝在视野之外,

低头见鱼龙潜游,荡起丝丝波纹。

昨晚,梦见花朵飘落在空荡荡的水潭,

可怜我哟,春天过去了一半,你还不回还。

春光随江水而流,即将流逝殆尽,

江潭上,月亮将落,如今已经西斜。

斜月缓缓下沉,藏于大海的迷雾之中,

碣石与潇湘,路漫漫其修远。

不知今晚几人踏着月色归来?

只有西落的月亮惹起离情万种,挂满江畔的树林。

2. 简介

被闻一多先生誉为"诗中的诗,顶峰上的顶峰"(《宫体诗的自赎》)的《春江花月夜》,一千多年来使无数读者为之倾倒。一生仅留下两首诗的张若虚,也因这一首诗,"孤篇横绝,竟为大家"。

七、《沁园春·雪》朗读提示及简析

1. 朗读提示

沁园春·雪

毛泽东

北国/风光⌢,(豪迈,高而慢)

千里/冰封,(拉长)

万里⌢ /雪飘△～。↗(高昂)

望⌢ //长城内外,

惟余//莽莽⌢;

大河/上下,

顿失//滔滔△～(尾音平收渐弱)。

山⌢ 舞/银蛇(↗),

原⌢ 驰/蜡象(↘),

欲与天公⌢ //试比高△。(高昂)

须/晴日,

看//红装素裹⌢,

分外/妖⌒娆△～。（慢）

江山⌒//如此/多娇△⌒，

引//无数英雄/竞折腰△。

惜⌒/秦皇汉武⌒，↘（低沉）

略输文采↗；（慢）

唐宗/宋祖，

稍逊/风骚△。（慢）

一代天骄△，

成吉思汗↗，

只识弯弓/射⌒大雕△～（尾音平收渐弱）。

俱⌒//往矣↘，（慢，拉长）

数//风流人物，

还看⌒/今朝△（收音重而有力）。（高昂，坚定）

注：/表示时间停顿较短；//表示时间停顿略长；⌒表示语气延长；～表示颤音；△表示末尾一字是韵脚；↗和↘分别表示声调微升和声调略降，突出抑扬顿挫感。

2. 简析

这首词写于 1936 年 2 月，适逢遵义会议确立了毛泽东在全党全军的领导地位。毛泽东率长征部队胜利到达陕北之后，领导全党展开反抗日本帝国主义侵略的伟大斗争。在陕北清涧县，毛泽东曾于一场大雪之后攀登到海拔千米、白雪覆盖的塬（塬 yuán：我国西北黄土高原地区因流水冲刷而形成的一种地貌，呈台状，四周陡峭，顶上平坦）上视察地形，欣赏"北国风光"，过后写下了这首词。

这首词分上、下两片。上片描写北国雪景，展现祖国山河的壮丽，句句有情，在描写长城、大河、高山、高原时，倾注着赞美祖国河山的爱国深情；下片由祖国山河的壮丽引出英雄人物，纵论历代英雄，抒发诗人的抱负，注入颂扬当代英雄之情。全诗运用写景、抒情、议论相结合的手法来赞颂壮美的河山和无产阶级革命的英雄。每次读来都仿佛回到了那个战火纷飞的年代，又看到了那个指点江山的伟人，不由地沉醉于那种豪放的风格、磅礴的气势、深远的意境、广阔的胸怀。这首词因雪而得、以雪冠名，却并非为雪所作，而是在借雪言志，是诗人所思所想的真实流露，是诗人对许多重大问题给出的回答。其情感之真挚、寓意之深远、哲理之精辟，令人拍案叫绝。《沁园春·雪》更被"南社盟主"柳亚子盛赞为"千古绝唱"，是中国词坛杰出的咏雪抒怀之杰作。

朗读时，上片要读出诗人极目大好河山时的喜悦和骄傲之情，下片要读出作者的沉思之态和意气风发的王者风范。要注意嗓音、用气、轻重缓急、停顿等技巧的运用。在"飘""滔滔""高"等韵脚上用拖音处理，会更有意韵。自"江山"句后，节奏可以略快。"弓"字鼻音重些，最后一句对"往"字要稍加强调。

八、《再别康桥》朗读提示

（1）要理解文章内容，体会作者对康桥不舍的感情，感悟诗人淡淡的离愁别绪。徐志摩在剑桥大学读书时候深爱着才貌双全的林徽因，但是始终没能成为眷属。林徽因与梁启超的儿子梁思成结婚。他的《再别康桥》就是回忆在剑桥大学时的美好时光，千缕柔情、万种感触涌上心头。康河的水，开启了诗人的性灵，唤醒了久蛰在他心中的激情。

（2）当朗读到景物描写时，要有一种憧憬，一种向往的感觉。

（3）"但我不能放歌"是一个转折点，高亢要一下子转为婉转，低柔。

全诗共七节，每节四行，每行两顿或三顿，不拘一格而又法度严谨，韵式上严守二、四押韵，抑扬顿挫，朗朗上口，有一种独特的审美快感。七节诗错落有致地排列，韵律在其中徐行缓步地铺展，体现了徐志摩的诗美主张。

开头慢点、低沉点，后来慢慢悠扬上去，声音轻柔点，语速中速，大部分都是在最后或是倒数第二个字达到这句话音的最高处。跟着自己的感觉和理解，带着感情，一边读，一边体会作者的思想是轻轻地、轻轻地，不是重重地或是匆匆地。

划分节奏如下：轻轻的/我走了，正如/我轻轻的来；我/轻轻的招手，作别/西天的云彩。那/河畔的金柳，是/夕阳中的新娘；波光里的/艳影，在我的心头/荡漾。软泥上的/青荇，油油的/在水底招摇；在/康河的柔波里，我甘心/做一条水草！那/榆荫下的一潭，不是/清泉，是天上虹/揉碎在浮藻间，沉淀着/彩虹似的梦。寻梦？撑一支/长篙，向青草更青处/漫溯，满载/一船星辉，在星辉斑斓里/放歌。但我/不能放歌，悄悄/是别离的笙箫；夏虫/也为我沉默，沉默/是今晚的康桥。悄悄的/我走了，正如/我悄悄的来；我挥一挥/衣袖，不带走/一片云彩。

九、《长江之歌》节奏划分及朗读提示

1. 节奏划分

你从/雪山走来，春潮//是你的丰采；
你向/东海奔去，惊涛//是你的气概，
你用/甘甜的乳汁，哺育//各族儿女；
你用/健美的臂膀，挽起//高山/大海，
我们/赞美长江，你是//无穷的/源泉；
我们/依恋长江，你有//母亲的/情怀。

你从/远古走来，巨浪荡涤着//尘埃；
你向/未来奔去，涛声回荡在//天外，
你用纯洁的清流，灌溉花的国土；
你用磅礴的力量，推动/新的//时代，
我们赞美长江，你是无穷的源泉；
我们依恋长江，你有母亲的情怀。

2. 朗读提示

（1）注意，关键词应重读。所谓关键词，就是那些最能表现诗歌内容和作者情感的词语，如风采、气概、高山、大海、情怀、时代。

（2）找出需要重读的动词走、奔、挽起和形容词高山、无穷，体会黄河一往无前、锐不可当的英雄气魄。读的时候，一定要读出磅礴之势、豪迈之情。当然，也要读出变化。"你用纯洁的清流，灌溉花的国土"没有磅礴之势，此时的黄河已进入一个相对平缓的地势，所以读的时候要舒缓一些。

（3）朗读要以理解为基础，要体会字里行间的情感，要注意语气、节奏和重音的处理。

如果有条件,可以用音乐激发情感。配上音乐,有感情地朗读这首充满激情的现代诗。

素质养成

一、我国古代诗歌发展概况一览

先秦时期:我国第一部诗歌总集——《诗经》

我国第一位伟大的诗人——屈原

两汉时期:汉乐府民歌——《孔雀东南飞》等,汉文人诗歌——《古诗十九首》

魏晋南北朝:"三曹"——曹操、曹丕、曹植,东晋伟大诗人——陶渊明,南北朝民歌——《木兰诗》等

唐代:初唐四杰——王勃、杨炯、卢照邻、骆宾王

边塞诗人——王昌龄、高适、岑参等

山水田园诗人——王维、孟浩然等

唐代三大诗人——李白、杜甫、白居易

晚唐"小李杜"——李商隐、杜牧

宋代:"婉约派"词人——柳永、姜夔、李清照等,"豪放派"词人——苏轼、辛弃疾等,南宋爱国诗人——陆游

二、为什么朗读诗歌

诗歌,是一种最精粹的文学样式,是文学作品中艺术概括最集中,思想感情最饱和,艺术想象最丰富,语言艺术最精美的体现。古人言:"熟读唐诗三百首,不会赋诗也会吟。""读诗百遍其意自见",强调的就是诗歌"读"的重要作用。《唐诗鉴赏辞典》中保留下来的古诗都是艺术精品,其语言精练,有很强的艺术魅力,只有通过反复朗读,作者所抒发的感情才能得以淋漓尽致地表现。叶圣陶说过:"读书不能只停留在字音和表面字义上。"要在读中精思、悟神、明白,这样读书才能真正读出书中之"味"。的确,好酒不品不知其味,同样,好文章不品不知其美。因此,好的诗歌,我们必须熟读成诵,在诵读中唤起情感;在诵读中体味语言运用之妙;在诵读中达到整体感知的目的;也只有在反复诵读中,才能增强语感。

什么是语感呢?吕淑湘先生说:"语感就是我们对语言文字的敏感性。这种敏感性只有在对语言文字的反复朗读中才能培养起来。"

"在心为志,发言为诗,情动于中而形于言。"(《毛诗大序》)诗是抒写心灵的艺术,它有一种无与伦比的美。诗歌的美,不仅表现在它所呈现出的形式上,更源于它所表达的内容。它的形式灵活多变,内容含蓄而隽永,在所有的文学体裁中,诗歌是最富灵气的。

培养学生热爱祖国语言文字,热爱中华民族优秀文化的感情,诗歌是最好的选择。于丹讲:"一个年轻人不喜欢武侠小说,就好像不喜欢诗歌一样,不喜欢诗歌就像没有谈过恋爱一样。"诗歌具有的凝练、含蓄的语言,优美、深远的意境,浓烈、蕴藉的情感,传递着民族文化最深厚的声音,对丰富学生精神世界,提高审美能力有着极其重要的影响。

朗读具有表情达意,唤起人们想象、增强语感、加深理解、巩固记忆的作用,是打开诗歌大门的钥匙。学诗,必须从读开始,要通过声音表达诗歌蕴含的旋律和依附的情感。我

们朗读诗不是如小学生般地"唱读"，真正的朗读犹如充满跳动音符的优美旋律，或深情、或激昂、或舒缓、或高亢……

三、朗读诗歌

面朝大海，春暖花开

海 子

从明天起，做一个幸福的人
喂马，劈柴，周游世界
从明天起，关心粮食和蔬菜
我有一所房子，面朝大海，春暖花开
从明天起，和每一个亲人通信
告诉他们我的幸福
那幸福的闪电告诉我的
我将告诉每一个人
给每一条河每一座山取一个温暖的名字
陌生人，我也为你祝福
愿你有一个灿烂的前程
愿你有情人终成眷属
愿你在尘世获得幸福
我只愿面朝大海，春暖花开

三 代 人

臧克家

孩子
在土里洗澡；
爸爸
在土里流汗；
爷爷
在土里埋葬。

我骄傲，我是中国人

王怀让

在无数蓝色的眼睛和褐色的眼睛之中，
我有一双宝石般的黑色的眼睛，
我骄傲，我是中国人！
在无数白色的皮肤和黑色的皮肤之中，
我有着大地般黄色的皮肤，
我骄傲，我是中国人！

我是中国人——

黄土高原是我挺起的胸脯，
黄河流水是我沸腾的热血，
长城是我扬起的手臂，
泰山是我站立的脚跟。
我是中国人——
我的祖先最早走出森林，
我的祖先最早开始耕耘，
我是指南针、印刷术的后裔，
我是圆周率、地动仪的子孙。
在我的民族中，
不光有史册上万古不朽的
孔夫子、司马迁、李自成、孙中山，
还有那文学史上万古不朽的
花木兰、林黛玉、孙悟空、鲁智深。
我骄傲，我是中国人！

我是中国人——
在我的国土上，
不光有雷电轰击不倒的长白雪山、黄山劲松，
还有那风雨不灭的井冈传统、延安精神！
我骄傲，我是中国人！

我是中国人——
我那黄河一样粗犷的声音，
不光响在联合国的大厦里，
大声发表着中国的议论，
也响在奥林匹克的赛场上，
大声高喊着"中国得分"。
当掌声把中国的旗帜送上蓝天，
我希望，我是中国人！

我是中国人——
我那长城一样的巨大手臂，
不光把采油钻杆钻进外国人
预言打不出石油的地心；
也把通信卫星送上祖先们
梦里也没有到过的白云；

当五大洲倾听东方声音的时候，
我骄傲，我是中国人！

我是中国人，
我是莫高窟壁画的传人，
让那翩翩欲飞的壁画与我们同往。
我们就是飞天，
飞天就是我们。
我骄傲，我是中国人！

王怀让，当代诗人，1942 年 5 月 6 日生，河南日报编委委员、文艺处处长、高级编辑，是国务院命名的享受政府特殊津贴的有突出贡献的专家。王怀让著有诗集：《风雷集》《十月的宣言》《诗为杨皂而作》《神土》《人的雕像》《中国人：不跪的人》，儿童诗集：《小孩子和大世界》《王怀让儿童诗集》，杂文集：《今夕是何年》，散文集：《王怀让散文选集》，报告文学集：《太行浩气民族魂》《中国有条红旗渠》等，另有海内外 40 余部诗集中收编有他的诗作。

乡　愁
余光中

小时候，
乡愁是一枚小小的邮票，
我在这头，
母亲在那头。

长大后，
乡愁是一张窄窄的船票，
我在这头，
新娘在那头。

后来啊，
乡愁是一方矮矮的坟墓，
我在外头，
母亲在里头。

而现在，
乡愁是一湾浅浅的海峡，
我在这头，
大陆在那头。

第三节　散文朗读

问题讨论

（1）《春》的整体思路怎样把握？作者一共绘出了几幅春的图画？

（2）《海燕》表达了怎样的情感基调？分析暴风雨来临时的三个画面。文章中的海燕、海鸭、暴风雨、大海、乌云、狂风象征什么？

（3）《匆匆》的写作背景是怎样的？作者表达了怎样的思想感情？

（4）分析《岳阳楼记》崇高的思想境界和艺术成就。

案例导入

案例一

春（节选）

朱自清

盼望着，盼望着，东风来了，春天的脚步近了。

一切都像刚睡醒的样子，欣欣然张开了眼。山朗润起来了，水涨起来了，太阳的脸红起来了。

小草偷偷地从土里钻出来，嫩嫩的，绿绿的。园子里，田野里，瞧去，一大片一大片满是的。坐着，躺着，打两个滚，踢几脚球，赛几趟跑，捉几回迷藏。风轻悄悄的，草软绵绵的。

桃树、杏树、梨树，你不让我，我不让你，都开满了花赶趟儿。红的像火，粉的像霞，白的像雪。花里带着甜味儿，闭了眼，树上仿佛已经满是桃儿、杏儿、梨儿。花下成千成百的蜜蜂嗡嗡地闹着，大小的蝴蝶飞来飞去。野花遍地是：杂样儿，有名字的，没名字的，散在花丛里，像眼睛，像星星，还眨呀眨的。

"吹面不寒杨柳风"，不错的，像母亲的手抚摸着你。风里带来些新翻的泥土的气息，混着青草味儿，还有各种花的香，都在微微润湿的空气里酝酿。

……

春天像刚落地的娃娃，从头到脚都是新的，它生长着。

春天像小姑娘，花枝招展的，笑着，走着。

春天像健壮的青年，有铁一般的胳膊和腰脚，领着我们上前去。

案例二

海　燕

高尔基

在苍茫的大海上，狂风卷集着乌云。在乌云和大海之间，海燕像黑色的闪电在高傲地飞翔。

一会儿翅膀碰着海浪，一会儿箭一般地直冲向乌云，它叫喊着——在这鸟儿勇敢的叫喊声里，乌云听出了欢乐。

在这叫喊声里，充满着对暴风雨的渴望！在这叫喊声里，乌云感到了愤怒的力量、热情的火焰和胜利的信心。

海鸥在暴风雨到来之前呻吟着，——呻吟着，它们在大海上面飞蹿，想把自己对暴风雨的恐惧，掩藏到大海深处。

海鸭也呻吟着，——这些海鸭呀，享受不了生活的战斗的欢乐，轰隆隆的雷声就把它们吓坏了。

愚笨的企鹅，畏缩地把肥胖的身体躲藏在峭崖底下……只有高傲的海燕，勇敢地、自由自在地，在翻起白沫的大海上飞翔。

乌云越来越暗，越来越低，向海面直压下来，而波浪一边歌唱，一边冲向空中去迎接那雷声。

雷声轰响。波浪在愤怒的飞沫中呼啸着，跟狂风争鸣。看吧，狂风紧紧抱起一层层巨浪，恶狠狠地扔到峭崖上，把这大块的翡翠摔成尘雾和碎末。

海燕叫喊着，飞翔着，像黑色的闪电，箭一般地穿过乌云，翅膀掠起波浪的飞沫。

看吧，它飞舞着像个精灵——高傲的、黑色的暴风雨的精灵，——它一边大笑，它一边号叫……它笑那些乌云，它因为欢乐而号叫！

这个敏感的精灵，从雷声的震怒里早就听出困乏，它深信乌云遮不住太阳，——是的，遮不住的！

风在狂吼……雷在轰响……

一堆堆的乌云像青色的火焰，在无底的大海上燃烧。大海抓住金箭似的闪电，把它熄灭在自己的深渊里。闪电的影子，像一条条的火舌，在大海里蜿蜒浮动，一晃就消失了。——暴风雨！暴风雨就要来啦！

这是勇敢的海燕，在闪电中间，在怒吼的大海上高傲地飞翔。这是胜利的预言家在叫喊：

——让暴风雨来得/更猛烈些吧！

案例三

匆　匆

朱自清

燕子去了，有再来的时候；杨柳枯了，有再青的时候；桃花谢了，有再开的时候。但是，聪明的，你告诉我，我们的日子为什么一去不复返呢？——是有人偷了他们罢：那是谁？又藏在何处呢？是他们自己逃走了罢：现在又到了哪里呢？

我不知道他们给了我多少日子；但我的手确乎是渐渐空虚了。在默默里算着，八千多日子已经从我手中溜去；像针尖上一滴水滴在大海里，我的日子滴在时间的流里，没有声音，也没有影子。我不禁头涔涔而泪潸潸了。

去的尽管去了，来的尽管来着；去来的中间，又怎样地匆匆呢？早上我起来的时候，小屋里射进两三方斜斜的太阳。太阳他有脚啊，轻轻悄悄地挪移了；我也茫茫然跟着旋转。于是——洗手的时候,日子从水盆里过去;吃饭的时候,日子从饭碗里过去;默默时,便从凝然的双眼前过去。我觉察他去的匆匆了,伸出手遮挽时,他又从遮挽着的手边过去,天黑时,我躺在床上,他便伶伶俐俐地从我身上跨过,从我脚边飞去了。等我睁开眼和太阳再见,这算又溜走了一日。我掩着面叹息。但是新来的日子的影儿又开始在叹息里闪过了。

在逃去如飞的日子里,在千门万户的世界里的我能做些什么呢?只有徘徊罢了,只有匆匆罢了;在八千多日的匆匆里,除徘徊外,又剩些什么呢?过去的日子如轻烟,被微风吹散了,如薄雾,被初阳蒸融了;我留着些什么痕迹呢?我何曾留着像游丝样的痕迹呢?我赤裸裸来到这世界,转眼间也将赤裸裸的回去罢?但不能平的,为什么偏要白白走这一遭啊?

聪明的,你告诉我,我们的日子为什么一去不复返呢?

案例四

岳 阳 楼 记
范仲淹

庆历/四年春,滕子京/谪守/巴陵郡。越明年,政通人和,百废具兴。乃/重修岳阳楼,增其旧制,刻/唐贤今人诗赋于/其上。属予作文以/记之。

予观夫/巴陵胜状,在/洞庭一湖。衔远山,吞长江,浩浩荡荡,横无际涯;朝晖夕阴,气象万千。此则/岳阳楼之/大观也。前人之述/备矣。然/则北通巫峡,南极潇湘,迁客骚人,多会于此,览物之情,得无异乎?

若夫/霪雨霏霏,连月不开,阴风怒号,浊浪排空;日星隐曜,山岳潜形;商旅不行,樯倾楫摧;薄暮冥冥,虎啸猿啼。登斯楼也,则有/去国怀乡,忧谗畏讥,满目萧然,感极/而悲者矣。

至若/春和景明,波澜不惊,上下天光,一碧万顷;沙鸥翔集,锦鳞游泳;岸芷汀兰,郁郁青青。而或/长烟一空,皓月千里,浮光跃金,静影沉璧,渔歌互答,此乐何极!登斯楼也,则有/心旷神怡,宠辱偕忘,把酒临风,其/喜洋洋者矣。

嗟夫!予尝求/古仁人之心,或异/二者之为,何哉?不以物喜,不以己悲。居庙堂之高/则忧其民;处江湖之远/则忧其君。是进亦忧,退亦忧。然则何时/而乐耶?其必曰"先天下之忧/而忧,后天下之乐/而乐"乎。噫!微斯人,吾谁与归?

理论研讨

一、散文的概念

散文的概念有广义和狭义之分。从广义讲,散文泛指诗歌、小说、戏剧以外的所有具有文学性的散行文章,包括通讯、报告文学、随笔杂文、回忆录、传记等文体。狭义散文是指与小说、戏剧、诗歌并称的一种文学体裁,专指以记叙或抒情为主,用凝练、生动、优美的文学语言写成的取材广泛、笔法灵活、篇幅短小、情文并茂的文艺性文体。

散文的选材内容丰富多彩,范围海阔天空,涉及自然万物、古今中外,无所不包、无所不有。只要能给人以思想启迪和美的感受,使人开阔视野,丰富知识,陶冶情操的,都可选作散文的题材。散文表现形式多种多样，行文自由灵活，记叙、描写、议论、抒情多种手法并用，反映现实迅速、及时。散文的创作，常常是撷取日常生活中的一个场景，甚至一件小事，或自然界中的景物，一朵花、一片叶、一座山、一片林来抒发作者的情感，表达主观感受，流露作者的意愿、希望和追求。散文常用象征、比喻、衬托的手法，借助某一具体事物的形象，来表达一些抽象的概念，寄寓作者的思想感情，展示生活哲理。

二、散文的分类

根据表达方式的侧重点不同，散文分为叙事散文、抒情散文和议论散文。

（1）叙事散文：以记叙人物、事件、景物为主的散文，称为记叙散文。记叙散文叙事较完整，人物形象较鲜明，描写景物，抒发作者特定的感受和情思。这类散文与短篇小说相似，但又有明显的区别。以写人叙事为主的散文中的人物是在真人真事的基础上，剪裁加工某些生活片断、场景和细节，突出人物的性格特征，表现人物的精神风貌，揭示事件的审美意义，如《背影》《藤野先生》《从百草园到三味书屋》等。以描写景物为主的散文，是作者以山川景色、风俗民情、名胜古迹等为背景的真实描写，通过渲染的艺术手段，寓情于景，抒发作者的审美情感和体验，属记游范围。

（2）抒情散文：以抒发感情为主的散文。它主要是抒发作者对现实生活的感慨、激情和意愿。情感是所有散文的生命线，但与其他散文相比，抒情散文情感更浓烈，想象力更丰富，语言更具感染力，散文更加诗情画意。直抒胸臆、借景抒情、情景交融、托物言志等方法，在散文中经常使用。茅盾的《白杨礼赞》、朱自清的《荷塘月色》、刘白羽的《日出》等都是最有代表性的抒情散文。

（3）议论散文：以发表议论为主的散文称为议论散文。具体写法是借助某种形象说理，然后发表议论，做到议论、抒情和描写完美结合。这类散文近似于杂文，但比一般杂文更具感染力和文艺性，如《松树的风格》《爱国与小事》等。它强调要用文学形象来讲述生活中的哲理，表明某种生活态度，是一种文艺性的议论文。它既有生动的形象，又有严密的逻辑；既要以情感人，又要以理服人。

三、散文的特征

1. 散文的主要特点是"形散而神不散"

所谓"形散"，主要是说散文选材十分自由、广泛，不受时间和空间限制。上下几千年，纵横几万里，作者可以根据中心思想的需要，随意选择，自由安排。同一篇散文，可以从一个人物的某个侧面或者一个先进事迹的片断谈起，然后上下驰骋，纵横捭阖，围绕中心随意选择描写对象。"形散"还体现在表达方式灵活多样：可以叙述事件的发展，可以描写人物形象，可以托物言志，可以议论抒情。总之，无论是叙事、描写、议论或抒情，都要在中心思想的统率下，淋漓尽致地表现主题。

所谓"神不散"，主要是从散文立意方面说的，就是要求立意高远，主题集中、明确。无论散文的内容如何广泛，表现方法多么灵活，都应围绕一定的中心，为中心思想服务，为更好地表达主题服务。

散文名篇从来都是"形散"与"神不散"的和谐统一。一条主线谓之为文章的"神"，尽管散文的取材广泛，但"神"一定要"不散"，在结构上一定有一条鲜明的主线，把那些"散"

的材料贯穿成一个有机的整体。如果把素材材料比喻成一颗颗散落的珍珠,这条主线就是串成珍珠的链子,散文就是那串熠熠发光的晶莹的项链。

2. 意境深邃,托物言志,或借景抒情

散文除了有鲜明的主线,一定要有作者独特的精神体验和见解,并把这种思想融入优美的意境中表达出来。作者常常是由此及彼、由浅入深、由实而虚地依次写来,做到融情于景、寄情于事、寓情于物、托物言志,表达作者的真情实感,实现物我和谐统一,展现出更深远的意境,让读者领会更深的道理。

3. 语言优美凝练,富于文采

散文素有"美文"之称。所谓美文,就是指语言清新优美,富于韵律感,有着音乐美和节奏美,行文如娓娓道来,眷意浓长。但是散文的语言又是凝练的,寥寥数语就可以描写出生动的形象,展现出动人的场景,揭示出深远的意境,质朴又不失文采,简洁而又自然流畅。或浓墨重彩,或淡笔轻彩,一篇篇具有"诗情"和"画意"的清新隽永的散文呈现在读者眼前,使其丰富知识、开阔视野,提高审美情趣,感悟生活哲理。

四、散文的朗读

1. 理清线索,摸准神韵

朗读好散文,首先要分析作品的主要内容,理清以什么线索为主线,表达了作者怎样的情感态度,领悟作者心灵深处的真情实感。朗读时,要充分把握不同的主题、结构和风格。例如,茅盾的《白杨礼赞》热情地赞美了白杨树,进而赞扬了北方的农民,赞美我中华民族在解放战争中表现出的坚忍顽强、不屈不挠及积极上进的精神。又如魏巍的《谁是最可爱的人》,展现的是激昂的爱国主义、国际主义之情。朗读时,要充分把握这种感情基调,讴歌民族的英雄气概和爱国主义情怀,正像杨朔先生说的"铁马金戈的英雄气概更富有诗意"。但对于大多数散文来说,朗读的基调是平缓的,鲜有太大的起伏,即使是在作品的高潮处,也不会像诗歌、演讲那样异峰突起,慷慨激昂。所以在朗读散文时,一般要用中等的速度、柔和的音色,一般用拉长而不用加重的方法来处理强调重音。

2. 感情真实,表达细腻

朗读散文应力求展示作者倾注在作品中的真情实感。因为散文是从作者的主观视点来观察世界万物,所以多以第一人称"我"出现,抒发作者的感想、感受。这种情感真实细腻,是作者独特的生活体验。作者引导读者跟其一道去体验和感悟,最终激发读者强烈的美好情感,沉浸在作品美好的情境里。以第一人称"我"创作的抒情散文,朗读时要娓娓道来,如清泉般清澈,如小溪般涓涓流淌,细细地绕过沟沟坎坎,直抵人心灵,给人以美的享受。例如鲁迅的《从百草园到三味书屋》,通过对百草园自由快乐的生活和三味书屋里枯燥无味的生活对比描写,为人们描绘了一个妙趣横生的童心世界,表现了儿童热爱大自然,追求自由快乐的心理。三味书屋里的枯燥无味要用沉郁压抑的口气来读;百草园的快乐生活要用阳光开朗的轻松语调,方显儿童的天真快乐。

3. 表达要有变化

散文的结构式样很多,表达方法多样,或抒情、叙述,或描写、议论,相辅相成,相得益彰。在语体风格上,有时生动明快,有时舒展自然,有时亲切细腻,有时深沉含蓄。对不同语体风格要区别处理。对于叙述性语言,朗读时语气要自然舒展,声音亲切轻柔,娓娓动听;对于描写性语言,要生动形象、逼真贴切、富有感染力;对于抒情性语言,要真实感人、发自肺腑;对于议论性语言,要深沉含蓄、力透纸背。朗读者要把握文章的语言特点,恰如其分地处理好表达语气的高低、强弱,节奏的快慢、急缓,力求真切地把作者的"情"抒发出来。

例如鲁迅的《少年闰土》中有这样一小段:深蓝的天空中挂着一轮金黄的圆月,下面是海边的沙地,都种着一望无际的碧绿的西瓜,其间有一个十一二岁的少年,项带银圈,手捏一柄钢叉,向一匹猹尽力的刺去,那猹却将身一扭,反从他的胯下逃走了。

朗读景物描写要用舒缓的语气,体现出大自然静谧的特点。人物描写要用略带兴奋的语气来读,把人物的动作用稍快的速度朗读,体现机敏、勇敢的特点。

4. 注意音律美

散文虽然不像诗歌那样有规整的节奏和严格的韵律,但是也讲究节奏和韵律美。散文的局部和某些句子也有对称结构。例如。"风,轻悄悄的;草,软绵绵的。"在朗读时,可以用相同的语调来读这对语句,使文中的韵律美表现出来。

技能训练

一、《春》的理解及朗读

1. 文章的整体思路

本文分为三部分安排。

第1节:迎接春天(第一段);

第2~7节:描绘春天(第二段);

第8~10节:歌颂春天(第三段)。

这三部分与作者思想感情的发展是一致的。春天尚未到来,热切地盼望她的到来,重复使用"盼望着,盼望着",突出了作者对春的渴望;春天降临后,作者尽情地欣赏这美好的大地回春的景象,用浓墨重彩描绘美丽的春天;最后用三个比喻直接颂扬富有生机的春天,深化了文章的中心。概括地说,作者是按盼春、绘春、赞春的思路安排全文的。

作者先粗笔勾勒,用"一切都像刚睡醒的样子,欣欣然张开了眼"总写一笔;然后通过远近不同的三种事物——山、水、太阳,描绘出春回大地,万物复苏、生机勃勃的景象。有了粗笔勾勒的背景,作者用细致的笔触,工笔细描富有特征的春天的景物。作者一共绘出了五幅图,分别是春草图、春花图、春风图、春雨图、迎春图。

2.《春》的情感基调

《春》是一篇优美的写景抒情散文,朱自清先生在这篇著名的散文中用孩子般的心灵,借孩子的眼睛对春天做了全面、精细的观察,抓住了春天的特点,用细腻的笔触描写了春天,赞美了春天,准确、生动地描绘出江南的春天特有的景象。发出"一年之计在于春"的感想,抒发了对生活的热爱。基调是热情、愉快的。我们应该用明朗、甜美的声音去朗读。

在文章中,虽然有山有水,有花有鸟,还有人,但是这些都不是具体的某一个人。我们在朗读这一类型的散文时,完全可以以作者的感受为线索,一开始是一种殷切期盼的情感,在朗诵"山,朗润起来了;水,涨起来了;太阳的脸,红起来了"时,要把三个层次读出来,把春天越来越近,人们越来越欣喜的心情读出来。中间的部分从各个方面描写春天,表现了作者对春天的热爱。我们可以用减低速度,降低音量的方法,把描写和抒情区别开来。最后的三小节,用娃娃、姑娘、青年来比喻春天,体现了人们对新的一年的憧憬和希望,情绪随之转向高昂。音量、语速也应随之步步提高。

二、《海燕》的理解及朗读

1.《海燕》的写作背景及思想内容

《海燕》是高尔基早期的代表作品,是一篇著名的战斗性很强的散文诗,是一支充满激情的战歌。这篇文章写于1901年,那时正是俄国1905年革命前夕最黑暗的年代,俄国工人运动不断高涨,动摇着沙皇统治的根基。1901年3月4日,几千名大学生和工人为抗议沙皇政府把183名大学生送去当兵,在彼得堡喀山广场举行示威,遭到残酷镇压,有些人被打死,许多人受了伤。高尔基参加了这次示威,目睹了沙皇政府的暴行,极为愤慨。3月12日他回到故乡后,根据当时的斗争形势和参加示威的感受,写成了短篇小说《春天的旋律》。小说先投寄莫斯科的《信使报》,后又投寄彼得堡的《生活》杂志。审查官禁止发表这篇小说,却认为它的尾声是一篇写景的文字而让其单独发表。《海燕》就是《春天的旋律》的尾声。这样,《海燕》被作为一篇独立的作品在《生活》杂志1901年4月号上发表了出来。

高尔基造出了"海燕"的艺术形象,来欢呼即将来临的革命风暴,为无产阶级唱出了一曲充满战斗激情的颂歌。全文情感热烈奔放,场面波澜壮阔,基调高亢有力。

2.分析本文中暴风雨来临时的三个画面

本文按海面景象的发展变化分为三部分,分别描绘了大海面临狂风暴雨,波涛翻腾的壮丽图画。

第一个画面(从开头到"在泛起白沫的大海上飞翔"):写暴风雨将要来临,海燕"高傲地飞翔",以乐观的激情和胜利的信心"渴望"着暴风雨的到来。

第二个画面(从"乌云越来越暗"到"是的,遮不住的"):写暴风雨逼近之时,海燕搏风击浪,以必胜的信心迎接暴风雨的到来。

第三个画面(从"狂风吼叫"到篇末):写暴风雨即将来临之时,海燕以胜利的预言家的姿态热情呼唤着暴风雨。

3.分析文中具象象征的形象

海燕象征无产阶级革命先驱者,海鸭等象征假装革命和害怕革命的人,暴风雨象征迅猛发展的革命运动,大海象征人民,乌云、狂风象征反动势力。

4.朗读指导

这篇散文的情感基调是激越奔放,气势磅礴。朗读时,常常是感情一旦爆发,就一发而不可收,感情的波浪越来越高,以致难以抑制。所以,不要一味地高昂,要注意抑扬顿挫,开始定调子不要太高。俗话说:"没有平地,显不出高山。"为了突出最后的高潮部分,前面的调子就应压低。

第一节:读第一句,中速进入,音色灰暗,要舒缓、低沉,把声音拉长,通过"苍茫"体现。"风"是主语,应该强调,需重读,应拖音。这样读,一是为了表现大海的广阔无边,二是为了渲染沙皇反动势力在聚集力量、准备镇压革命的白色恐怖气氛。"海燕"要读得响亮,并加重读"高傲",以突现海燕敏捷的动作、矫健的姿态。"黑色的闪电"比喻海燕矫健高傲、锐不可当的雄姿,应处理为重音,勾勒出海燕的形象。"箭一般的"写海燕的行动之快,应读重、读快。整个小节的基调是先缓慢后加快,先低抑后昂扬。开头先简洁地写出暴风雨即将来临的前兆,点明海燕所处的环境。

第二节:为了表现海燕低飞高翔的雄姿及其斗志昂扬的战斗精神,要重读"碰""箭""直冲",读时的基调是高昂的。但读"乌云听出了欢乐",调子需低抑,以显示沙皇反动政府对无产阶级革命战士的革命乐观主义精神的畏惧。

第三节:"乌云听出了愤怒的力量、热情的火焰和胜利的信心",排比句式渲染了海燕朝气蓬勃、斗志昂扬的气概。但是这一句的内容是乌云感到了革命者有力量,预示着它的末日就要来临,所以当读到第二句时,声音还需压低,用低抑的调子读,突出乌云的恐惧。这个句子中的三个修饰词是双音词,读时要顿挫开,以示强调,显示出革命者的力量。

第四节到第六节:写了海鸥、海鸭、企鹅的形象,用鄙夷的语气。

第四节写海鸥的有气无力、惊恐不安,破折号后的内容要用鄙夷不满的语气,读出一种哀婉低沉的情绪。两个"呻吟"表现了海鸥的恐惧心理。读第二个"呻吟",要声音拉长,紧接着读下一句,并突出"飞蹿",以显示海鸥飞蹿时是哼哼唧唧着,可见其恐惧万分。要读出对海鸭的不屑一顾的语气。当读"大海深处"时,既要压低声音,又要顿挫开,交代掩藏的处所。

第五节中读"这些海鸭啊",应以嘲弄的口吻,强调对这一群海鸭的讽刺。读"轰隆隆的雷声"时,应瓮声瓮气地读,以示雷声的沉闷。读"吓坏"一词时,要用弱音读,以示对海鸭的轻蔑。

第六节中为了强调企鹅的"胆怯",要重读"畏缩""躲藏",要轻微读"悬崖底下",并要把"底下"顿挫开,以示"躲藏"的处所。这里的省略号是表示和丑类之多,不屑一一列举,要求停顿时间稍微长一点,为读出下面的内容做准备。前面的内容刻画群鸟的卑鄙怯懦,丑态百出,正是为了衬托出海燕无所畏惧的英雄气概。感情在此来一个转折,换上高昂的语调来抒发对海燕英雄气概的赞美之情。要重读"高傲""飞翔",以突出海燕的高大形象。

第七节:"乌云越来越暗,越来越低,向海面直压下来",是写沙皇反动政府的白色恐怖如何严重,用"暗""低""直压"充分表现黑暗势力来势凶猛,要用低沉的声调徐缓地读。低沉的声调不等于没有重点,要突出反动势力的猖狂。为表达效果,有些词语需要顿挫开,如"乌云——越来——越暗""越来——越低"。而读"波浪一边歌唱,一边冲向空中去迎接那雷声"时,声调要昂扬,并且速度逐步加快,重读"歌唱""冲""迎接"等动词,以充分表现出海燕乐观的战斗精神以及迎风而上的英雄气概。

第八节:"雷声轰响"是指当时俄国阶级斗争形势险恶,白色恐怖极其严重,要以低沉的声调表现。要重读"呼啸""争鸣"等动词,表现革命与反革命斗争的激烈。"看吧"一词,语调应是沉重的,因为它展示的是激烈搏斗的场面。"抱""扔""摔",揭示出反动派的野蛮凶残,读时要重音。

第九节:声调要高昂起来,略重读"像黑色的闪电",加重读"箭""穿""掠",以显示海燕的无所畏惧的英雄气概。

第十节:句首的"看吧",要用充满骄傲和喜悦的感情来读。感情的处理与第八节中的"看吧"截然不同。为突出海燕的乐观主义精神,要着力重读"大笑""号叫",语调要层层高起。在句末,要用极欢乐的感情突出"号叫"。

第十一节:写出了海燕乐观主义精神的思想基础。要用极其蔑视的语调来读"雷声的震怒里,……困乏",说明海燕早就看穿了反革命势力色厉内荏的虚弱本质。为了显示无产阶级革命者对革命充满着必胜的信心,要重读"遮",尤其是破折号后面的内容,是属于补充说明加以强调的内容。动词"遮"宜拖音,然后紧接"不住"一词,宜着力读,不宜拖音;读时,要斩钉截铁,加重语气,充分表现必胜的信念。

第十二节:写反革命势力更加猖狂。读时,要沉重而缓慢。对于"风"与"雷"这两个主语,读时,声音应拉长,并要读出闷声闷气的风味来。

第十三节:写云、闪电和大海的激战。显示出大海的力量,需重读"抓住""熄灭",然后以轻蔑的口吻读"闪电的影子……一晃就消失了"。整个这一小节的基调是低沉的,为下面高昂的调子做铺垫。

第十四节:基调是高昂激越的,连用两个感叹号,气势一个比一个紧张。尤其要突出"就要来啦",要读得明快、响亮,"来"字是重读的字。

第十五节:用叙述的语调读,为下一小节高昂的调子打基础。

第十六节:最后一句是全文的主题,是高潮处,是作者的伟大号召。破折号起总结全文的作用。要用饱满的无产阶级激情来尽情朗读。读时,一定要读得高亢有力。但是,这句的起句一定要低,防止太高了,后面反而升不上去。全句的最高点应落在"烈些"两个字上,"吧"落下来,语调稍扬。这样的效果才能引起听者的共鸣,让人们信服地认识到暴风雨来得越猛烈越好!

三、《匆匆》的理解及朗读

1. 背景及情感基调

现代著名作家朱自清的散文诗《匆匆》写于 1922 年 3 月 28 日,当时正值"五四"运动落潮期,现实还和以前一样没有大的改变。作者失望、彷徨,但又不甘心沉沦,所以全诗在淡淡的哀愁中透出诗人心灵不平的低诉。《匆匆》是一篇脍炙人口的散文诗,文情并茂,寓意深邃,是诗人的感兴之作。他由眼前的春景,以绵密细致的笔触,紧紧围绕着"匆匆"二字,细腻地刻画了时间流逝的踪迹,寄情于物,表达了作者对虚度时光的无奈和惋惜,揭示了当时的年轻人朦胧觉醒,但又为前途不明而感到彷徨的复杂心情,表达了不愿蹉跎青春,浪费时日,虽彷徨而仍思有作为的态度。因此,文章的总体基调低沉忧伤,节奏为紧张型,同时伴有低沉型情绪相间。

作者名曰《匆匆》,燕子来而复去,杨柳枯了又青,桃花谢了再开,这本是常见的自然现象,但诗人触景生情,从中联想到自己年轻的生命,追索着生命的价值,发出了惋惜的喟叹:"我们的日子为什么一去不复返呢?"通篇六百来字,却用了十一个问句,艺术构思独特,风格卓尔不群。

2. 朗读节奏音节划分

匆匆

朱自清

燕子去了↘,有//再来的/时候;杨柳枯了↗,有//再青的/时候;桃花谢了↘,有//再开〜的时候。但是,聪明的,你//告诉我,我们的日子⌒//为什么/一去〜不复返呢↗?是//有人/偷了他们罢:那是谁↗?又藏在何处呢↗?是他们//自己/逃走了罢↘:现在//又到了/哪里〜呢〜(用深思的语气,渐弱)?

我不知道//他们给了我/多少日子;但//我的手/确乎⌒是渐渐空虚了。在/默默里/算着,八千多日子//已经⌒从我手中溜去;像针尖上一滴水⌒//滴在大海里〜,我的日子//滴在时间的流里,没有/声音⌒,也//没有⌒影子〜。我不禁〜//汗涔涔↗而/泪潸潸〜了↘。

去的/尽管去〜了,来的/尽管来着;去来的中间,又怎样地/匆匆〜呢▲?早上//我起来的时候,小屋里//射进/两三方⌒斜斜的太阳。太阳⌒//他有脚啊↘,轻轻悄悄地〜/挪移了;我也茫茫然⌒//跟着/旋转〜。于是/洗手的时候,日子/从水盆里/过去;吃饭的时候,日子/从饭碗里/过去;默默时⌒,便从⌒//凝然的双眼前/过去〜。我觉察//他去的匆匆了,伸出手遮挽时〜,他⌒又从遮挽着的手边⌒//过去,天黑时,我躺在床上,他便//伶伶俐俐地//从我身上/跨过,从我脚边/飞去了。等我睁开眼⌒//和太阳再见,这算//又溜走了一日〜。我⌒//掩面叹息,但是//新来的/日子的影儿↗//又开始⌒在叹息里闪过了〜。

在⌒//逃去如飞的/日子里↗,在⌒//千门万户的/世界里的我↗//能做些什么呢〜?只有//徘徊罢了,只有//匆匆罢了〜;在⌒//八千多日的匆匆里,除/徘徊外,又⌒剩些什么呢?↗▲过去的日子⌒//如轻烟,被微风//吹散了,如薄雾,被初阳//蒸融了;我/留着些//什么痕迹呢?▲我⌒何曾留着//像游丝样的痕迹呢?↗▲我/赤裸裸/来到这世界,转眼间/也将/赤裸裸的回去罢?但//不能平的,为什么//偏要/白白走这一遭啊?↗▲

你聪明的,告诉我,我们的日子⌒//为什么/一去不复返〜呢?

注:/表示时间停顿较短;//表示时间停顿略长;⌒表示语气延长;〜表示颤音;↗和↘分别表示声调微升和声调略降,突出抑扬顿挫感;▲表示长句末尾重读。

(资料来源:新浪博客,http://blog.sina.com.cn/s/blog-492233b601000aas.html.)

四、《岳阳楼记》的作者简介、思想内容及译文

1. 作者简介

范仲淹,生于公元 989 年,卒于公元 1052 年。字希文,苏州人,北宋著名政治家、教育家和文学家。他出身贫苦,两岁时死了父亲。青年时借住在一座寺庙里读书,常常吃不饱饭,仍然坚持昼夜苦读,五年间未曾脱衣睡觉。中进士以后,他多次向皇帝上书,提出许多革除弊政的建议,遭到保守势力的打击,一再贬官,共三次被贬,但其志如坚,兴修水利,造福人民;授命戍边,防御西夏入侵;兴办义学,在苏州买下南园宅地,创设学府,以后全国各地竞相仿效,有"苏学天下第一"之说。《岳阳楼记》是他被贬在邓州做知州时所作。

2. 作品的思想内容

《岳阳楼记》的著名,首先是因为它的思想境界崇高。和它同时代著名的文学家欧阳修在为他写的碑文中说,他从小就志向远大,常自诵曰:"士当先天下之忧而忧,后天下之乐而乐也。"可见文章末尾所说的"先天下之忧而忧,后天下之乐而乐",是范仲淹一生行为的准则。他写这篇文章的时候正"处江湖之远"——被贬官在外,本可以独善其身,落得逍遥自在,可是他不肯这样,仍然以天下为己任,用"先天下之忧而忧,后天下之乐而乐"这两句话来勉励自己和朋友。这是难能可贵的,对于今日仍具有现实意义。

3. 译文

庆历四年春天,滕子京降职调到巴陵郡作太守。到第二年,政治清明,人民安居乐业,许多荒废的事业都兴办起来,于是重新修岳阳楼,扩充它旧时规模,把唐代名人和现代人的诗赋镌刻在上边。他还嘱托我做文章记述重修岳阳楼这件事。

据我观察,巴陵的胜景都集中在洞庭湖上:它含着远山,吞进长江,浩浩荡荡,宽广得无边无际;早晨清朗,傍晚昏暗,景象千变万化,这就是岳阳楼雄伟壮观的景象,前人描述得很详尽了。它向北通巫峡,向南一直到了潇水和湘江,那些被降职调到远方做官的人和诗人们,很多在这里相会,看到自然景象,心情能不有所差异吗?

假若遇到阴雨连绵的日子,一连几个月也不放晴,整天刮着阴森森的风,激起很高的污浊的浪头,太阳和星星都隐蔽了光耀,高耸的山峰也隐藏住它们的形体,这时商人、旅客无法成行,桅杆会被浪头打断,连桨也会被折断,特别是一到黄昏,更是阴晦异常,再加上虎的长啸,猿的哀鸣,那种凄惨的声音和景色,如果是在这样的时光,"迁客""骚人"登楼远眺,触景伤情,更会引起他思念京城、怀想故乡、担心毁谤、畏惧讥笑的种种思想感情,极度伤感,因而悲痛起来。

到了那温暖的春天,阳光和煦地照着,一切都给人一种明朗的感觉,平静的湖水不起波浪,天水相接,一眼望去,真是无边无际的一片碧绿色;一群一群的沙鸥,时而飞翔,时而停下来,美丽的鱼在水中穿来穿去;岸边的芷草,小洲上的兰花,青青的,散发着一阵阵的清香。夜里,浓雾消散了,皎洁的月光照着大地,水波微微地荡漾着,金光闪闪,月亮的倒影像沉在水里的一块白玉,快乐的渔人互相唱答着,这是多愉快的境界呢!这时候,登楼的游客不由得陶醉在这恬静、幽美的景色里,端着酒杯迎风痛饮,甚至于忘记了个人的得失、荣辱,充满着欢乐的情绪。

哎!我曾经探讨古代道德高尚的人的思想感情,或许和上述两种思想感情不一样,为什么?这是由于他们不因环境好而高兴,也不因自己的不幸而悲哀;在朝廷做官,就忧虑老百姓的疾苦;退隐江湖,远离朝廷,就为国君担忧。当了官也忧愁,不当官也忧愁。那么,什么时候能高兴呢?他一定会说:"先天下之忧而忧,后天下之乐而乐"吧!哦!除了这样的人,我能同谁在一起呢?

庆历六年九月十五日作。

五、朗诵散文

永远的孩子

春节前,我去邮局发信,坐在我旁边的老人向我借笔填写汇款单,老人头发花白,年纪大约为六十岁。看到他在汇款单上写下 1000 元，我猜想，他可能是在给正在外边上学的儿女汇款吧——真是可怜天下父母心啊！

出乎我的意料，老人填完汇款单后，又在附言栏中端端正正地写道："祝父亲、母亲大人节日快乐！"原来他是在给父母汇款，我先是一阵惊异：这老者竟然还有双亲健在。接着心中便涌起一阵感动：老人这年纪已经是儿孙满堂的人了，也是为儿孙所孝敬的年纪，却仍然不忘尽儿女之孝！

当老人把钢笔还给我的时候，我发现他的眼眶竟然湿润了，那神情，完全像是一个想家的孩子。莫非每一个人都是这样，只要有父母健在，无论多大年纪，他仍然是一个孩子？

走出邮局，我的心情很是不平静。是啊，当一个人在青年、壮年时期先是执著地追求着一份自己的爱情和事业；而后到中年时，又为自己的家庭、儿女的生活、学习、工作不停地劳苦奔波，等到人生之秋时，可能会想起自己多年来对父母的一份最不应该的疏淡。而在这个时候，绝大多数人已经是"子欲孝而亲不在"。试想，若人到花甲、近古稀的年纪，仍有机会在节日的时候，恭恭敬敬地说上一声"祝父亲、母亲大人节日快乐！"那是怎样一种人生的圆满？

（资料来源：付程. 播音主持专业高考面试指南与示范录音［M］. 北京：中国传媒大学出版社，2007.）

死 亡 之 吻

这是一个大雪纷飞、北风狂号的日子。阿拉斯加州的一家医院里，正进行着一次特殊的分娩。医生、护士忙里忙外地为一个叫多莉的妇女接生。之所以说其特殊，是因为多莉强烈要求医生为自己提前两周分娩。医生忠告：提前分娩危险很多，婴儿早产，是否健康？孩子会不会因月份不足而孱弱多病？人为地催生，会不会对大人有危险？这都是未知数。多莉自己写了保证，还找了证人，若有问题和医生无关。医生被她的苦苦哀求所感动，同意为她手术分娩。

医院产科的楼道里站满了关心这次分娩的人们。很多眼睛注视着分娩室两扇洁白的房门；相识或者不相识的面孔显得异常严肃。时间一分一秒地过去。一刻钟，又一刻钟。当婴儿响亮的哭声传来时，很多人流下了感动的泪水。

孩子平安降生后，多莉蠕动着嘴唇向护士恳求道："护士小姐，求求你，将我和我的孩子马上送回我的家里。因为我的丈夫、孩子的父亲正盼着这个小生命的来临。"医生和护士们把大人和孩子包得严严实实，抬上救护车，向多莉家中疾驰。

到了多莉的家，人们才知道：多莉的丈夫身患癌症，命在旦夕。为了能让他抱一抱亲生的孩子，体会一下做父亲的幸福，多莉才决定提前分娩。那个不幸而又幸运的父亲，终于在生命的尽头拥抱了自己的孩子。他说："孩子，你真美丽，我是你爸爸，不要忘记我。"说完这句话，父亲在孩子头上吻了一下，就永远闭上了眼睛。这话，是父亲说给孩子的第一句话，也是唯一的一句话；这吻，是父亲给孩子的第一个吻，也是唯一的一个吻。

多莉抱着自己的孩子哭诉道："孩子，妈妈和你一样，没有一句怨言。你提前两周诞生，亲历了生死门槛；你已经被你父亲吻过，不再是个遗腹子；你享受过父爱，被父亲抱过,祝福过,叮咛过。尽管一生只有一次,可这一吻之爱,来得何等艰难。"在场的人们无不为之动容,为之感动。这种爱宁可少有,不可没有,这是爱的纽带……

素质养成

朗诵,我的养生法宝

我平时喜欢朗诵。郁闷时,一个人独坐书房,高声朗诵名家名作,心情顿时豁然开朗;得意时,找出自己不熟悉的作品,边朗诵边体会,浮躁之情渐去。多年来,我用朗诵充实生活,朗诵使我保持了充沛的精力。

我喜欢朗诵大约始于中学时期。那时,为了通过高考独木桥,整日死记硬背,头脑昏昏。一次周末,其他同学都回家了,我自己在宿舍里借着煤油灯看书,越看越发困。为了完成当天的学习计划,我便高声朗读起《刑场上的婚礼》。读过几遍后,忽然觉得自己对课文的理解加深了,对一些词的记忆牢固了。从此,我便天天找个不影响别人的地方高声朗诵课文,语文成绩也提高得很快。真正将朗诵作为一种保健方式,是参加工作以后的事。大学毕业后,我一个人到了一个偏远的小城,那里文化生活单调。工作之余,人们或下象棋,或打扑克,我则选择了朗诵。

朗诵是催眠剂。一个人远离父母,远离家乡,思乡之情常常搅得我彻夜难眠。好在那时单位住房比较富余,单身职工每人一间。每当难以入睡时,我便靠在床头,拿起《历代散文选》朗诵,不知不觉中,睡意袭来,便一觉睡到大天亮。

朗诵是清心片。工作中不顺心的事是常有的,而我性格又比较内向。为了消除心中的不快,我常将自己一个人关在房间里,高声朗诵唐诗宋词。李白的《将进酒》让我替先贤鸣不平,辛弃疾的《水龙吟》让我为古人发感慨。以古喻今,自己的不顺心渐渐忘却。

朗诵是固气丹。工作时间长了,经历的事情多了,在说着些言不由衷的话的同时,自己也沾了些恶劣习气,多少次差点在推杯换盏中迷失,多少次险些在无所事事中消沉。可每当我朗诵起岳飞的《满江红》、梁启超的《少年中国说》,便会重新鼓起奋斗的勇气,扬起前进的风帆。

朗诵是益智散。随着年龄的增大,记忆力也日渐衰退。科学家说,多读书可以延缓大脑的衰老,多朗诵可以锻炼人的记忆力。朗诵有助于记忆,这一点我深有体会。

朗诵是一门表演艺术,但我不懂艺术;朗诵需要良好的普通话,但我的口音很重。不过,这些都不影响我爱好朗诵。因为朗诵于我是一种积极的生活态度,是一种保持精力充沛的养生方式。

(资料来源:何影作.朗诵,我的养生法宝[N].健康时报,2005-04-21(10).)

心田上的百合花

林清玄

在一个偏僻遥远的山谷里,有一个高达数千尺的断崖。不知道什么时候,断崖边上长出了一株小小的百合。百合刚刚诞生的时候,长得和杂草一模一样。但是,它心里知道自己并不是一株野草。它的内心深处,有一个内在的纯洁的念头:"我是一株百合,不是一株野草。唯一能证明我是百合的方法,就是开出美丽的花朵。"有了这个念头,百合努力地吸收水分和阳光,深深地扎根,直立地挺着胸膛。终于在一个春天的清晨,百合的顶部结出了第一个花苞。

百合心里很高兴,附近的杂草却很不屑,它们在私底下嘲笑着百合:"这家伙明明是一株草,偏偏说自己是一株花,还真以为自己是一株花,我看它顶上结的不是花苞,而是头脑长瘤了。"公开场合,它们则讥讽百合:"你不要做梦了,即使你真的会开花,在这荒郊野外,你的价值还不是跟我们一样?"

百合说:"我要开花,是因为我知道自己有美丽的花;我要开花,是为了完成作为一株花的庄严使命;我要开花,是由于自己喜欢以花来证明自己的存在。不管有没有人欣赏,不管你们怎么看我,我都要开花!"

在野草的鄙夷下,野百合努力地释放内心的能量。有一天,它终于开花了。它那灵性的洁白和秀挺的风姿,成为断崖上最美丽的颜色。这时候,野草再也不敢嘲笑它了。

百合花一朵一朵地盛开着,花朵上每天都有晶莹的水珠,野草们以为那是昨夜的露水,只有百合自己知道,那是极深沉的欢喜所结的泪滴。年年春天,野百合努力地开花、结籽。它的种子随着风,落在山谷、草原和悬崖边上,到处都开满洁白的野百合。

几十年后,远在百里外的人,从城市,从乡村,千里迢迢赶来欣赏百合开花。许多孩童跪下来,闻嗅百合花的芬芳;许多情侣互相拥抱,许下了"百年好合"的誓言;无数的人看到这从未见过的美,感动得落泪,触动内心那纯净温柔的一角。

不管别人怎么欣赏,满山的百合花都谨记着第一株百合的教导:"我们要全心全意默默地开花,以花来证明自己的存在。"

独　木
席慕容

喜欢坐火车,喜欢一站一站地慢慢南下或者北上,喜欢在旅途中间的我。只因为,在旅途的中间,我就可以不属于起点或者终点,不属于任何地方和任何人,在这个单独的时刻里,我只需要属于我自己就够了。

所有该尽的义务,该背负的责任,所有该去争夺或是退让的事情,所有人世间的牵牵绊绊都被隔在轨道的两端,而我,在车厢里是无所欲求的。在那个时刻里,我唯一要做也是唯一可做的事,只是安静地坐在窗边,观看着窗外的景物变换而已。

窗外的景物不断在变换,山峦与河谷绵延而过,我看见在那些成林的树丛里,每一棵树都长得又细又长,为了争取阳光,它们用尽一切委婉的方法来生长。走过一大片稻田,在田野的中间,我也看见了一棵孤独的树,因为孤独,所以能恣意地伸展着枝叶,张得像一把又大又粗又圆的伞。

在现实生活里,我知道,我应该学习迁就与忍让,就像那些密林中的树木一样。可是,在心灵的原野上,请让我,让我能长成为一棵广受日照的大树。

我也知道,在这之前,我必须先要学习独立,在心灵最深处,学习着不向任何人寻求依附!

第四节　小说朗读

问题讨论

（1）分析孔乙己的形象，探讨小说反映了怎样的主题。

（2）《变色龙》中，警官奥楚蔑洛夫几次改变断案结果，代表了当时社会的什么现象？你是否有兴趣把这部作品改编成课本剧并表演？

（3）分析《项链》中女主人公玛蒂尔德的形象。谈谈你对她的态度。

案例导入

案例一

小说《孔乙己》片段

鲁　迅

孔乙己是站着喝酒而穿长衫的唯一的人。他身材很高大；青白脸色，皱纹间时常夹些伤痕；一部乱蓬蓬的花白的胡子。穿的虽然是长衫，可是又脏又破，似乎十多年没有补，也没有洗。他对人说话，总是满口之乎者也，教人半懂不懂的。因为他姓孔，别人便从描红纸上的"上大人孔乙己"这半懂不懂的话里，替他取下一个绰号，叫作孔乙己。孔乙己一到店，所有喝酒的人便都看着他笑，有的叫道，"孔乙己，你脸上又添上新伤疤了！"他不回答，对柜里说，"温两碗酒，要一碟茴香豆。"便排出九文大钱。他们又故意地高声嚷道，"你一定又偷了人家的东西了！"孔乙己睁大眼睛说，"你怎么这样凭空污人清白……""什么清白？我前天亲眼见你偷了何家的书，吊着打。"孔乙己便涨红了脸，额上的青筋条条绽出，争辩道，"窃书不能算偷……窃书！……读书人的事，能算偷么？"接连便是难懂的话，什么"君子固穷"，什么"者乎"之类，引得众人都哄笑起来：店内外充满了快活的空气。

案例二

变　色　龙

契诃夫

警官奥楚蔑洛夫穿着新的军大衣，提着小包，穿过市场的广场。他身后跟着一个火红色头发的巡警，端着一个筛子，盛满了没收来的醋栗。四下里一片沉静。广场上一个人也没有。商店和饭馆的门无精打采地敞着，面对着上帝创造的这个世界，就跟许多饥饿的嘴巴一样；门口连一个乞丐也没有。

"好哇，你咬人？该死的东西！"奥楚蔑洛夫忽然听见叫喊声，"伙计们，别放走它！这年月，咬人可不行！逮住它！哎哟……哎哟！"

传来了狗的尖叫声。奥楚蔑洛夫向那边一瞟，看见从商人彼楚金的木柴厂里跑出来一条狗，用三条腿一颠一颠地跑着，不住地回头瞟。它后边跟着追来一个人，穿着浆硬的花布衬衫和敞着怀的坎肩。他追上狗，身子往前一探，扑倒在地下，抓住了狗的后腿。又传来了狗的叫声，还有人的叫喊："别放走它！"有人从商店里探出头来，脸上还带着睡意。木柴厂四周很快就聚了一群人，仿佛一下子从地底下钻出来的。

"好像出乱子了，长官！"巡警说。

奥楚蔑洛夫微微向左一转，往人群那里走去。在木柴厂门口，他看见那个敞开了坎肩的人举起右手，把一个血淋淋的手指头伸给人们看。他那半醉的脸上现出这样的神气："我要揭你的皮，坏蛋！"就连那手指头也像是一面胜利的旗帜。奥楚蔑洛夫认出这人是首饰匠赫留金。这个案子的"罪犯"呢，坐在人群中央的地上，前腿劈开，浑身发抖——原来是一条白色的小猎狗，脸尖尖的，背上有块黄斑。它那含泪的眼睛流露出悲苦和恐怖的神情。

"这儿到底出了什么事？"奥楚蔑洛夫挤进人群里去，问道，"你在这儿干什么？ 你究竟为什么举着那个手指头？……谁在嚷？"

"长官，我好好地走我的路，没招谁没惹谁……"赫留金开口了，拿手罩在嘴上，咳嗽一下，"我正在跟密特里·密特里奇谈木柴的事，忽然，这个畜生无缘无故就把这手指头咬了一口……你得原谅我，我是做工的人，我做的是细致的活儿。这得叫他们赔我一笔钱才成，因为也许我要有一个礼拜不能用这个手指头啦……长官，就连法律上也没有那么一条，说是人受了畜生的害就该忍着。要是人人都这么让畜生乱咬一阵，那在这世界上也没个活头了。"

"嗯！ 不错……"奥楚蔑洛夫严厉地说，咳了一声，拧起眉头，"不错……这是谁家的狗？ 我绝不轻易放过这件事！ 我要拿点颜色出来给那些放出狗来到处乱跑的人看看。那些老爷既然不愿意遵守法令，现在就得管管他们。等到他，那个混蛋，受了罚，拿出钱来，他才会知道放出这种狗来，放出这种野畜生来，会有什么下场。我要好好地教育他一顿！ 叶尔德林，"警官对巡警说，"去调查一下，这是谁的狗，打个报告上来！ 这条狗呢，把它弄死好了。马上去办，别拖！ 这多半是条疯狗……请问，这到底是谁家的狗？"

"这好像是席加洛夫将军家的狗。"人群里有人说。

"席加洛夫将军？ 哦！……叶尔德林，帮我把大衣脱下来……真要命，天这么热，看样子多半要下雨了……只是有一件事我还不懂：它怎么会咬着你的？"奥楚蔑洛夫对赫留金说，"难道它够得着你的手指头？ 它是那么小；你呢，却长得这么魁梧！ 你那手指头一定是给小钉子弄破的，后来却异想天开，想得到一笔什么赔偿费了。你这种人啊……是出了名的！ 我可知道你们这些鬼东西是什么玩意儿！"

"长官，他本来是开玩笑，把烟卷戳到狗的脸上去；狗呢——可不肯做傻瓜，就咬了他一口……他是个荒唐的家伙，长官！"

"胡说，独眼鬼！ 你什么也没看见，你为什么胡说？ 他老人家是明白人，看得出来到底谁胡说，谁像当着上帝的面一样凭良心说话；要是我说了谎，那就让调解法官审问我好了。他的法律上说得明白，现在大家都平等啦。不瞒您说，我的兄弟就在当宪兵……"

"少说废话！"

"不对，这不是将军家里的狗……"巡警深思地说，"将军家里没有这样的狗。他家的狗，全是大猎狗。"

"你拿得准吗？"

"拿得准，长官……"

"我也知道。将军家里都是些名贵的、纯种的狗；这条狗呢，鬼才知道是什么玩意儿！毛色既不好，模样也不中看，完全是个下流胚子。居然有人养这种狗！这人的脑子上哪儿去啦？要是这样的狗在彼得堡或者莫斯科让人碰见，你们猜猜看，结果会怎样？那儿的人可不管什么法律不法律，一眨眼的工夫就叫它断了气！你呢，赫留金，受了害，我们绝不能不管。得好好教训他们一下！是时候了。"

"不过也说不定就是将军家的狗……"巡警把他的想法说出来，"它的脸上又没写着……前几天我在将军家院子里看见过这样的一条狗。"

"没错儿，将军家的！"人群里有人说。

"哦！……叶尔德林老弟，给我穿上大衣吧……好像起风了，挺冷……你把这条狗带到将军家里去，问问清楚。就说这狗是我找着，派人送上的。告诉他们别再把狗放到街上来了。说不定这是条名贵的狗；可要是每个猪崽子都拿烟卷戳到它的鼻子上去，那它早就毁了。狗是娇贵的动物……你这混蛋，把手放下来！不用把你那蠢手指头伸出来！怪你自己不好！……"

"将军家的厨师来了，问他好了——喂，普洛诃尔！过来吧，老兄，上这儿来！瞧瞧这条狗，是你们家的吗？"

"瞎猜！我们那儿从来没有这样的狗！"

"那就用不着白费功夫再上那儿去问了，"奥楚蔑洛夫说，"这是条野狗！用不着白费工夫说空话了。既然普洛诃尔说这是野狗，那它就是野狗。弄死它算了。""这不是我们的狗，"普洛诃尔接着说，"这是将军的哥哥的狗。他哥哥是前几天才到这儿来。我们将军不喜欢这种小猎狗，他哥哥却喜欢。""他哥哥来啦？是乌拉吉米尔·伊凡尼奇吗？"奥楚蔑洛夫问，整个脸上洋溢着含笑的温情，"哎呀，天！我还不知道呢！他是上这儿来住一阵就走吗？"

"是来住一阵的。"

"哎呀，天！他是惦记他的兄弟了……可我还不知道呢！这么说，这是他老人家的狗？高兴得很……把它带走吧。这小狗还不赖，怪伶俐的，一口就咬破了这家伙的手指头！哈哈哈……得了，你干什么发抖呀？呜呜……呜呜……这坏蛋生气了……好一条小狗……"

普洛诃尔喊一声那条狗的名字，带着它从木柴厂走了。那群人就对着赫留金哈哈大笑。

"我早晚要收拾你！"奥楚蔑洛夫向他恐吓说，裹紧大衣，接着穿过市场的广场径自走了。

案例三

项链（节选）
莫泊桑

晚会的日子到了，骆塞尔太太得到极大的成功，她比一般女宾都要漂亮，时髦，迷人，不断地微笑，并且乐得发狂。一般男宾都望着她出神，探听她的姓名，设法使人把自己引到她跟前作介绍。本部机要处的人员都想和她跳舞,部长也注意她。

她用陶醉的姿态舞着,用兴奋的动作舞着,她沉醉在欢乐里,她满意于自己的容貌的胜利,满意于自己的成绩的光荣;满意于那一切阿谀赞叹和那场使得女性认为异常完备而且甜美的凯歌,一种幸福的祥云包围着她。所以她什么都不思虑了。

她是清晨四点钟光景离开的。她丈夫自从半夜十二点钟光景,就同着另外三位男宾在一间无人理会的小客厅里睡着了;这三位男宾的妻子也正舞得很快活。

他对她的肩头上披上了那些为了上街而带来的衣裳,家常用的俭朴的衣裳,这些东西的寒碜意味是和跳舞会里的服装的豪华气派不相称的。她感到了这一层,于是为了避免另外那些裹着珍贵皮衣的太太们注意,她竟想逃遁了。

骆塞尔牵住了她:

"等着吧。你到外面会受寒。我去找一辆出租的街车来吧。"

不过她绝不听从他,匆匆忙忙下了台阶儿。等到他俩走到街上竟找不着车了;于是他俩开始去寻觅,追着那些他们远远地望得见的车子。

他俩向着塞纳河的河沿走下去,两个人感到失望,浑身冷得发抖。末了,他俩在河沿上竟找着了一辆像是夜游病者一样的旧式轿车——这样的车子白天在巴黎如同感到自惭形秽,所以要到天黑以后才看得见它们。

车子把他俩送到殉教街的寓所大门外了,他俩惆怅地上了楼。在她,这算是结束了。而他呢,却想起了自己明天早上十点钟应当到部。

她在镜子跟前脱下了那些围着肩头的大氅之类,想再次端详端详无比荣耀的自己。但是陡然间她发出了一声狂叫。她已经没有那串围着颈项的钻石项链了!

她丈夫这时候已经脱了一半衣裳,连忙问:

"你怎么了?"

她发痫似地转过身来向着他:

"我已经……我已经……我现在找不着伏来士洁太太那串项链了。"

他张皇失措地站起来:

"什么!……怎样!……哪儿会有这样的事!"

于是他俩在那件裙袍的衣褶里,大氅的衣褶里,口袋里,都寻了一个遍。到处都找不到它。

他问道:

"你能够保证离开舞会的时候还挂着那东西吗?"

"对呀,我在部里的过道里还摸过它。"

"不过,倘若你在路上失掉了它,我们可以听得见它落下去的声响。它应当在车子里。"

"对呀。这是可能的。你可曾记下车子的号码?"

"没有。你呢,你当初也没有注意?"

"没有。"

他俩目瞪口呆地互相瞧着。末了,骆塞尔重新着好了衣裳。

"我去,"他说,"我去把我俩步行经过的路线再走一遍,去看看是不是可以找得着它。"

于是他出街了。她呢，连睡觉的气力都没有，始终没有换下那套参加晚会的衣裳，就靠在一把围椅上面，屋子里没有生火，脑子里什么也不想。

她丈夫在七点钟回家。什么也没有找着。

他走到警察总厅和各报馆里去悬赏格，又走到各处出租小马车的公司，总而言之，凡是有一线希望的地方都走了一个遍。

她对着这种骇人的大祸，在惊愕状态中间整整地等了一天。

骆塞尔在傍晚的时候带着瘦削灰白的脸回来了；他什么也没有发现。

"应当，"他说，"写信给你那个女朋友，说你弄断了那串项链的搭钩，现在正叫人在那里修理。这样我们就可以有周转的时间。"

她在他的口授之下写了这封信。

📖 理论研讨

一、小说的概念及三要素

小说是以刻画人物形象为中心，通过完整的故事情节和环境描写来反映社会生活的文学体裁，与诗歌、散文、戏剧并称为"四大文学体裁"。

小说有三个要素：人物形象、故事情节和典型环境。

塑造人物形象是小说反映社会生活的主要手段。塑造人物形象的方法有肖像描写、心理描写、行动描写、语言描写、环境描写、正面描写、侧面描写等。

小说的情节就是指完整的故事，像一条脉络或者主线贯穿小说的始终，起着展示人物性格、表现作品主题的作用。情节包括四部分：开端、发展、高潮、结局，有的还包括序幕、尾声。

环境（也指典型环境）包括社会环境、自然环境。社会环境交代小说的时代背景。自然环境包括人物活动的时间、地点、景物，用以烘托气氛，表现人物感情等。

二、小说分类

最流行和最基本的方法，是按照篇幅的长短、字数的多少和容量的大小把小说分为长篇、中篇、短篇和微型小说（小小说）四类，还有其他多种分类方式。

从题材分：农村、城市、军事；现实、历史。

从内容分：爱情、少儿、哲理、科幻、传奇、武侠、言情。

从语言分：散文体、故事体。

从流派分：现实主义、浪漫主义、自然主义、现代主义、后现代主义、意识流。

三、小说朗读

小说描写人物形象典型、细腻，故事情节丰富、完整，要想把小说朗读得形象生动、引人入胜，要求我们不仅要具备良好的基本功，还要有准确而深刻的理解能力，丰富而细腻的感受能力，以及生动形象的表现能力等。具体要做到以下几点。

1. 通读全篇，吃透主要内容

朗读小说，首先要通读，读懂、读透，要明白作者的创作主旨，捋清小说的故事情节、人物关系、矛盾冲突,把握情节与冲突的发展脉络、人物性格变化等。对于短篇小说或小小说来讲,这一点比较容易。对于长篇小说,应通过多种渠道努力做到,尽可能通读全篇,或至少弄清全篇的情节、人物、环境以及所读这段在全文中的位置、地位。

2. 准确理解,确定情感基调

基调是朗读一篇小说时所把握的总的感情色彩和内涵格调。它既包含文学作品本身的感情色彩,也包含朗读时的情感态度。朗读者要沉浸于小说的情境之中,具有角色的真挚感情。只有把握好了情感基调,播讲时才感觉准确。例如朗读小说《红岩》,通过通读、理解分析,从整体上把握这部文学作品的风格应该是深沉、凝重、有力、高亢的。在朗读它时,情感态度应该是深情高亢、热情讴歌。

3. 把握好人物的特点

准确把握人物最本质、最核心的思想个性和主要特点,从小说的情节和人物的行为、语言中去挖掘、提炼特点、个性,并淋漓尽致地表现出来。例如,《红楼梦》里每个人物的性格都异常鲜明,王熙凤的性格基调可以比作一条美丽的蛇,内里是心毒手狠、贪婪无比、心计极深,外表则八面玲珑、惯于逢迎、口齿伶俐、谈笑风生、泼辣诙谐。林黛玉因姣美的容颜、浓郁的诗人气质形成了内慧外秀的痴情女形象,但她突出的个性尖酸刻薄、心胸狭窄,可她又有着纯真、不畏强权的个性,让她的尖酸多了几分可爱。我们要表现人物突出的个性特点,也要感受人物性格的多面性,塑造出脍炙人口的色彩丰富的艺术形象,给受众留下不可磨灭的深刻印象。

4. 把握分寸,恰到好处

朗读分寸的依据是什么?怎样算是分寸合适,恰到好处呢? 就是说,不要"过火",也不要"太平淡";既不"过分",又不能"太懈怠"。用"恰如其分"四个字表述最为准确。换句话说,就是要符合生活的常情,符合人物性格、人物所处的规定情境以及特定的人物关系。这就是"分寸感"的问题。分寸稍稍不对,不足或是太过,立刻会让受众跳出作品,感到很不满足或失望。

5. 化妆声音,塑造形象

朗读小说的语言不能"千人一声",不同性格、不同层次、不同职业、不同年龄、不同地域的人,都有其说话的独特方式,具体地体现在声音、音色、说话时的习惯、语气、语调等方面,所以小说朗读时要化妆好声音,把握人物具有鲜明性格特征的说话习惯,掌握符合人物性格的语气、语调等。这要通过细致地分析作品,深入理解人物的思想性格才能很好地完成。

技能训练

一、《孔乙己》形象分析及主题思想

1. 孔乙己形象分析

孔乙己"站着喝酒",是因为他经济拮据,买不起酒菜,进不了柜台内坐着喝。

孔乙己"穿长衫",是因为他追求功名,不愿与"短衣帮"为伍。

孔乙己"青白脸色",说明他穷困潦倒,营养不良,又不肯劳动。

孔乙己脸上"时常夹些伤痕",说明他穷困而偶然偷窃,被人打伤。

孔乙己"一部乱蓬蓬的花白胡子",既表明他年龄较大,又表现其精神委顿、颓唐。

孔乙己"他那件长衫又脏又破,似乎十多年没有补,也没有洗",说明他穷酸潦倒,懒得出奇的经济状况和性格特征。

孔乙己睁大眼睛说:"你怎么这样凭空污人清白……",说明他死要面子,怕人嘲笑。

孔乙己便涨红了脸,额上的青筋条条绽出,争辩道:"窃书不能算偷……窃书!……读书人的事,能算偷么?"说明他自命清高、迂腐不堪、自欺欺人,死要面子的性格。

孔乙己"竭力争辩维护清白",是因为他死爱面子,想清白做人。

孔乙己"便排出九文大钱",既表现他拮据而穷酸的本相,又对酒店卖弄分文不少,自己是规矩人,并对短衣帮的耻笑表现出若无其事。这一"排"的动作,恰如其分地显示了他的心理。

孔乙己"使人快活",表明他地位卑下,已沦为笑料。

孔乙己是文明发展、社会转型中的一个落伍者和牺牲品,是科举制度下一个贫困不得志的知识分子的形象。他地位低下,但追求功名;穷困潦倒,但好喝懒做;迂腐不堪,死要面子,而自欺欺人;遭人嘲笑,但又孤芳自赏、自命清高;凄苦惨绝,但麻木不仁,至死不悟;同时,又有质朴、善良的一面。

2. 小说反映的主题思想

小说反映了封建文化和封建教育对读书人的毒害,控诉了科举制度的罪恶;揭示了封建社会的世态炎凉,人们冷漠麻木、思想昏沉的精神状态,以及社会对于不幸者的冷酷。从一个侧面反映了封建社会的腐朽和病态。

二、《变色龙》的理解及朗读

1. 作者介绍

契诃夫(1860—1904年)是19世纪末具有世界声誉的俄国批判现实主义作家,世界三大短篇小说大师之一,戏剧革新家。他一生创作了七八百篇短篇小说,还写了一些中篇小说和剧本。作品大多数取材于中等阶层的"小人物"的平凡生活,揭露了反动统治阶级的残暴,抨击了沙皇的专制制度。代表作有短篇小说《变色龙》《凡卡》《装在套子里的人》和《小公务员之死》等。变色龙是他早期创作的一篇讽刺小说。

2. 写作背景

这篇小说创作于1884年。俄国当时处于沙皇亚历山大三世的统治下,社会政治极其黑暗。沙皇为了强化其反动统治,挽救岌岌可危的命运,豢养了一批趋炎附势、欺下媚上的走狗,利用一些法令,实行残暴的专制主义来镇压人民。本文的警官就是沙皇专制警察统治的化身,《变色龙》中的奥楚蔑洛夫就是其中的典型代表。

3. 思想内容

《变色龙》是契诃夫的许多短篇小说中脍炙人口的一篇。作者叙述了一个警官审理一件人被狗咬的案情。这原本不是多么复杂的事件,可是这个警官不以事实为依据,而是根据狗是不是将军家的这一说法,不断改变自己的断案结果,像变色龙一样,看风使舵,阿谀权贵。小说刻画出一个专横跋扈、欺下媚上的沙皇专制制度走狗——警官奥楚蔑洛夫的形象,讽刺了沙皇专制制度的腐败黑暗,有力地揭露了反动政权爪牙们的无耻和丑恶。

4. 结构层次

根据短篇小说的情节特点,本文分为以下三个部分。

第一部分(1、2 段):故事的开端,写警官遇到了一场乱子——狗咬伤人。

第二部分(6~27 段):故事的发展和高潮,作者以极其辛辣的讽刺手法对警官处理案子时的表现做了鲜明的对比,揭露了他媚上欺下、看风使舵的丑态。这部分分为以下六个层次。

第 1 层(6~8 段):不知是谁家的狗。警官做出第一次判定:对赫留金:肯定其被狗咬伤。对小狗:弄死狗,罚狗的主人。

第 2 层(9~13 段):有人说:"是将军家的狗。"警官做出第二次判定:对赫留金:钉子弄破的;狗是无辜的。

第 3 层(14~17 段):有人说:"这不是将军家的狗。"警官第三次判定:对赫留金:受了害,不能不管;对小狗:下贱胚子。

第 4 层(18~20 段):有人说:"是将军家的狗。"警官第四次判定:对赫留金:混蛋,自己不好;对小狗:娇贵的动物,要以自己的名义派人把狗送到将军家去。

第 5 层(21~23 段):将军家的厨师说:"我们那儿从来没有这样的狗。"警官第五次判定:对赫留金:没来得及安慰;对小狗:"这是条野狗""弄死算了。"

第 6 层(24~27 段):将军家的厨师说:"这是将军哥哥的狗。"警官第六次判定:对赫留金:恐吓;小狗"怪伶俐的""好一条小狗"。

第三部分(28、29 段):故事的结局,奥楚蔑洛夫审理案子结束,小狗被带走,受伤者赫留金反遭到讪笑和恐吓。

5. 朗读指导

契诃夫在《变色龙》中诙谐、幽默地把警官奥楚蔑洛夫(注意,这姓的本意是"疯癫的")置于光天化日之下,让他淋漓尽致地表演了一场"蜥蜴变色"的活剧,辛辣地讽刺了沙俄统治阶级及其走狗趋炎附势、媚上欺下、反复无常、不知羞耻的丑态。

作品基调表现为敏锐、机智,泼辣而又不失分寸,朗读时要体现这一风格。

小说的核心情节是警官对狗的态度的六次反复,而这态度主要是通过对话来体现的。因此,先弄清楚他六次反复的内容,从而理出作品的层次,确定朗读的节奏和主人公说话的语调、语气。

第一次态度:第八自然段。核心是一句话:"把它弄死好了。"显示他的威风。因此,"不错""绝不轻易放过""好好地教训他一顿""马上去办,别拖"这些词语都要适当强调和夸张,读出"官腔"调子。

第二次反复:第十自然段。开头"席加洛夫将军?"一声发问,把他前面憋足的气一下泄掉了大半。一个"哦"字,一定要读出他"得罪了将军该如何是好"的叫苦不迭的狼狈相。

紧接着"只是有一件事我还不懂"是他急中生智抓到的一个转机,而从"他怎么会咬着你的?"开始,他恢复了元气,以一种善辩的推理语调,有根有据地想当然地给首饰匠判定了一系列罪名,得出了"你们这些鬼东西是什么玩意儿"的结论。这段话的节奏要逐渐加快,让他越说越起劲,越说越得意,几乎完全为自己高明的洞察力和判断力所陶醉。

第三次反复:第十七自然段。当他听说狗原来并非将军家的时候,马上说:"鬼(才)知道是什么玩意儿!毛色(既)不好,模样(也)不中看,(完全)是个下贱胚子。(居然)有人养这种狗!"依然神气十足、虚张声势。

第四次反复:第二十自然段。"没错儿,将军家的"这新情况把他一下子打入冰窖。但他一点点用缓缓的语气说出新的打算,待说到"狗是娇贵的动物"时,他又因自己向将军的谄媚而恢复到志得意满的状态,根本忘记了自己刚才说过的话,又熟练地打起了官腔。短时间内,媚上与压下要形成鲜明的对比。

第五次反复:第二十三自然段。由于将军家的厨师说明了是"瞎猜",于是,对这条毫无价值的小狗说:"这是条野狗……弄死它算了",连珠炮一般的语句干净利落,他想结束这番表演,"得胜回朝"了。

第六次反复:殊不料,紧接着又来了个一百八十度的大转折。"将军哥哥的狗"使他顿时陷入了比前两次更为难堪的境地。然而,这次他干脆全部撕下了脸皮,用令人作呕的语调向"乌拉基米尔·伊凡尼奇"以及"他老人家的狗"极尽拍马奉承之能事。这段话要读得夸张、流利,竭尽全力。"哎呀,天!"一次比一次做作,"一口就咬破了这家伙的手指头"充满幸灾乐祸的语调,"哈哈哈"是得意忘形的狂笑,"呜呜……呜呜……"是天真地学着犬吠与狗交心,"这坏蛋生气了……好一条小狗……"充满了比对亲儿子还亲昵、温柔的赞许。

六次反复,起伏一次比一次大,节奏的变化一次比一次强,就在这大起大起大的瞬息变化之中,活画出了主人公的丑态。

三、《项链》的内容理解与形象分析

1. 作者简介

莫泊桑(1850—1893 年)出身于法国西北部诺曼底省一个没落贵族家庭,师从著名作家福楼拜学习写作,是 19 世纪法国杰出的批判现实主义作家,与俄国的契诃夫、美国的欧·亨利并称为世界三大短篇小说家,同时被誉为"世界短篇小说之王"。他一生创作了近三百篇中短篇小说,代表作有《羊脂球》《我的叔叔于勒》等。他的小说构思布局别具匠心,情节故事变化曲折,细节描写惟妙惟肖,形象刻画细致入微,人物语言精彩生动,故事结尾耐人寻味,可以说是一幅栩栩如生的 19 世纪下半叶法国社会风俗长卷。

2. 作品内容及情节安排

莫泊桑的《项链》是一篇揭露资本主义社会没落本质的短篇小说,曾受到鲁迅先生推崇。鲁迅说:"无论从形式、结构,以及表现手法来看,都达到了短篇小说要求具备的高度。"小说描写了一个身处社会底层的漂亮女子为了满足自己一时的虚荣心,不惜向朋友借项链,可在高兴得意之际,不小心弄丢了这串项链,为偿还项链付出了十年劳动的代价,结局更是令人心酸又耐人寻味,真是"一夜虚荣,十年辛酸"。

本文以项链为线索,围绕"借项链——丢项链——赔项链——还项链欠债——假项链"来行文,分为五个部分。

第一部分:借项链(从开头到"接着就带着这个宝物跑了")。写的是主人公玛蒂尔德为了参加一个舞会,向朋友佛来思节夫人"借项链"。

第二部分:丢项链(从"夜会的日子到了"到"她照他说的写了信")。舞会上,主人公大出风头,却乐极生悲,"丢项链"。

第三部分:赔项链(从"过了一个星期"到"也可以成全你!")。为了赔偿别人的项链,玛蒂尔德含辛茹苦,"赔项链"。

第四部分:还项链欠债,凑足了项链的价钱,却欠下了一笔需整整十年拼命劳作、省吃俭用才能偿还的债务,于是她不顾一切"还项链欠债"。

第五部分:假项链(从"一个星期天"到结束)。最后,当她松了一口气时,却得到这样一个消息,她借的项链原来是假的。

3. 主人公玛蒂尔德形象分析

主人公玛蒂尔德是一个小资产阶级妇女形象,是小职员骆塞尔的妻子,生活并不富裕,但她对资产阶级上流社会豪华、舒适的生活怀有无限向往及羡慕之情。看望一个有钱的女友回来,便感到"伤心、悔恨、失望、困苦"好几天,对丈夫和婚姻不满意。她是一个羡慕虚荣、追求奢华的平庸的妇女。为了在夜总会上出风头,满足虚荣心,她想方设法准备衣着,并向她的女友借来项链。不料乐极生悲,在归途中竟丢失了借来的项链。为了赔偿项链,她不得不下决心忍受精神上的痛苦,承受经济上的压力,"显示出一种英雄气概",去过穷人才懂得的艰苦生活。她千辛万苦地度过了十年的艰辛岁月。谁知用十年辛酸还清债务以后,才发现原来项链是假的。片刻的虚荣换来的却是十年的辛酸。这正是对骆塞尔夫人的虚荣心的一个强烈讽刺,同时又带有一丝酸楚的感叹——其中有对玛蒂尔德的同情。

玛蒂尔德曾是一个爱幻想的女人,然而,丢失项链后的玛蒂尔德能够勇敢地面对,并没有怨天尤人或推卸责任,而是恪守道义,默默地承受。抛弃了娇气和任性,远离了虚幻的遐想,成为明确生活目标而一步步攀登奋斗的女性。在这漫长的十年还债的岁月里,她获得了心灵上的平静和安宁,对自己的生活有了心安理得的新体验。十年艰辛也挖掘出了玛蒂尔德性格的真本色,磨炼了她全新的人生态度。这时的玛蒂尔德是一个由外在美到内在精神美的女性,一个由错位到复位,并最终找到自我的女性,是一个变得很美好的、很可爱的女性形象。

素质养成

夜　读

田　冲

在静静的日光灯下,读书,犹如读一张丽人的脸庞,不敢奢望什么,只想平平淡淡,在净洁的空气中,沐浴一片阳光。

夜读,没有"红袖添香"的浪漫情调,心,静如止水,灵魂在这里得到栖息、纯净和升华。

功名利禄与夜读无缘；

尔虞我诈与夜读无缘。

夜读是一种温馨的境界；

夜读是一种超然物外的消闲。

宋代大诗人陆游诗云："读书有味身忘老，无诗三日却增忧"，可见读书对于健体强身、养生延年之功效。书犹良药也。

夜读，茅塞在这里顿开，视野在这里扩大。不刻意追求，却每有所得。

此时此刻，宋代诗人尤袤关于读书的名言也不觉泛上心头："饥读之以当肉，寒读之以当裘，孤寂而读之以当友朋，幽忧而读之以当金石琴瑟也。"在这宁馨的夜里，独处斗室，非饥非寒亦非孤寂或幽忧，而个中滋味却似乎全有，始信书乃食粮友朋良药之言不谬矣。

夜读，如饮一杯清茶，人增精神，满屋溢香。

陪母亲吃饭

舒仕明

乡下的母亲赶场来我家，常被我和妻子挽留着吃饭。可是不知怎的，一向胃口较好的母亲却吃不下多少饭菜。有时反复劝她多吃点，她总是在"吃饱了"的推托中勉强再吃一点。

我很奇怪，母亲在乡下辛勤劳作，胃口好得很，干农活饿了吃三四碗饭是常事。我在乡下时常听母亲摆谈她有一次去城里某亲戚家，吃饭时见饭碗拳头那么大点，盛上的饭不及乡下大碗的三分之一，心里就担心那饭怎么吃得饱呀！母亲说咱乡下人在城里人家得讲理，别让人小瞧，要是下得起心吃的话，吃上十碗八碗也没问题。

母亲每次来，我都特意换上稍大的碗吃饭，可母亲就是吃不了多少。是饭菜不合口味，还是母亲的食量已减少到了如此程度。有一次，父亲偶然对我说："你妈每次到你那里回来都要吃很多饭。"我再三追问父亲是怎么回事，父亲才在反复叮嘱我"不要告诉你妈是我说的"后道出了实情。原来，母亲年纪大了，牙齿不如以前好，吃东西比以前慢得多；而我和妻正当年轻，三下五除二便搞定一顿饭，母亲不好意思一个人慢慢地在饭桌上吃。我恍然大悟，想起小时走人户母亲总要再三告诫我不要最后下桌，否则人家笑你憨吃傻胀。作为农民的母亲，一些纯朴的东西已经根深蒂固地存留在了骨子里。

此后母亲来吃饭时，我和妻总要放慢吃饭速度，与母亲合拍，母亲竟能吃下不少的饭菜。而今想来，我们每个人小的时候不是在母亲的呵护陪同下慢慢地一口一口地吃饭吗？我们干嘛不能在母亲年老时陪一下呢！

第三章

不同类型的电视节目主持

> **任务一**：请融采、编、播为一体，用说新闻的方式，宣传学校新近发生的
> 校貌、校风变化的大事。
> **任务二**：策划并主持一台以班级或小组为单位的小型文艺联欢会。
> **任务三**：四人一组，做一档推荐名校的对象类社教服务类节目，受众定
> 位为高考生及考生家长。本期节目的推荐内容为你所在的学
> 院，要求必须有外景主持环节，时间为 6～8 分钟。

第一节　新闻类节目主持

问题讨论

（1）感受案例一的新气象。
（2）如何朗读案例二、案例三、案例四？

案例导入

案例一

习主席新年贺词展现国际胸怀

新华社记者　孙萍

　　岁月不居，时节如流。2016 年新年钟声敲响之际，习近平主席发表贺词，晒出收获，祝福未来。不难看出，习主席上任以来发表的第三份新年贺词保持了鲜活、亲切、朴实的语言风格，外交领域着墨更多。

　　习主席在贺词中使用了"世界那么大，……"这一网络流行语："世界那么大，问题那

么多,国际社会期待听到中国声音、看到中国方案,中国不能缺席。"在纷乱扰攘、危机重重的 2015 年,中国声音和中国方案大放异彩,成为国际舞台令人瞩目的风景线。

回首 2015 年,中国倡导的亚洲基础设施投资银行和金砖国家新开发银行两大金融机构成立,体现大国智慧;设立中国—联合国和平与发展基金、南南合作援助基金、维和待命部队,体现大国担当;深度参与伊核问题谈判,推动阿富汗国内和谈,提出政治解决叙利亚问题"四步走"框架思路,彰显大国责任。

展望 2016 年,亚投行将发放第一笔贷款,"一带一路"沿线国家将在基础设施建设方面迎来新机遇;中国担任二十国集团轮值主席国,将在促进全球治理体系完善、促进世界经济增长方面贡献更多中国智慧,杭州峰会也将掀起中国主场外交新高潮;此外,中国在反恐、叙利亚危机等热点问题上将大有可为。

网络热词"朋友圈"也出现在习主席的贺词中:"中国将永远向世界敞开怀抱,也将尽己所能向面临困境的人们伸出援手,让我们的'朋友圈'越来越大。"中国致力于构建以合作共赢为核心的新型国际关系,与他国对接发展战略,共享发展机遇。

回首 2015 年,中国同 20 多个国家签署"一带一路"相关合作协议,与另外几十个国家达成对接合作共识,初步形成覆盖亚洲、非洲、欧洲、拉丁美洲的国际产能合作布局。在亚洲地区,中韩四大国家发展战略成功对接,"一带一路"与蒙古国"草原之路"找到契合点;在欧亚地区,中俄签署关于丝绸之路经济带与欧亚经济联盟对接的合作协议;在欧洲地区,中国国际产能合作同容克投资计划对接,"一带一路"对接"英格兰北部经济中心","中国制造 2025"牵手德国工业 4.0……

展望 2016 年,"一带一路"框架下的示范区、经济走廊建设将会出现更多亮点,"朋友圈"中的好友也将得到更多利好。虽然中国与周边一些国家在领土问题上有纠纷,但是只要我们以诚相待、以理服人,以"一带一路"和亚投行作为抓手,深化与东盟国家的命运共同体建设,相信会有更多国家加入我们的"朋友圈"。

2016 年,是第十三个五年规划的开局之年,也是决胜全面小康的开局之年,中国外交也将进入更为主动、更多担当的崭新阶段。寻找世界各国的利益交汇点,建设各国人民共有共享的人类命运共同体,世界将再次见证中国外交的气魄和胸怀。

案例二

中国海军成立 67 周年　三大舰队举办舰艇开放日"庆生"

中新社北京 2016 年 4 月 23 日电　2016 年 4 月 23 日,中国人民解放军海军迎来了成立 67 周年的纪念日,三大舰队通过举办舰艇开放日的形式为海军"庆生"。

根据海军统一部署,北海舰队在青岛、旅顺两地,各组织 1 艘舰艇举行开放日活动。当日,位于青岛某军港码头,挂满旗的导弹驱逐舰哈尔滨舰向当地市民开放。与此同时,在旅顺某军港码头,导弹护卫舰葫芦岛舰也悬挂着象征节日最高礼仪的满旗对外开放。参加此次活动的两艘舰艇,均执行过重大任务,都有辉煌的成绩。

东海舰队 3 艘舰艇分别在上海、舟山、厦门三地举行舰艇开放日活动,参加活动的扬州舰、泉州舰、太行山舰都是部队新型装备,不仅体现出中国海军舰艇的现代化水平,也体现了部队的战备状态和作战能力。据东海舰队政治工作部领导介绍,本次舰艇开放日旨在使民众进一步了解中国国防和军队现代化建设成果,展示中国海军维护国家利益和人民群众生命财产安全的能力决心,引导社会各界关注海洋、维护海权、建设海军,凝聚建设海洋强国、建设强大海军的意志力量。

南海舰队则在湛江某军港码头,与湛江市联手打造"深蓝强军课堂",安排舰队军史馆和井冈山舰向公众开放。除了舰艇参观、现场交流等环节外,井冈山舰还安排官兵现场指导参观人群操作方位仪、望远镜等装备,在通道电视中循环播放执行演训、护航、搜救等任务的精彩镜头,让公众实际感受舰艇生活,进一步了解海军、关注海防。

井冈山舰政委孙瑞强说:"我们将牢记关怀,不辱使命,在监管海洋、维护海权、建设海军的过程中,践行'听党指挥忠于党、能打胜仗打硬仗、作风优良为人民、爱舰爱岛爱海洋'的人民海军精神,为党和人民再立新功。"

(资料来源:中国新闻网,2016-04-24.)

理论研讨

一、新闻类节目概念及分类

1. 概念

广播电视新闻是通过某些特定的电子技术(如无线电波或线缆系统)公开传播的正在变动或新近变动的事实的信息。广播新闻是以现代电子技术为传播手段,以声音为传播符号,对新近或正在发生、发现的事实的报道。电视新闻是运用画面与声音符号体系以及电视媒介的综合优势手段传播的新闻,是电视屏幕上各类新闻体裁、各种新闻性节目的总称。由于电视节目主持综合性很强,本教程主要研究的是电视节目主持,所以我们主要学习电视新闻节目的主持与播音。

2. 分类

广播电视新闻一般分为三类。

(1) 我们最常见的消息类新闻节目,最典型的是电视节目中的新闻联播。消息类节目最大的特点是可以迅速、简要地报道国内外新闻,刊发篇幅和播报时间都很短,观众可以在很短的时间里接受大量的信息。

消息是一种迅速及时、简明扼要传播新近事实的新闻体裁。消息类电视新闻节目则是利用声画合一的电视传播手段,对国内外新近或正在发生、发现的新闻事件进行快速、广泛、简要、客观报道的一种新闻节目形态。这类电视新闻的特点如下所述。

短——短小精悍是电视消息的一个显著特征,是电视新闻报道的"轻骑兵"。中国新闻奖评选标准中对电视消息的规定为"时长4分钟内的新闻报道"。

快——电视消息无论是同步直播,还是第一时效传播,都强调在"第一时间"传播。

例如,2011年2月22日新西兰发生强烈地震,一名幸存者拍摄的现场视频公布,记录了当时市中心惊心动魄的场面。2月25日CCTV新闻频道播出以上视频内容。

以上的一条地震新闻虽然不是地震之后就立刻播放,但是对于幸存者拍摄的地震真实现场画面来说,CCTV已经抢首发,抢占了新闻制高点。所以,新闻要做到"快"。

这条新闻时长1分50秒,主题集中,大部分画面是地震时候的情况,部分画面是救援工作的情况。CCTV选取巧妙的角度,播放出当时的现场,在最短的时间内吸引受众。同时,语言十分简洁,开门见山,直接公布死亡人数、伤亡人数、救援队等情况。所以,新闻要做到"短"。

此外,新闻还必须做到"活"。以上新闻采用导语加图像新闻的形式播放,报道结构紧凑完整,画面带给观众震撼的视觉冲击力。幸存者拍摄的视频画面具有强烈的现场感,画面与同期声使观众看后如身临其境。真实的画面,真实的同期声,大大增强了新闻的生动性和真实感。

(2)专题类节目,是指就人们关注的热点问题或某一新闻题材所做的深度报道。和消息比,强调详尽,且有深度,是对新近发生的重大事件的充分报道。在时效上,它和消息最为接近,是报道刚刚发生或正在发生的事;在内容上,它是消息类新闻简要报道的延伸、扩充,是较为详尽、全面的报道。

这类专题节目在动态新闻的基础上又做深入、详尽地报道,因此占用的板块大或时间长。最常见的是央视一套《看见》《焦点访谈》和新闻频道的《新闻周刊》《新闻调查》。

(3)新闻评论节目,是就新闻事实发表议论、见解的节目类型。它的主要任务不仅仅是报道某事实,而是通过对具体事实的分析提示,阐明对事实的见解、态度,借以影响、引导社会舆论。评论类电视新闻节目是电视作为新闻媒介的旗帜和灵魂,它代表了电视台的政治思想水平,代表节目是央视《观察与思考》《央视论坛》《新闻会客厅》《新闻1+1》。

二、如何加强对新闻类节目稿件的理解

当我们理解一篇新闻稿件的时候,应该按照以下思路去详细、具体地把握稿件的内容。

(1)把握新闻稿件的结构。一般来讲,新闻稿件由导语、主体、结尾三部分构成。有的新闻稿件还增加了背景的部分。导语就是用最简短的语言概括播报的新闻,播报时要提起精气神,引起受众对新闻事实的兴趣、关注,吸引受众注意力。主体是指具体的新闻事实的材料,播报时要语气沉稳,详细地将导语中提及的问题叙述清楚。结尾是对新闻事实的概括总结,引向深化,播报时要引人入胜,令人深思。

(2)联系背景,明确针对性,强化引导作用。背景是对新闻事实发生的历史、环境等背景材料进行介绍,使受众清楚地了解新闻事实及其价值。背景包括事件发生背景以及播出背景。了解背景,有助于我们明确新闻导向,避免将新闻播报得平淡无奇,体现不出新闻的深层内涵和舆论导向作用。

(3)抓住新鲜点,激发播讲愿望。新闻类节目稿件是通过新鲜点来吸引受众的,是新闻稿件的灵魂。把握新鲜点,有助于我们逐渐强化播讲愿望,使我们的有声语言表达更具活力,顺畅自如。

三、新闻类节目稿件播读

这里说的新闻类节目稿件,涵盖了新闻消息、新闻专题、新闻评论以及新闻故事。随着人们对于新闻审美要求的提高,对于新闻类节目稿件,要做到以下两个层次的要求。

第一个层次：

（1）准确无误——时间、地点、人物、事件、原因、结果都不许出现事实上的差错，尤其注意播报时的口误，更要注意不要播错字，做到准确无误。

（2）层次清楚——一般消息都由导语、主体、结尾构成，其他新闻体裁也是由开头、主体、结尾组成。层次之间要清晰，留出停顿的时间，以避免播成一片，重点不突出。

（3）节奏明快——新闻要求的是快、新、短。节奏上拖拖拉拉，语句松散，不符合新闻明快的节奏。要做到紧凑、有节奏感和流畅美。

（4）朴实大气——新闻没有任何夸张、渲染，应正确传达，直接面陈，所以播报时应该体现的是一种内心的真实流露。

第二个层次：

新闻播报不是念稿子，字里行间渗透着播者对新闻的理解。播报就是把这种理解、感受真切地传达给受众。因此，要进行新闻播报的再创作。

（1）播稿过程也是传达过程，把一件刚刚发生的事播报出去，播音者要有新鲜感，播报时要有精气神，还要使这份精气神分寸得当。明快晓畅的语流，加上热情洋溢的状态，让受众感受到新闻状态。

（2）在播稿过程中，节奏要明快，以避免散乱。最容易出现的问题就是"一个劲儿"，不紧不慢，无理解，不经心，缺少变化。所以，在句与句衔接清楚的基础上，要快慢得当、轻重恰当，不涩不黏、不浓不淡，语势平稳，把握好逻辑重音。

（3）切忌"说新闻"，使它变得拉杂、拖沓，不像新闻的样子。新闻播报的榜样就是中央电视台的《新闻联播》，以及各级电视台的新闻播报节目。

四、新闻类王牌节目枚举

1.《焦点访谈》

《焦点访谈》用事实说话。《焦点访谈》是中央电视台新闻评论部 1994 年 4 月 1 日开办的一个以深度报道为主的电视新闻评论性栏目，每期 13 分钟，每天 19 点 38 分在中央电视台第一套节目播出。《焦点访谈》已经成为中国观众家喻户晓的一个电视栏目，也是中央电视台收视率最高的栏目之一。

2.《新闻调查》

《新闻调查》是中央电视台唯一一档深度新闻评论类节目，时长 45 分钟，每周一期，在百姓和高端都有着广泛的影响。在中国社会发生重大变革的时候，《新闻调查》注重研究新问题，探索新表达，以记者调查采访的形式，探寻事实真相，追求理性、平衡和深入，为促进和推动社会和谐进步发挥作用。《新闻调查》栏目的播出时间为新闻频道每周六 21：30。

3.《国际时讯》

《国际时讯》是一档综合性分类新闻，立足于迅速、全面地对外部世界进行全景式报道。它在保持中央电视台时事报道权威性的基础上，重点加强了对世界科技、文化、环境等方面的报道；突出知识性、趣味性、可视性；展示世界多元文化，凸显人文色彩。根据观众收视习惯，《国际时讯》目前分为四大板块：时政、发现、文化、地球。各板块之间以小片头衔接。《国际时讯》栏目的播出时间为新闻频道每晚 20：00。

4.《朝闻天下》

《朝闻天下》每天 150 分钟资讯,是央视新闻栏目,是央视最大的新闻平台。《朝闻天下》强化了对社会民生新闻、天气出行资讯、文化体育资讯、时尚生活资讯等可视性强的题材,在表现方式上强化电视特性,突出视听感受。《朝闻天下》播出时间 CCTV-1 每天 7：00。

5.《第一时间》

(1)第一时间·新闻

理念:以轻松的方式传播严肃的资讯,形成资讯扑面的感觉。

内容:以凌晨以后发生的最新的国内、国际新闻为主,偏重经济视角。

特点:节目开篇有记者早间出镜;整个节目突出人物,突出故事性、戏剧性,突出评论员。

(2)第一时间·读报

理念:相同的新闻,不同的说法,以适于电视表达的方式重新梳理平面媒体。

内容:头条(多家媒体关注的重点)、城市话题、不同意见、轻松阅读等。

特点:评说感,话题感,多元意见。

(3)第一时间·预报

理念:提示即将发生的今日新闻,引导观众的兴奋点。

内容:当日新闻预报(事件与悬念)、当日一条重点新闻预测、当日投资备忘。

特点:引导性、服务性。

(4)第一时间·时尚

理念:引领时尚,生活就在不远的前方。

内容:时尚的文化、科技、生活方式;科技产品、电影、CD、书籍、国内外不同的人们的不同生活。

特点:严肃的、有品位的内容,娱乐化的方式。

《第一时间》CCTV-2 每天 8：00,资讯唤醒每一天。

6.《全球资讯榜》

《全球资讯榜》在正午时段为观众提供以国际为主、国内外融通的全球经济资讯,汇聚国内外权威新闻网站的排行和全球媒体的热点聚焦。以此为参考,以分类新闻排行榜的发布方式,在浩如烟海的资讯海洋中精选观众最需要知道的新闻。观众还能看到颇具视觉冲击力的新闻图片,知悉沪深股市涨跌幅前五位的"股市红绿榜",在轻松之中得到令人耳目一新的全球资讯。CCTV-2《全球资讯榜》11：50,一榜知天下。

7.《海峡两岸》

海峡两岸是中央电视台唯一的涉台时事新闻评论栏目,节目宗旨是"跟踪海峡热点,反映两岸民意"。节目分为两个板块:第一个是"热点扫描",主要报道当日和近期台湾岛内的热点新闻;第二个是"热点透视",主要内容是当日或近期涉台热点深度报道及两岸专家对此事的评论,并对两岸各个层面的交流、交往进行跟踪报道。CCTV-4 每天 07：30《海峡两岸》,跟踪海峡热点。

8.《中国法治报道》

《中国法治报道》是"社会与法"频道唯一一档法治新闻栏目,力争成为中国法治信息传播的集散地和中国法治进程的风向标。栏目以"法律保护你"为主旨,彰显法治精神、权利意识,推崇专业品质、大众表达,追求既要好看、又要有用。作为一档法治题材、法治视角的新闻栏目,《中国法治报道》聚合"法"与"新闻"两种专业眼光、两重关注度,是体现频道快速反应能力的先锋,与频道众多专题类节目形成互补,并致力于打造电视新闻界的品牌栏目。CCTV-12 每天 19:30《中国法治报道》,法律保护你。

9.《直播港澳台》

《直播港澳台》栏目在内容上以中国香港为主,兼顾澳门、台湾。从宣传的功能来说,内外宣兼顾,在深圳卫视落地的三百多个内地城市观众面前,打开一扇窗口,宣传、推介港、澳,服务港、澳,在中国香港、澳门、台湾和内地之间架起沟通联系的桥梁;同时,向港、澳、台的观众宣传"一国两制"在香港、澳门的成功实践,特别是在有重大事件发生的时候,能充分表达主流的声音。节目新闻性和服务性并重,在目前全国的卫星电视中,是一档独具特色的新闻资讯节目,也是深圳经济特区发挥"保持香港繁荣稳定的促进作用"在宣传文化领域的体现。《直播港澳台》是深圳卫视制作的一档大容量、快节奏的有关香港、澳门、台湾的新闻资讯节目,在深圳卫视每晚黄金时间 21:45~22:00 播出,节目长度目前为 15 分钟。

10.《环球新闻站》

作为新生代的国际新闻栏目,《环球新闻站》可谓占尽"天时,地利,人和"的优势,拥有众多不容错过的看点。近几年来,国际报道日益成为大众传媒竞争中争夺受众的最有效手段之一。随着世界一体化的发展,观众对国际资讯的需求不断发生变化。主流的国际新闻收视群体普遍以信息量大、贴近度高、内容多样、观点突出、可视性强作为频道选择的根本标准。与此相适应,《环球新闻站》将调动更多的新闻资源,不再把目光局限于路透、美联等国外通讯社,一方面争取独家的国际视频信息源;另一方面,从包括网络在内的其他媒体信息中"沙里淘金",挖出国际新闻中的新鲜好料。不久,东方卫视派驻海外的记者队伍也将成为《环球新闻站》及时获取个性化新闻信息的有效管道。

11.《新闻连连看》

四川电视台卫视频道于 2005 年 11 月 18 日正式改版,一档全新的新闻节目《新闻连连看》也于这天开播。《新闻连连看》是四川卫视倾力打造的,与卫视"故事频道"的全新定位相吻合的一档"讲故事"的新闻栏目。四川卫视《新闻连连看》节目播出时间为每日 18:30。《新闻连连看》的风格定位为"新闻人物化,人物故事化",特点是:资讯与故事并重。节目以展现四川人民奋斗进取、自强不息的精神和品质的新闻人物和新闻事件为主要内容,从有别于时政类新闻的角度和层面来宣传四川;节目追求在提供新闻资讯的基础上,让受众看到更多的新闻细节,了解更多的相关背景,用更多的矛盾冲突、真情流露让新闻立体而生动,感染观众。《新闻连连看》标志性的语言是:"说新闻讲故事,新闻连连看"!

12.《东方时空》

作为中国最早的一档电视新闻杂志性节目,1993 年,《东方时空》在早间时段开播,改变了中国人早上不看电视的习惯。更为重要的是,当年《东方时空》的推出,以其对传统电视语态的改变,成为中国电视新闻改革的标志性事件。开播这些年来,《东方时空》制作和播出了大量优秀的电视节目,在广大观众中产生了十分广泛的影响,成为中央电视台享有盛誉的名牌电视栏目。与此同时,近年来,社会环境不断变化,观众收视取向日益多元,媒体竞争不断加剧,尤其是网络等新媒体兴起,都给《东方时空》提出了新的挑战。因此,如何保持《东方时空》的前卫和新锐,如何使老栏目保持年轻和活力,一直是《东方时空》必须面对的问题。2000年和2003年,《东方时空》先后进行过两次大规模改版。通过这两次改版,既使《东方时空》获得了新的生命力,也为中央电视台的电视新闻改革,尤其是新闻频道的开播积累了宝贵的经验。不断创新,也成为《东方时空》多年来在激烈的媒体竞争中得以生存和发展的法宝。改版后的《东方时空》时长由原来的45分钟缩短为30分钟,首播由央视一套下午时段移入新闻频道晚间黄金时段。改版后的《东方时空》在节目构架上取消了原有的《东方之子》《百姓故事》《时空连线》三个子栏目,使之成为一个相对通透和完整的板块。解决了原先三个板块风格不统一,在定位和受众群体上兼容性较差的问题,更加突出了《东方时空》的新闻专题特质。作为国家电视台的主流新闻专题节目,改版后的《东方时空》进一步明确了深度报道的定位,致力于打造央视新闻频道晚间时段的封面文章。在选题上更加追求新闻的高度与硬度,在关注热点社会新闻的同时,充分发挥国家电视台的资源优势,积极关注国家政治、经济领域的重大新闻。在报道手段上,新《东方时空》将围绕当天或近期的新闻热点进行全景式、多维度的报道。同时,充分运用多样化的电视技术和包装手段,使节目在传播方式和手段上更显现代感和时尚感。改版之后的《东方时空》将根据各方的反馈,对节目的样态和定位进行相应调整,在节目播出的同时实施动态改版。CCTV-新闻周一至周五21:30东方时空:新闻热点全景式报道。

技能训练

一、《悉尼全城"熄灯"一小时》的分析及播读提示

悉尼全城"熄灯"一小时
——为减少温室气体排放

澳大利亚悉尼市数万户商家和居民3月31日晚7时30分(北京时间17时30分)开始集体断电一小时,以引起人们对温室气体排放导致全球变暖的关注。天黑之后,悉尼歌剧院等标志性建筑纷纷熄灯。

这一活动名为"地球时间",由世界自然保护基金和澳大利亚最大报纸之一的《悉尼先驱晨报》联合发起。大约2000家企业和53万户居民报名参加了"地球时间"活动,自觉断电一小时。除标志性建筑外,悉尼城区许多高楼也纷纷熄灯,整个城市变黑了不少。不过路灯和紧急照明装置仍没有熄灭,港口的照明也一切如常。"熄灯"对悉尼人的生活并无太大影响。

除此之外,还有人利用全城不少地方熄灯的便利观看星空。几百个市民提前预约,在熄灯期间前往悉尼天文台,利用这一小时更好地观看星空。天文台负责人说,很多市民都

为有在黑暗中观察地平线的机会感到激动。

　　分析及播读提示：这条消息的标题是《悉尼全城熄灯一小时》，副题是《为减少温室气体排放》。看过这条消息后，要确定重点在什么地方。在标题中我们了解了消息的新鲜点所在，这就是受众所关注的新闻事实的要点。

　　再看消息的层次。三个段落自然成为三个层次，三个层次为我们播读时脉络的清晰提供了基础，三个层次之间要做短暂的停顿处理，切忌一气呵成。连成一片的结果会使受众听得茫然。

　　第一个层次是消息的导语，播得要醒目。什么时间，什么地点，什么人，什么事，什么原因，原文交代得很清楚。一般来说，消息要素中发生了什么事是重点。其他的新闻要素并不是不重要，同样要求依次交代清楚。这条消息导语交代事件的先后顺序应该是这样的：①集体断电一小时；②澳大利亚悉尼市数万户商家和居民；③以引起人们对温室气体排放导致全球变暖的关注；④3月31日晚7时30分；⑤天黑之后，悉尼歌剧院等标志性建筑等纷纷熄灯。可以用声音的高低、吐字力度的强弱来区分。

　　第二层次把新闻事实稍加梳理后，弱强调"熄灯对悉尼人的生活并无太大影响"。

　　第三个层次是新闻的结尾段，也是对新闻事实的补充，播清楚即可，声音运用可在中声区稍下部分，稍偏低些。

　　（资料来源：中国播音主持网，http://www.by2c.com.）

二、《伦敦马拉松赛　江苏周春秀夺冠》的分析及播读提示

伦敦马拉松赛　江苏周春秀夺冠

吕　远

　　昨天，在伦敦马拉松赛中，中国选手周春秀以2小时20分38秒的优异成绩夺得女子组冠军。这一成绩排名今年世界第一，同时这也是中国选手首次在伦敦马拉松赛中折桂。

　　伦敦马拉松赛是世界最著名的马拉松赛之一，它与芝加哥、纽约、波士顿并称为世界四大马拉松赛。尽管是首次亮相伦敦马拉松赛，但是周春秀从比赛的一开始就显示出了良好的竞技状态。在比赛还剩3公里的时候，周春秀显示出了良好的冲刺能力，从大部队中脱颖而出，并将领先的优势保持到了最后。最终以2小时20分38秒、领先第二名选手1分多钟的成绩冲过终点。女子组的亚军被埃塞俄比亚名将、去年柏林马拉松赛冠军瓦米夺得，她的成绩是2小时21分45秒。

　　现年29岁的周春秀来自江苏，在去年的首尔马拉松赛上，周春秀以2小时19分51秒的成绩获得了冠军，而且创造了当年第二个世界最好成绩，成为田径历史上第七个突破2小时20分大关的女运动员。另外，周春秀还创造了一年内四次跑出2小时30分以内的纪录。在去年的多哈亚运会上，周春秀获得了冠军，而这次伦敦马拉松赛事成功折桂，再次证明了周春秀具备强大的实力，有望在奥运会上成为中国田径队的又一个夺金点。

　　男子组冠军最终被肯尼亚的名将利尔获得，他最终的成绩是2小时7分41秒。

　　（资料来源：吕远.伦敦马拉松赛　江苏周春秀夺冠[N].现代快报，2007-04-23(23).）

　　分析及播读提示：这是一条体育新闻，是振奋人心的消息。播音的整体把握应该是热情的、激励的基调。节奏上要明快，体现出一种积极向上的精神。

全文分四个自然段。第一自然段是导语，它是受众的听觉器官、视觉器官首先感悟到的，因此是播音着意处理的重点段，要先声夺人。"中国选手周春秀""伦敦马拉松赛中""夺得女子组冠军""首次在伦敦马拉松赛中折桂"等句，播音时，在有声语言运用中依次成为表达的重点语句，其中"周春秀""马拉松""冠军"自然是重音了。另外一个时间"2小时20分38秒"，一般的受众不太关心它，反正是冠军就成了。这个数字只有体育爱好者及专业工作者才关注，播读清楚便达到了目的。

第二段是周春秀夺冠的经过，文字很简洁，播音要锦上添花。它由五句话组成，播音时脑子里要有数，这样才能形成链条。第一句话是该项赛事的规模背景，"四大"这个词要加以显现。二是技术的发挥程度，在这里注意它的转折，形容词"良好的竞技状态"要使用赞扬的语气。第三句的"冲刺能力"及"脱颖而出"在播读时要有动态的感受能力，句子才会简洁、生动。第四句是她的成绩，做过渡句处理即可。第五句是谈其他名次，削弱处理至完。

消息的第三段是周春秀的运动背景介绍及其运动前景的展望，播音选择的重点应该是落在运动前景的预测上。第四段简单介绍了男子组的情况，声音渐收，弱化至尾。

（资料来源：新浪博客，http://blog.sina.com.cn/s/blog-63eba63f0102k2h.html.）

素质养成

白岩松：优秀的主持人必须是一个知识分子

一位优秀的电视新闻节目主持人，必须是一个知识分子。知识分子不是一个行业，而是一种与社会发生关系的方式。知识分子天生就应该是从'小我'中能有所跳离、去关注一个时代、忧心忡忡地看到很多问题并希望它改变、社会也因此变得更好的一群动物。

观点已经成为新闻了

过去，评论是纯粹的依附，要依附于新闻的后面。现在你会发现，有的评论甚至要独立生长。有的时候，这个新闻本身没那么大影响力，但是，对这个新闻的评论却成为第二天的头条。"至于自己的制胜绝招，白岩松"揭秘"道："细节处才有真正的事实。我不认为我是不聪明的，但是我不认为聪明是至关重要的。关键是聪明人做笨的活儿，最后你才会有智慧。

要打造一档深度人物节目

说到自己二十多年来的新闻理念，白岩松只用了简简单单的一句话来描述——"我就是要做一个长跑的人""现在稍微可以稳定心神地说，二十年了，我一直在第一方阵里头。因为我还在长跑的过程中，最后的冠军不重要，在这个过程中，一直在做，而且你不断地开疆拓土，我觉得我可能跟好多人最大的区别就在这儿。我是一个喜欢不断开疆拓土的人。人到中年的时候，不往上，就容易往下了，所以还是要有重新出发的心态"。

在白岩松的"野心"里，赫然有一个"以央视新闻频道对手的方式做出一个新的频道"："不是为了跟它成为对手，而是为了打破垄断，形成竞争，多元化，让新闻有不同的色彩。"他还计划打造一档深度人物节目，"我觉得不关注心灵，不关注内心世界，不关注精神，就不是真正的好内容"。

白岩松说："现在我们很多的人物访谈节目把人按在那儿就聊，如果是我做这个节目的话，对一个人的采访，先以纪录片的方式拍一个月，再坐下来访谈。"在他的设想里，这档节目可以是诸如"寻找一百个当下的中国人"的感觉。

有人天天谈方向却没有方法

目前,媒体正面临各种压力和挑战,白岩松认为,资讯过剩量时代过去了,要做质时代。但是最让他担心的是,传媒在生存的压力之下投入做更有深度、更有质感的报道越来越少,"当你不能提供最有价值的、有厚度的内容,在全民皆记者的时代,你跟所有拥有手机的人有什么区别?"

他对传统媒体向互联网转型持怀疑态度,他觉得首先纸媒要做好纸媒核心的东西,"今年我去德国的时候,一个最大传媒的老总就讲,他每天早上依然看报纸,我问他为什么,他说不是看资讯,而是看经过了一夜新闻的发酵,到报纸上会有什么不一样。"

有质感的报道需要人力的投入,尤其是思想的、思维的投入,"我看有一些媒体死是必然的。因为思维都简单化了,不死干嘛?大家忽略了一点,新媒体死的更多,大家说上海的《新闻晚报》关了,怎么没去算算互联网死了多少?只要有竞争力,不管是什么媒体都会活得很好。"

对于传统媒体人,白岩松说,还是要踏踏实实地做好自己的事情,"当下大家都天天在谈方向,却没有方法,这是非常大的问题,而且还有相当多的人把自己方法和能力的不足,归咎于方向。方向是陷阱,方法才是钥匙,要有好的方法就可以确立方向,当你有方法的时候离方向很近,当你没有方法的时候离方向很远。"

如何做一个既得利益者很重要

白岩松说:"全世界大部分国家新闻从业者的收入水准都排中下,但新闻人其实有三份工资:第一是物质的;第二份是情感工资,有一都志同道合的朋友一起做这个事情,前仆后继;第三种是一种信仰,相信新闻会让这个世界变得更好一点,而且不会让人生枯燥。经常有人说新闻记者是无冕之王,我从来反感这句话,拿自己当无冕之王试试,打你个乌眼青。"

作为一个评论员,白岩松认为要"有所为有所不为""我不是每天做评论的,《新闻1+1》5天的节目,我做3天,另外两天不仅是一个节目排班的问题,还有一些东西要交给别人谈。有两样东西我几乎从来不谈:一个是法律的问题,需要更多的专业人士解读;另外是科技、科学技术、经济领域,专业的经济我谈得很少,你不懂的地方要请真正的专家"。

他坦言自己也是既得利益者,但是如何做一个既得利益者很重要,"看你们这些年轻的脸的时候,不管有多少呐喊,有相当比例的是由你们上面的既得利益者决定的,如果这些既得利益者好一点你们就可以幸福得多,我能从20多岁走到今天,就是我那个时代顶上的既得利益者。具有开疆拓土的理想主义色彩,我是被扶持着一路走过来的,我与其对他们说感谢,不如以加倍的方式面对今天的年轻人,我希望今天的既得利益者回忆自己年轻的同时,为今天的年轻人多做一些事。"

(资料来源:罗皓菱.白岩松:优秀的主持人必须是一个知识分子[N].北京青年报,2013-12-29.)

央视主播李瑞英成名经历:无心插柳碰张颂

央视新闻主播李瑞英为亿万观众熟悉,在2008年的一次采访中,李瑞英讲述自己如何走上了播音主持这条路,也道出与张颂的"不解之缘"。

入道:无心插柳碰张颂

演讲的题目与李瑞英的职业密切相关,名字叫《播音人生》。而在讲《播音人生》话题之前,李瑞英向现场的学生和媒体记者爆了猛料:小的时候自己最大的理想是当一名售货员,"因为特别羡慕售货员数钱的感觉,原因在于我自己的数学学得好。"

人有时候确实感慨命运的选择。在李瑞英高中毕业考大学的前夕,依然没有任何报考播音员的想法,和播音结缘是在高中的另一名同学的撺掇下,赶往当年的北京广播学院陪着报名,从此改变了李瑞英的人生。

在北京广播学院的传达室,李瑞英在报名的间隙碰到了一位白发苍苍的老人。天性爱玩闹的李瑞英看到很多学生报名,自己不知哪里来的勇气,竟主动请缨给老人读报纸。老人问其缘由,李瑞英说,您老耳濡目染应该有一定的识别能力。她现场读报,读完后忙向这位老人讨教,老人的回答让她充满自信,"考北广八九不离十"。

一段时间后,李瑞英几乎是一路过关斩将,顺利进入北广的各个考场,而让她惊讶的是这个当初给她指正读报感觉的老人一直在场,后来经过打听,方知此人是北京广播学院播音系著名教授张颂。

修道:萌生过放弃播音的想法

李瑞英考入北京广播学院后,在授业恩师张颂的带领下,开始了真正意义上的学习。滑稽的趣事或许在于,李瑞英必须从头开始学习汉语拼音。一些声母、韵母每天都要反复地练习。记忆中,李瑞英在北京广播学院的小树林里每天早晨六点半练声,北京广播学院的许多老师还要求他们这些学子每天必须读《人民日报》。从头版读到最后一版大概需要一个多小时。

这样的艰苦训练,按理说李瑞英应该是进步很快了,但事实上并非如此。一段时间后,李瑞英竟然找不到当初刚进北京广播学院的自信了。情急之下,李瑞英想过转到新闻系或者其他任何系。至于转系的原因,李瑞英说是自己没有当上三好学生。

然而,这样的想法在碰到恩师张颂之后忽然打消了。张颂郑重地对李瑞英说,来北京广播学院学习,所有的学习都是打基础,打基础是给自己打的。此后的李瑞英不再有转系的任何杂念,四年里,李瑞英起早贪黑学习了大量的播音知识,在演讲中,李瑞英谦虚地认为自己只是学会了最简单的吐字发声。在大学里,李瑞英认为自己所学的一切可以用"恶补"来概括。"大学里学的知识仍然是基础知识,需要不断地充电。"

得道:积累对一个人的成长非常重要

毕业后,李瑞英并没有留在北京工作,而是被分到了江苏电视台。在江苏电视台的日子里,李瑞英得到了全方位的锻炼。在那里,李瑞英干过主持人、记者,而在所有的历练中,李瑞英认为自己最适合从事的工作仍然是新闻主播。"我只适合从事新闻主播。"这是李瑞英对自己的定位。

之后,李瑞英步入中央电视台继续历练。作为央视的主播,李瑞英的压力异常巨大,无论在家里还是在台里甚至在出差,李瑞英总是要翻看《新华字典》《汉语成语词典》。到现在她已经能够认识《新华字典》的所有字,并能说清楚每个字的意思。这一点,李瑞英说她的榜样是中国著名播音大师夏青。她说,夏青几乎能把《新华字典》背下来。

除了熟读《新华字典》,李瑞英还有一个特殊的爱好,无论在什么地方总是拿一个笔记本,见到好的语言总会随手记下来,有时候和朋友谈话中忽然迸发的灵感,李瑞英也会详细地记录。在她看来,要想在央视《新闻联播》中不出任何差错,必须养成随时随地学习的习惯。李瑞英坦言,一个播音员必须在政治方面、文化方面、专业技巧方面、心理素质方面不断磨炼自己，只有在上述四个方面经过多年的积累，才有可能成为一名优秀的播音员。

悟道：从事播音工作一定要有感而发

"语言不是孤立的。有的人嗓子好，但在其他方面没有积累，事实上是无法胜任播音工作的。"李瑞英自我爆料说，自己在上大学的时候声音条件并不是很好，班里有一名同学的声音条件非常好，老师们要求的发声训练，这名学生往往是一次就过。可是，这名同学最后没法胜任播音工作。反观自己条件并不是最好，但因有多方面的积累却能胜任播音工作。其中最大的秘诀，李瑞英概括说，自己在播音时说的每一句话都是有感而发。

（资料来源：新华网，http://news.xinhuanet.com/newmedia/2008-09/23/cntent-10096453-1.htm.）

CCTV《新闻联播》与时俱进　悄然改变

世界在变，万物在变，人们在变。对央视来说，变化最"多"的莫过于《新闻联播》。细心的观众不难发现，《新闻联播》从以前刻板正规的模式转变为接地气了，百姓化了，生活化……

时政、百姓、国际"三足鼎立"，但"格局有变"。虽然《新闻联播》中国内社会新闻占据了大部分时段，但它正在发生悄然的变化，努力地接着地气。内容更亲民了，舆论监督更给力了，新闻表现形式更多样化了，姿态更开放和包容了。关注草根民生，走进百姓生活也成为《新闻联播》的头条新闻。

社会负面新闻只要是以百姓生活为中心的，都可以走进《新闻联播》，灰霾、拆迁等敏感话题，副食、菜价上涨等民生话题，百姓意见、刺耳的声音，一针见血的针砭时弊，让《新闻联播》更加亲民，更加受看。

官话套话逐渐减少。此前，有网友对《新闻联播》灾难报道模式进行了概括总结（网络一度疯传，尤其微博）："事故发生后，××高度重视，××当即做出批示，要求不惜代价搜救伤亡人员，查明事故原因，积极做好善后工作，并注意搜救人员安全。"1月11日，云南镇雄山体滑坡。《新闻联播》当天报道了国家领导人对抢险救援做出重要指示。第二天，又用一条1分26秒的新闻报道该事件。第一句话就点明已确认的遇难人数：46人，27名男性、19名女性，其中包括19名儿童。没有再出现"国家领导人指示"，只提到"国务院工作组抵达现场，查看受灾和救援情况"。

网络热词走进《新闻联播》，结尾处推广官方微博，特约评论员直播连线。

《新闻联播》主持人拱手作揖向全国观众拜年，不但令观众惊异，也收获了不少好评。

但为什么"一个左手抱右手，一个右手抱左手"？原来拱手礼有两种：一个为吉礼，一个为凶礼。左手在上为吉礼，右手在上为凶礼（以男子为例，女子相反），长见识了，拱手礼很考究，千万别比画错哦。对央视的这一举动，多数网友先是"卧槽"，然后又开始"吐槽"，并连称长见识了！长见识了！

（资料来源：中原网，http://zx.zynews.com/jrrd/3881.html.）

《新闻联播》主持人拱手作揖

第二节　综艺娱乐类节目主持

问题讨论

读《2015 年度感动中国十大人物事迹》后，谈一谈你最感动的人物。

案例导入

2015 年度感动中国十大人物事迹及颁奖词

吴锦泉　高节卓不群

【颁奖词】　窄条凳，自行车，弓腰扛背，沐雨栉风。身边的人们追逐很多，可你的目标只有一个。刀剪越磨越亮，照见皱纹，照见你的梦。吆喝渐行渐远，一摞一摞硬币，带着汗水，沉甸甸称量出高尚。

【人物事迹】　2010 年 8 月 9 日，吴锦泉收听广播时得知甘肃舟曲发生特大泥石流灾害,于是将磨刀挣来的硬币凑上 1000 元钱送给红十字会捐给灾区。2013 年 4 月 20 日,四川雅安发生 7.0 级地震,吴锦泉得知此消息后,将两年来走街串巷替人磨刀挣下的 1966.2 元辛苦钱,通过红十字会捐给灾区。

自 2008 年汶川地震之后,他累计捐款 37000 多元钱。

吴锦泉,江苏省南通市港闸区五星村一名普通村民,如今年过八旬,仅靠磨刀为生,生活并不富裕,老两口还住在三间破旧的瓦房里,但他关心社会,为村里修桥补路,去福利院看望孤儿,将自己的辛苦钱毫无保留地捐献出来。

张宝艳　秦艳友　阳春布德泽

【颁奖词】 寻寻觅觅,凄凄惨惨戚戚。宝贝回家,路有多长?茫茫暗夜,你们用父母之爱,把灯火点亮。三千个日夜奔忙,一千个家庭团聚。你们连缀起星星点点的爱,织起一张网。网住希望,网住善良。

【人物事迹】 1992 年,儿子的一次意外走失,让张宝艳、秦艳友夫妇体会到了走失孩子后的焦急。此后,他们开始关注寻亲信息,并尝试为丢失孩子的父母提供帮助。2007 年,夫妇二人建起"宝贝回家寻子网",帮助家长们寻找孩子。为了运营好网站,张宝艳辞去工作,成为一名全职志愿者。2009 年,张宝艳提出的"关于建立打击拐卖儿童 DNA 数据库的建议"得到公安部采纳,DNA数据库为侦破案件,帮被拐儿童准确找到亲人,提供了有力的技术支持。

网站成立8年来,"宝贝回家寻子网"不断壮大,志愿者发展到15万多人,遍布全国各地,成为照亮宝贝回家路的一支中坚力量。目前,"宝贝回家寻子网"是唯一与公安部打拐办合作的全国性寻子网站。截至2015年11月,"宝贝回家"志愿者协会帮助超过1200个被拐及走失的孩子寻找到亲人。

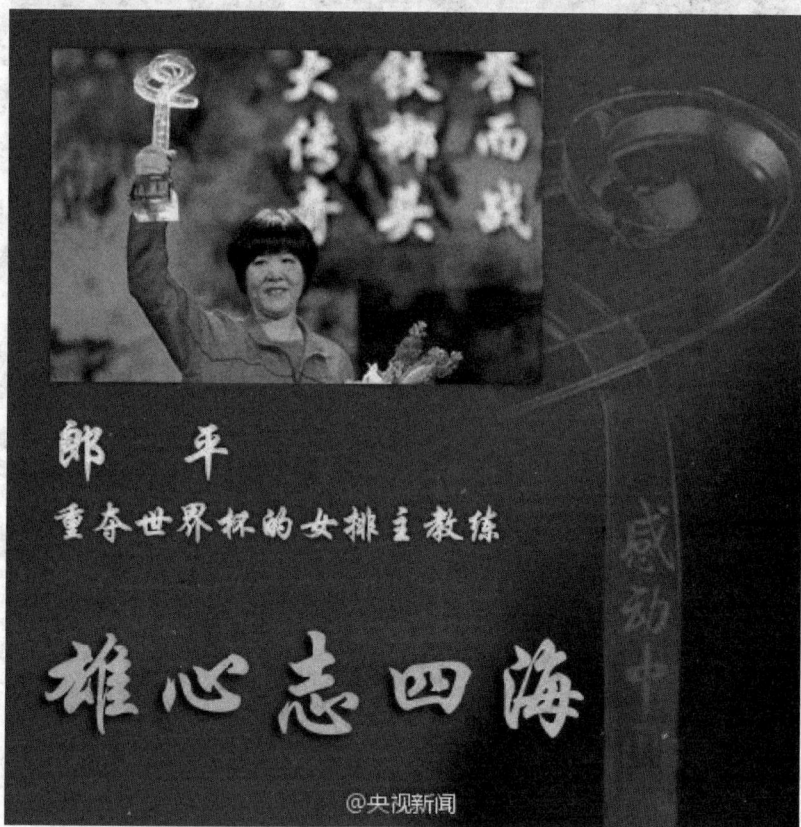

郎平 雄心志四海

【颁奖词】 临危不乱,一锤定音,那是荡气回肠的一战!拦击困难、挫折和病痛,把拼搏精神如钉子般砸进人生。一回回倒地,一次次跃起,一记记扣杀,点染几代青春,唤醒大国梦想。因排球而生,为荣誉而战。一把铁榔头,一个大传奇!

【人物事迹】 1984年洛杉矶奥运会女排决赛,中美巅峰对决,身高1米84的中国女排主攻手郎平击溃了美国女排的防线,帮助中国女排登上了冠军的宝座,赛后诞生了一个流行词——"铁榔头"。

"铁榔头"郎平两次在中国女排最困难的时期,主动接下了中国女排主帅这个"星球上压力最大的职业":第一次是1995年女排生死存亡之际,她毅然归国,担任女排主帅,累倒在工作当中;第二次是2012年中国女排伦敦奥运会被日本队淘汰,2013年同年龄队友陈招娣撒手人寰,这一系列的悲痛触动了郎平内心深处的女排情结,于是她冒着"一世英名可能毁于一旦"的风险再次走马上任,仅仅一年半时间,郎平就带领中国队于 2014 年时隔 16 年重返世锦赛决赛舞台,最终夺得亚军,并于 2015 年重夺世界杯冠军。30 年来,从担任主攻手时的"五连冠"到任教练率中国女排重返世界之巅,"铁榔头"似乎已经是奇迹的代名词。

屠呦呦　春草鹿呦呦

【颁奖词】　青蒿一握,水二升,浸渍了千多年,直到你出现。为了一个使命,执着于千百次实验。萃取出古老文化的精华,深深植入当代世界,帮人类渡过一劫。呦呦鹿鸣,食野之蒿。今有嘉宾,德音孔昭。

【人物事迹】　2015 年 12 月 10 日,屠呦呦因开创性地从中草药中分离出青蒿素应用于疟疾治疗而获得当年的诺贝尔医学奖。这是在中国本土进行的科学研究首次获得诺贝尔奖。1968 年,中药研究所开始抗疟中药研究,39 岁的屠呦呦担任该项目的组长。经过两年的研究对象筛选,并受到中国古代药典《肘后备急方》的启发,项目组将重点放在了对青蒿的研究上。

1971 年,在失败了 190 次之后,项目组终于通过低温提取、乙醚冷浸等方法,成功提取出青蒿素,并在接下来的反复试验中得出了青蒿素对疟疾抑制率达到 100% 的结果。在没有先进实验设备、科研条件艰苦的情况下，屠呦呦带领着团队攻坚克难，面对失败不退缩，终于胜利完成科研任务。青蒿素问世 44 年来，共使超过 600 万人逃离疟疾的魔掌。未来，屠呦呦希望通过研究，让青蒿素应用于更多地方，为更多人带来福音。

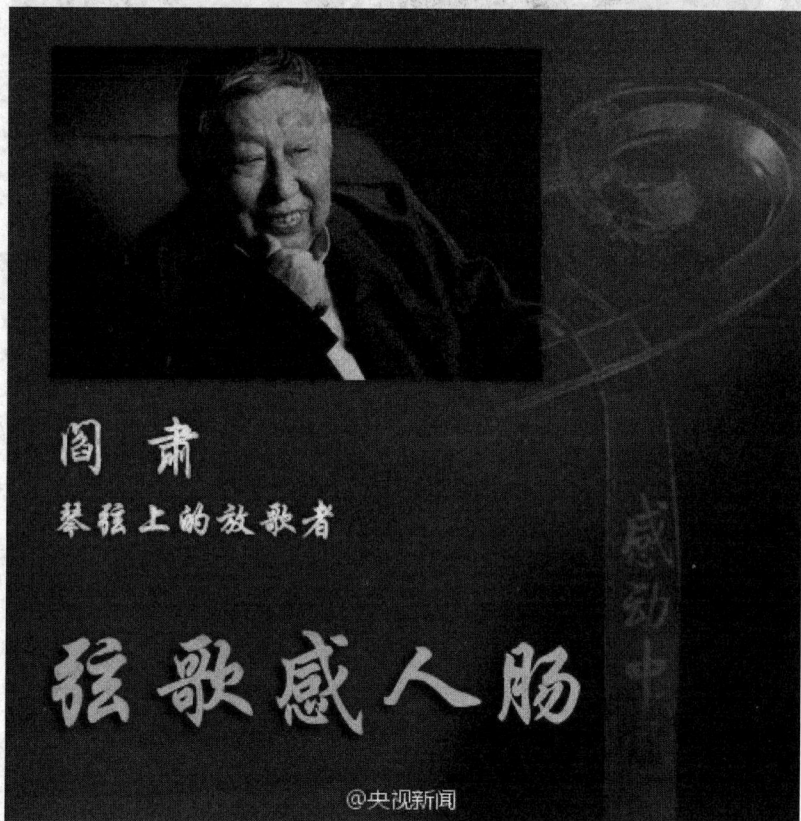

阎肃　弦歌感人肠

【颁奖词】　铁马秋风，战地黄花，楼船夜雪，边关冷月，这是一个战士的风花雪月。唱红岩，唱蓝天，你一生都在唱，你的心一直和人民相连。是一滴水，你要把自己溶入大海；是一树梅，你要让自己开在悬崖。一个兵，一条路，一颗心，一面旗。

【人物事迹】　《敢问路在何方》《我爱祖国的蓝天》《唱脸谱》《团结就是力量》……这些被置于艺术殿堂宝座的艺术作品，都出自著名文学家、词作家、剧作家阎肃之手。1950年，20 岁的阎肃来到西南青年文工团，并于 1953 年加入中国共产党和中国人民解放军，正式成为一名文艺兵。自那时起，阎肃就常常跑基层，慰问广大官兵，把官兵们的生活点滴作为自己的创作素材，很多作品都是在连队的马扎上完成的。

为了创作歌剧《江姐》，阎肃来到重庆渣滓洞体验生活，反铐双手，戴上脚镣，并坐上老虎凳来真实感受当年共产党员英勇不屈的革命精神。2016 年 2 月 12 日，阎肃与世长辞、阎肃的夫人说，昏迷期间，阎肃只有听到自己写的歌时才有反应，甚至会流泪。在阎肃心中,他的作品里饱含着对兵、对民的深情,正是他内心最真实的写照,即使昏迷,也依旧共鸣不绝。他永远是一个兵,一个人民的优秀子弟兵。

徐立平　大国多良材

【颁奖词】　每一次落刀,都能听到自己的心跳。你在火药上微雕,不能有毫发之差。这是千钧所系的一发,战略导弹,载人航天,每一件大国利器,都离不开你。就像手中的刀,二十六年锻造。你是一介工匠,你是大国工匠。

【人物事迹】　徐立平,中国航天科技集团公司第四研究院 7416 厂高级技师。自 1987 年入厂以来,徐立平一直为导弹固体燃料发动机的火药进行微整形。在火药上动刀,稍有不慎蹭出火花,就可能引起燃烧爆炸。目前,火药整形在全世界都是一个难题,无法完全用机器代替。下刀的力道,完全要靠工人自己判断,药面精度是否合格,直接决定导弹的精准射程。0.5 毫米是固体发动机药面精度允许的最大误差,而经徐立平之手雕刻出的火药药面误差不超过 0.2 毫米,堪称完美。

为了杜绝安全隐患,徐立平还自己设计发明了 20 多种药面整形刀具,有两种获得国家专利,一种还被单位命名为"立平刀"。由于长年一个姿势雕刻火药,以及火药中毒后遗症,徐立平的身体变得向一边倾斜,头发也掉了大半。28 年来,他冒着巨大的危险雕刻火药,被人们誉为"大国工匠"。

莫振高　化作光明烛

【颁奖词】　千万里，他们从天南地北回来为你送行。你走了，你没有离开。教书、家访、化缘，埋头苦干，拼命硬干。你是不灭的蜡烛，是不倒的脊梁。那一夜，孩子们熄灭了校园所有的灯，而你在天上熠熠闪亮。

【人物事迹】　莫振高，学生口中的"莫爸爸""校长爸爸"，是广西都安高中的原校长。都安是全国贫困县，这个大山里的瑶乡，有着众多因贫困上不起学的孩子。于是，莫振高将"让瑶乡儿女走向世界"作为自己的座右铭。任教三十多年来，他跑遍每一位贫困生的家，将了解的情况一一记录在册，并用自己微薄的工资资助了近300名学生，圆了他们的大学梦。

然而，自己的工资毕竟只是杯水车薪。面对数量众多的贫困学生，这位从未向别人伸手的"莫爸爸"走上了"化缘"之路。他利用休息时间，来到全国各地的机关、企事业单位，做演讲、做动员，只为通过社会力量，帮助更多的瑶乡儿女走出大山。

就这样，莫振高一共筹集了3000多万元善款，让1.8万名贫困学子圆了大学梦。因积劳成疾，莫振高于2015年3月9日突发心脏病去世。"莫爸爸"的"化缘"之路改变了数以万计贫困孩子的命运，现在他已桃李满天下，九泉之下也可含笑。

官东　天下英雄气

【颁奖词】　来不及思量，就一跃而入，冰冷、漆黑、缺氧，那是长江之下最牵动人心的地方，别紧张，有我在，轻声的安抚，稳住倾覆的船舱，摘下生命软管，那肩膀上剩下的只有担当，人们夸你帅，不仅仅指的是面庞。

【人物事迹】　2015年6月1日，"东方之星"号客轮在长江中游湖北监利水域翻沉。官东主动请缨加入海军工程大学抢险救援分队。6月2日抵达救援现场后，他第一个跳入水中，面对水流湍急、能见度极低的双重考验，官东首先在船舱内发现朱红美老人，他一边耐心安抚老人的情绪，一边帮她穿戴好装具，最终成功将其救出，这是第一位被成功救出的生还者。

14时15分，官东再次下水，在机舱部位找到了船员陈书涵。面对体力严重透支，陷入绝望的陈书涵，官东毫不犹豫地将自己的装备给了陈书涵，自己冒着生命危险仅靠轻潜装具支撑。撤退时，他身上的信号绳被缠住，危急之下，官东割断信号绳，与水面彻底失联。

官东在黑漆漆的舱内摸索近20分钟，终于找到出舱口，怎料，一个暗流瞬间将他卷入深水区，而此时，装具里的氧气即将耗尽，官东果断丢掉所有装具，憋着一口气猛地往上游。由于上升速度过快，刚出水的官东双眼通红、鼻孔流血。面对大家的赞许，这个帅气的"90后"小伙儿，没有多言。因为在他看来，这是军人应有的担当。

买买提江·吾买尔 盛德表一乡

【颁奖词】 一碗茶水端得平,两个肩膀闲不住。三十多年的老支书,村民离不开的顶梁柱。你是伊犁河上筑起的拦河坝,是戈壁滩上引来的天山水,给村民温暖,带大家致富。木卡姆唱了再唱,冬不拉弹了再弹,买买提江·吾买尔的故事说不完。

【人物事迹】 买买提江·吾买尔是新疆伊犁地区布力开村村支部书记,维吾尔族。3岁时,吾买尔的父亲就过世了,第二年母亲也改嫁了。就这样,吾买尔是吃着村里维吾尔族、哈萨克族、汉族等各族人家的百家饭长大的,也由此对乡亲们产生了化都化不开的浓浓感情。当上村支书之后,吾买尔把"不让一个人受穷,不让一个人掉队"作为自己的工作宗旨,全力带领村民奔小康。

在布力开村,各族群众和谐相处,从没有红过脸,更没有出现过民族歧视。吾买尔说,只有民族团结,经济才能发展。如今,布力开村已成为全国新农村建设示范点。截至2015年年底,布力开村1120户村民全都盖起了有网、有电话的新房,铺上了总长42公里的柏油路,全村三分之一的人家买上了小汽车。在民族团结的大道上,布力开村实实在在享受到了团结带来的生产力。

王宽　君子抱仁义

【颁奖词】　重返舞台，放不下人间悲欢；再当爷娘，学的是前代圣贤。为救孤，你古稀高龄去卖唱；为救孤，你含辛茹苦十六年。十六年，哪一年不是三百六十天。台上，你苍凉开腔；台下，你给人间作了榜样。

【人物事迹】　郑州戏曲圈里有这样一位老艺术家：台上兢兢业业唱好戏，台下尽心尽力做善事，戏迷们夸他是德艺双馨的好人，他就是 74 岁的王宽。1998 年退休后，王宽夫妇陆续收养了 6 名老家的孤儿。为了供养这些孩子吃饭穿衣、读书学艺，王宽决定放下自己国家一级演员的身段，去茶楼卖唱，这一唱就是 7 年。起初，他的"上台率"并不高，每晚冷板凳一坐就是五六个小时。

但王宽依旧坚持每天骑着自行车，一家一家茶馆地跑，常常晚上六七点就去了茶馆，等到天亮才回家。后来，为了能够让更多人点他的戏，王宽又学起了川剧变脸。如今，王宽夫妇苦心抚养的几个孩子都已长大成人，自食其力，老两口却还在坚持资助老家的孩子。他们最大的愿望就是办起一个孤儿艺校，发挥自己的特长和余热，让这些孩子学到一技之长。王宽老师用他的行动向大家传达爱的意义。

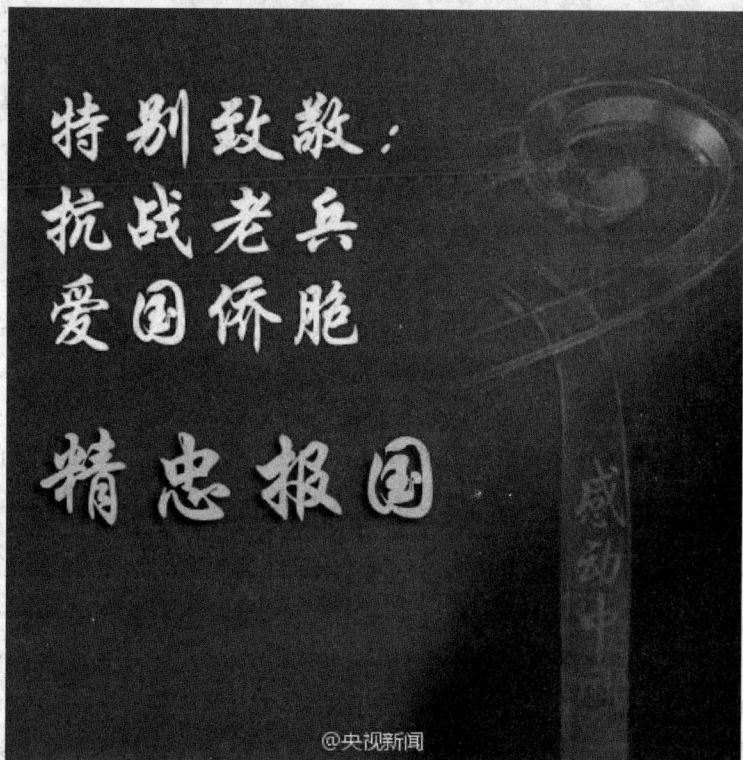

特别致敬：抗战老兵和爱国侨胞

【人物事迹】 有这样一群人，他们在"9.3"阅兵式上，赢得最多掌声和最高敬意。他们是历史，也是现在。他们中既有抗日战争的亲历者，也有抗战老兵的后代，还有海外各行各业的佼佼者。当300余名抗战老兵组成的乘车方队经过天安门城楼时，苍苍白发，熠熠勋章，这群耄耋老人用微微颤抖的军礼表达着对祖国强盛的崇高敬意。

70多年前，他们是走上抵御外辱、保家卫国之路的勇士，在经历了血与火的洗礼后，他们依旧对国家和民族怀抱拳拳之心。和抗战老兵群体一样，在抗日战争的烽火年代，海外华侨华人或是组织抗日救亡团体，或是捐款捐物支持抗战，或是直接回国参军，爱国侨胞们众志成城，筑起一条坚不可摧的血脉长城。

积淀在他们身上的赤子情怀和文化血脉，将助推整个中华民族走向共圆"中国梦"的未来。在这里，我们向抗战老兵、爱国侨胞两个群体特别致敬，不仅是为了重温历史、缅怀先烈，更重要的是，传承他们为民族尽忠义的担当。

理论研讨

一、综艺娱乐类节目概念及分类

1. 概念

综艺娱乐类节目是"综艺节目"和"娱乐节目"的统称。"综艺"（Variety）一词源于美国，是指汇合娱乐艺术，内容广泛，几乎无所不包。"娱乐"在《现代汉语词典》中解释为：

其一使人快乐或者消遣;其二是快乐有趣的活动。所以,综艺娱乐节目是汇合多种艺术形式、元素,运用广播电视平台,以电子技术手段和艺术手段,将不同体裁的文艺节目进行有机组合的一种娱乐性的节目形式。它包含许多性质的元素,例如音乐、舞蹈、戏曲、戏剧、杂技与搞笑等类型,通常只在电视上播出。它具有明确的主题思想、综合多样的艺术样式、广泛的参与性等特点,同时集欣赏、娱乐、知识、信息、审美等多项功能于一体。

2. 分类

(1)专题性节目:是指围绕一定主题的节目,分为文艺类和政务类两类。文艺类节目有较强的文艺欣赏性与较高的艺术价值,例如央视的《民歌·中国》。政务类节目具有真实性和文艺鉴赏性,例如央视的《感动中国》。这类专题性节目极具艺术性、知识性和观赏性,要求主持人具备相应的专业知识和独特的见解。

(2)综艺性文艺节目:主要指晚会类节目。一般有两种形式:一是专题的文艺演出,如戏曲专场、各种音乐会等;二是多种艺术形式的演出,包括以纪念日为主题的庆典晚会,如央视《春节联欢晚会》《元宵晚会》《欢乐中国行》等。

(3)娱乐性文艺节目:包括两类,第一类是游戏型娱乐节目,以轻松愉悦的格调为主,包括嘉宾参与表演、游戏互动等环节,如湖南卫视的《快乐大本营》。第二类是播报型娱乐节目,报道娱乐圈明星的奇闻轶事、影视动态等相关消息,如央视电影频道《中国电影报道》、东方卫视《娱乐星天地》、光线传媒《娱乐现场》等。

(4)益智博彩类文艺节目:是指以益智竞赛为核心、平民参加的益智竞赛类节目。如央视的《幸运52》《开心辞典》,江苏卫视的《一站到底》《芝麻开门》等。

(5)真人秀节目:是指以电视纪实的手法展示参与者参与节目的真实过程的节目。这类节目重在策划和意境设计,要求参与者有与节目相匹配的特长、能力和水平。如浙江卫视的《中国好声音》、央视的《星光大道》、东方卫视的《中国达人秀》等。

当然,随着时代的发展,多元文化的融入,综艺娱乐类节目分类不可能那么绝对,只能说既独立、又交叉。如河北卫视的《家政女皇》,虽然大多把它分类到生活服务类节目,但主持人方琼幽默诙谐和各种时尚夸张的造型,让受众既体会了娱乐的快乐,又掌握了生活中的小常识和窍门。

二、综艺娱乐类节目的发展与类型

1. 以综艺节目(含电视综艺晚会)为主的阶段

综艺节目是指通过多种艺术样式,对各种文艺节目进行再创作,由节目主持人组织、串联,将文艺与娱乐融为一体,给观众以综合审美享受的电视节目形态。其主要特点是:内容以专业歌舞和曲艺为主,节目形式比较固定,虽然有时也出现主持人向观众问话等环节,但观众基本不能参与到节目中去,与观众缺少互动。代表栏目是央视1990年开播的《综艺大观》和《正大综艺》。对于晚会来说,一般观演空间比较大,追求演员和观众的互动效果,代表栏目是中央电视台春节联欢晚会。1983年的央视春节联欢晚会当时在全国引起的轰动,是任何一个电视节目都无法与其相比的。也就是从这一年开始,除夕之夜看春节联欢晚会成了中国家庭和吃年夜饭、放鞭炮一样必不可少的事情。

2004年10月8日,《综艺大观》正式改版为《欢乐中国行》,成为央视综艺频道首批被淘汰的栏目之一,这是中国电视娱乐节目发展史上的一个标志性事件。

2. 以电视游戏娱乐节目为主的阶段

1997年,湖南电视台模仿港台节目制作了《快乐大本营》,1998年又推出《玫瑰之约》。尤其湖南卫视《快乐大本营》在全国迅速刮起了"快乐旋风"。李湘与何炅以古灵精怪的造型、机智非凡的对答,霎时虏获了无数人的笑声。此节目也是第一个让明星以常态参与游戏的娱乐节目。1999年1月2日,北京有线电视台《欢乐总动员》亮相,江苏卫视推出《非常周末》、福建东南台推出《开心一百》、安徽卫视推出《超级大赢家》,各大媒体竞相抢滩这一"娱乐市场"。此后,以"欢乐""快乐"和"速配"为主题的节目掀起国内电视综艺节目的第二次浪潮。

这些节目不但名称大同小异,而且节目内容、环节的"起承转合"基本雷同。"你有我有全都有"的状况使得观众产生了严重的"审美疲劳",一些节目逐渐退出了荧屏,有些节目逐渐转型。从2004年开始,《快乐大本营》逐渐淡化明星套路,越来越强调海选、真人秀等新概念,突出全民娱乐。

在这一阶段,节目的娱乐性增强,观众的参与性和互动性增强,现场观众甚至有直接参与节目的机会。各种各样的游戏,轻松活泼的氛围令观众耳目一新,掀起一股"快乐""欢乐"浪潮,但是由于被过度克隆和复制,这类节目逐渐走向低潮,简单的游戏已难以满足观众的需求,其地位很快被知识竞技类为主的益智类节目代替。

3. 以益智博彩类节目为主的阶段

所谓益智博彩类节目,主要是指参与者通过知识、智慧的竞争来决出节目的赢家,获得奖金(奖品)的知识型娱乐节目。主要体现以知识竞技类为主,由主持人、参与选手和观众一起构建互动空间,强调平民参与和物质奖励。突出特点有三个:知识、娱乐、竞争。代表节目是1999年央视推出的《幸运52》,以及后来的《开心辞典》等。这类节目不仅保留了游戏闯关等环节,题目的知识性与娱乐性兼备,增加了博彩、参与者与观众互动等环节,极具亲和力。

《幸运52》和《开心辞典》的主持人是李咏和王小丫,对面的参与竞答者是观众熟悉的、如他们一样普通的身边人,所以观众对他们是平视的态度,节目走向了平民化。由于益智博彩类节目创意、制作的技术门槛不高,引起了地方频道竞相模仿,各地方电视台更将益智博彩节目发挥到了极致。2002年元旦开播的上海卫视的《财富大考场》、湖南卫视的《财富英雄》、贵州卫视的《世纪攻略》、广东卫视的《赢遍天下》、重庆卫视的《魅力21》、江苏卫视的《夺标800》等,使全国上下掀起了一轮"竞猜时代"的高潮。

在"2000年中国电视节目榜"中,《幸运52》一举获得"年度电视节目""最佳游戏节目""最佳游戏节目主持人"三项大奖。如今,《开心辞典》已经没有当年的辉煌,《幸运52》也停播改版为《咏乐汇》。

4. 以真人秀节目为主的阶段

国内最早的"真人秀"节目是从广东电视台2000年的《生存大挑战》和北京维汉文化传播公司的《走入香格里拉》等野外生存挑战类节目开始的。但是这种野外生存类的真人秀节目当时并没有受到追捧。

直到2004年《超级女声》《莱卡我型我秀》《梦想中国》三箭齐发的选秀类真人秀节目,引发了真人秀的浪潮。2005年是国内真人秀快速发展的一年。其中,以"海选""全民娱乐""民间造星"为主要特征的"表演选秀类真人秀"成为最大赢家。此后,《非常 6＋1》《星光大道》《快乐男声》《加油! 好男儿》等,通过自身的摸索和借鉴境外的相关节目,使得真人秀节目迅速发展起来,成为当时中国内地娱乐节目的主流。

2009 年以后,出现了一系列求职类真人秀节目,如《职来职往》《非你莫属》,平民竞技选秀节目《中国达人秀》《中国梦想秀》等;再到后来,出现了歌唱类真人秀比赛《中国好声音》《中国梦之声》《中国最强音》《我是歌手》,以及 2013 年新兴的明星竞技类真人秀节目《星跳水立方》。湖南卫视又推出明星亲子真人秀节目《爸爸去哪儿》,引起收视热潮,收视率一度超过《我是歌手》等知名歌唱类真人秀比赛。

2014 年,浙江有线引进韩国综艺真人秀《Running Man》,推出《奔跑吧,兄弟》,大获成功。

三、综艺娱乐类节目枚举

1.《快乐大本营》

主持人:何炅、李维嘉、谢娜、杜海涛、吴昕

播出时间及频道:湖南卫视　每周六 19:35

简要介绍:《快乐大本营》是湖南电视台于 1997 年 7 月 11 日开办的一档综艺性娱乐节目,是湖南卫视上线以来一直保持的品牌节目之一。节目开始采用全民娱乐的类型,经常邀请一些有特殊才能的人物、一些可爱的孩子来表演;现在发展为嘉宾访谈游戏型的综艺节目,经常邀请一些中国大陆、香港、台湾的知名艺人来访谈、游戏等。

《快乐大本营》栏目开办以来,以新鲜的题材,多样的形式,清新的风格,新奇的内容,注重知识性、趣味性和参与性,引领观众走向一个崭新的视听空间。新创意的主题性综艺节目,突出了"全民娱乐"的新概念,为普通观众或草根团体、组合打造了一个展现个性的"全民娱乐"平台和分享快乐的机会,同时极力为电视机前的观众推介时尚、新奇的文艺表演形式,传递"快乐至上"的娱乐精神,突出以观众为主体的"娱乐天下"的节目宗旨。从1997 年令全国观众刮目相看的"快乐旋风"开始,到目前全国综艺节目在荧屏上遍地开花、异彩纷呈,《快乐大本营》已成为中国亿万观众娱乐生活的一部分。

2.《星光大道》

主持人:朱军、尼格买提

播出时间及频道:中央电视台综艺频道　每周六 22:30

简要介绍:《星光大道》是中央电视台综艺频道推出的一档大型综艺栏目。该栏目一改在此之前娱乐节目以明星表演为主的局面,本着"百姓自娱自乐"的宗旨,突出大众参与性、娱乐性,力求为全国各地、各行各业的普通劳动者提供一个放声歌唱、展现自我的舞台。栏目以唱歌为主,广泛吸纳多种表演形式,由观众和评委共同决出周冠军、月冠军和年度总冠军。

《星光大道》自从首次播出,便创下了央视三套收视第一的成绩,2005 年度总决赛及2006 年度总决赛收视率更是跻身综艺频道第一、全台第三。《星光大道》不仅在收视率上一路领先,而且为社会培养、输送了一大批优秀的百姓歌手,如原生态歌手阿宝、凤凰传奇等。

3.《我是歌手》

《我是歌手》是湖南卫视从韩国 MBC 引进推出的歌唱真人秀节目,由洪涛团队打造,节目每期邀请 7 位已经成名的歌手进行竞赛。

《我是歌手　第一季》于 2013 年 1 月 18 日起在湖南卫视每周五 22∶00 播出。这一季,羽泉获得冠军,林志炫居亚军。《我是歌手　第二季》于 2014 年 1 月 3 日在20∶10 分黄金档播出,韩磊夺歌王。《我是歌手　第三季》于 2014 年 12 月正式启动,2015 年 1 月 2 日 22∶00 首播,韩红夺歌王。《我是歌手　第四季》于 2016 年 1 月 15 日起,每周五 22∶00 播出,李玟夺歌王。

4.《中国好声音》

《中国好声音》是由浙江卫视联合星空传媒旗下灿星制作强力打造的大型励志专业音乐评论节目,灵感来源《荷兰之声》(*The Voice of Holland*)(前四季版权来源)、《英国之声》(*The Voice*(U. K))、《美国之声》(*The Voice*(U. S.))及《爱尔兰之声》(*The Voice of Ireland*)。《中国好声音》不仅仅是一个优质的音乐选秀节目,更首次实现了中国电视历史上真正意义的制播分离。

2016 年 2 月 17 日,《中国好声音》官方微博公布了"好声音"换新装的消息:原本"好声音"标志性的手拿话筒的"V"造型,改成了具有金属质感的"V"造型。

浙江卫视节目的名字都是有专利的,《中国好声音》的名字经过国家商标总局注册,专利属于浙江卫视。

5.《天天向上》

主持人:汪涵、欧弟(欧汉声)、田源、钱枫、俞灏明、矢野浩二、小五(金恩圣)

播出时间及频道:湖南卫视　每周五 19∶35

简要介绍:《天天向上》是由湖南卫视推出的一档大型礼仪脱口秀节目。该节目以礼仪、公德为主题,分为歌舞、访谈、情景戏三段式,氛围欢快、轻松、幽默。它用各种形式来传播中国千年礼仪之邦的礼仪文化,让国民在娱乐嬉笑之余,感受中华传统美德的精髓,并借此发扬光大。这是节目定位的深度体现,也是节目创建的背景。节目内容以风格各异的嘉宾秀融合脱口秀的形式开场,用栏目剧的形式来演绎和诠释生活中常见的礼仪知识,加上跨国界的嘉宾访谈互动环节,让国人更加掌握文明礼仪,让世人更加了解中华礼仪。节目本身包含了公益性、教育性和知识性。

《天天向上》虽然是以娱乐脱口秀为主导形态,却融合了其他众多节目的表现元素,在形态设计上不拘一格:节目的开场如同大型晚会的开场歌舞,主持人与嘉宾载歌载舞,在全场观众的欢呼与尖叫声中出场,整体上营造出一种热闹、欢乐的氛围;节目进行过程中,除了访谈之外,穿插进行歌唱、舞蹈、情境表演,与场内观众互动等,着力彰显"秀"的特点;体验化传播在"沙画高手""汉唐乐府"等部分单元中成为主要的表现形式,主持人或亲自上阵,动手体验沙画的魅力并进行比拼,或穿上汉代的服饰,在虚拟的时空环境中体验歌舞风华。在一种节目形态中,融合了多种节目的类型与元素,集多种特点于一身。

6.《我爱记歌词》

主持人:朱丹、华少(胡乔华)

播出时间及频道:浙江卫视　每周五 21∶21

简要介绍:《我爱记歌词》是浙江卫视推出的一档歌唱类综艺节目。在快节奏的今天,这种音乐性很强的节目很自然地成了综艺节目中的佼佼者。《我爱记歌词》只开出了一条规则："谁能唱对歌词"。这档栏目因此成为全国首推门槛最低的互动音乐节目。不比歌喉，不比舞台表现，不比你漂不漂亮帅不帅，就比比看谁的记性好，只要你能唱对规定的歌词就算你赢。

新版《我爱记歌词》直接让观众零门槛报名。现在再来参加《我爱记歌词》，即使你唱得不好、不善于记歌词也没关系，只要你想唱想秀想表现，就可以报名参与现场录制，有机会来过一把大众领唱的瘾。总之，节目的大门向你完全敞开。只为你敞开心怀，尽情地释放，让音乐给人们带去无尽的欢乐。

技能训练

2010 中央电视台中秋晚会主持词

主持人：鲁健　季小军　梦桐　聂云（中国台湾）　曾宝仪（中国香港）　张杨果而（安徽）

1. 开场歌舞《爱在中秋》

扬扬＋阿里郎　上海梦工厂

主持人开场

鲁：尊敬的各位领导、各位嘉宾，

梦：现场亲爱的观众朋友们，

聂：电视机前的观众朋友们，

张：全球的华人华侨朋友们，

季：芜湖的父老乡亲，

曾：大家——

合：中秋快乐！

鲁：海上生明月，天涯共此时。此时此刻，我们是在中国安徽省的芜湖市为您现场直播《芜湖月·中华情》中央电视台 2010 年中秋文艺晚会，我是来自中央电视台的节目主持人鲁健。

梦：大家好！我是梦桐。

聂：晚上好！我是来自台湾的聂云。

张：我是张杨果而。

季：我是季小军。

曾：我是曾宝仪。

鲁：今晚，我们真得感谢头顶上的这轮圆月，是它一泻千里的温暖清晖，将你我邀约，让全球华人的心在今宵、在此刻紧紧相连。

梦：月圆中秋，又是一年秋风浩荡守望圆月的美好夜晚，面对似乎同样的一轮圆月，今晚，您的心情是否一如往昔？那些美好的记忆是否还在？您是否还会对着明月遥寄祝福？

聂：今月曾经照古人，古人也曾望今月。正是这轮圆月让我们的心在岁月流逝之后依旧澎湃，潜在血脉里的故事逐一复苏，相信今晚，会给予我们新的感受和新的感动！

张：是的，今晚，我们在"皖江明珠、创新之城"的安徽芜湖，在湖光山色、风光绮丽的阳光半岛,在久远而又清新的徽风皖韵里,守望同一轮月亮。

季:芜湖是一座古老而又年轻的城市,地处长江下游南岸,早在两千五百年前,就因"湖网纵横、鸠鸟云集",而得名"鸠兹"。今晚,当粼粼的月光随着滔滔的江水随风荡漾,更将我们的祝福载向远方。

曾:今晚的圆月是博大的,能容得下所有的祝福和思念;今晚的圆月是多情的,无论您是在他乡还是正在旅途,披在身上的月光都是亲人温暖的目光;

鲁:今晚,就让我们在中秋圆月下尽情歌舞,唱出我们今天的和谐与美好,唱出我们心中永远的——

合:中华情!

2.《但愿人长久》 张也

3.《荷塘月色》 凤凰传奇

4.《我记得我爱过》 何润东

主持人串场 2

鲁:中秋的月光属于中国,也属于世界,此时此刻,第 41 届世博会正在上海举办,今日繁华的东方明珠正吸引了来自全球的目光;

梦:曾几何时,十里洋场既演绎过无数的悲欢离合,更承载过一代海外游子的故乡情怀。正是因为如此,今晚,我们特意选择了记忆深处的一组老上海风情歌曲。熟悉的旋律响起,一定会唤起海内外华人心中共同的回忆,更会让人感受到今日国际化大都市的强劲时代脉搏,为今天的中国喝彩。

5.《玫瑰玫瑰我爱你》 阿朵,《夜来香》 海鸣威,《一年又一年》 弦子

主持人串场 3

聂:听到这些熟悉的旋律,我们似乎又走进了时光隧道,又感受到了过去过中秋的那份珍贵记忆。每当天上月圆,地上人圆,我们总会合家团聚在融融月光下共享天伦之乐,共同思念梦中的故乡和远方的亲人。中秋节,这是中国人祖祖辈辈的一个古老约定,虽然,我们似乎重复的是吃月饼、看花灯、吃团圆饭、赏月的习俗,但更像践行一种爱的约定、传承着一份和谐美好的承诺。

张:接下来,我们将共同感受到的是我国少数民族欢度中秋的欢乐场景,月光之下,此时此刻,无论是天山南北、还是黄河上下,到处都是被月光点燃的激情,到处都是被月光照亮的脸庞。

聂:其实,全世界的月亮都是一样圆,一样明,却唯有在中华儿女的眼睛里,此时此刻会看见一轮全然不同的月亮,因为这轮思乡的月、象征着团圆的月早已刻上了每个炎黄子孙的民族胎记和悠久的文化命脉。

张:激情的旋律已经响起,让我们一起来感受这团圆的喜悦和温暖。

6. 少数民族组曲"欢聚今宵"《次仁拉索》 高原红,《月亮》 刘一祯,《掀起你的盖头来》 阿鲁阿卓,《你》 屠洪刚

7.《奔》 孙燕姿

主持人串场 4

季:中秋的月亮是看得见的,是我们头顶的这一轮圆满,是此刻华夏大地无处不在的

月光；

　　曾：中秋的月亮又是看不见的，升在血脉里、传承中，将我们的生命普照。有很多的时候，我经常不在家，无法和家人一起过中秋，但每到这个时刻，只要能看得见月亮，或者看见中秋节的花灯，我就感觉到自己正和家人在一起，不会感觉到孤单。

　　季：所以说，赤子之心恋家园，游子心中永远有一枚中国的圆月，无论是身居何处，无论此刻的天空是晴朗还是雨声淅沥，都会有一轮散发着月饼的芳香和闪烁着花灯的温暖的月亮在心灵深处徐徐升起，将生活照亮，感受到一份牵引和来自故乡亲人的呼唤。

　　曾：中秋的月亮其实就是你、是我、是他，是我们心中珍爱的那个人，心里想念、爱慕、相思的那人就在月亮里，有着皎洁而又美丽的脸庞。

　　季：所以说，中秋月的每一缕光线都是诗，诗里写满了相思；中秋月的每一缕光线都是歌，每一个音符里都充满爱恋。

　　8.《最远的你是我最近的爱》 潘安邦 柏文

　　9.《在我生命中的每一天》 田亮 叶一茜

　　10.《倒数》 萧亚轩

　　11.《一千年以后》 林俊杰

林栋甫串场 1

　　这是我今生第几个中秋啊？我知道我是很幸运的，时光带给我的比它从我这带走的要多得多，即使时光带走了，月光也都替我留着，所以我没有错过我任何一段年华的爱。

　　古老的爱情故事经过我的祖辈流过我的父辈，现在来到我这里。是我留住了它，还是它留住了我？对了，你，不同的语言从来没有使你我陌生，既然人类的情感都是相通的，爱的传说从来没有限定在一种语言里，只要是表达爱的语言都能使爱传情。爱的经典也没有凝固在一方水土，你我的语言交汇在一起能让爱更传神。

　　12. 戏曲芭蕾节目"雕刻时光" 张眺 管文婷

　　芭蕾＋京剧《白蛇传·游湖》 李洁 盛海宁

　　芭蕾＋黄梅戏《天仙配·夫妻双双把家还》 吴琼 汪晓明

　　芭蕾＋越剧《梁祝·十八相送》 王柔桑 盛舒扬

主持人串场 5

　　张：今晚，当您听见这悠悠的黄梅乡韵，望着圆月下的砖木石雕和马头墙，和家人流连于"小桥、流水、人家"的古典意境与浪漫情致，您一定会和我们一样沉醉于这里的花好月圆，一样发出"一生痴绝处，无梦到徽州"的由衷感叹。

　　鲁：亲爱的观众朋友们，我们现在是在安徽的芜湖为您现场直播《芜湖月·中华情》中央电视台 2010 年中秋文艺晚会。在中国网络电视与腾讯网上，您也可以实时了解晚会情况。芜湖地处长江南岸、长江与青弋江的交汇处。南唐时已有"楼台森列，烟火万家"的繁华景象，宋代兴商建市，元明时更是"十里长街、百货咸集、市声若潮"，明代已成为全国印染中心。

　　张：1876 年，芜湖被辟为通商口岸，一时间万商云集，成为全国"四大米市"之首。孙中山曾称赞芜湖是"长江巨埠、皖之中坚"。而今天的芜湖，已经在"半城山半城水"的滨江生态园林景观掩映下，成为中国最具魅力的城市之一。

　　鲁：今晚我们齐聚芜湖阳光半岛景区，漫步在亲水长廊边。碧波荡漾，湖水映月，这天上的月落在湖中,这湖中的月更留在我们的心底,今晚的月亮就是故乡、就是亲人熟悉的脸庞。

张:而今晚对于小燕子赵薇来说更是特别,因为多年在外飞舞的小燕子今天终于在中秋之夜飞回了故乡芜湖,下面有请赵薇为大家带来……

13.《江城子》　赵薇

14.《花雨夜》　李晖　陈笠笠　徐子崴

15.《半城山半城水》　李娜　曲丹　丁晓红

林栋甫串场 2

我出生在都市里,生长在江南的田园里。在江南,每家的男人都有一口浓重的乡音,每户的女主人都会做一手好吃的家乡菜,每对父母都有一个天仙般美丽的女儿,每个姑娘都会缝一身漂亮的衣裳。江南有醇香的美酒,男人不喝心也醉,因为江南的美人儿正从你眼前走过,你张着嘴没说话,你最好还是不说话,因为这个时候语言是多么的苍白,你不要问我这里的姑娘为什么长得这么好看,也不要问我这里的妹子为什么穿得那么耐看。

16.《徽风皖韵》服饰秀　谢东娜、郭思雅、李昕岳等　水晶女孩乐坊、南广语言传播系民乐团

主持人串场 6

聂:每到中秋,大家都会抬头赏月,《礼记》中载有"天子春朝日,秋夕月"。夕月即拜月。说起来,早在1600多年前,芜湖就流传了一段中秋赏月的佳话,这就是东晋时发生在芜湖的"牛渚玩月"的故事。

梦:牛渚就是现在的采石矶。东晋时,镇守牛渚的镇西将军谢尚在一个中秋之夜泛舟在牛渚江上,忽听江上有人在船上高声吟诵自己的《咏史》诗,便高兴地将此人请到自己的船上,一问,才得知此人是书生袁宏。二人一见如故,便一同赏月咏诗,直到天明。"牛渚玩月"从此成为流传千古的佳话。

聂:月亮见证过纯洁的友情,更见证过美好的爱情,在今晚深情的月光之下,每一颗心涌动的都是爱的音符。

17.《千江水》　解小东　宁静

18.《看得最远的地方》　张韶涵

19.《给自己的歌》　李宗盛

20.《爱频率》　安七炫

林栋甫串场 3

我曾经沿着密西西比河去寻找布鲁斯音乐的根。我面对着棉花田、甘蔗田,还有密西西比河水,我迷失了,我不知道我是不是紧紧地寻找一种音乐。有一个很了不起的黑人歌手叫提彭沃克,人们告诉我,是他第一个把电插进了吉他。在他之后,有了比比肯,有了艾瑞克莱夫德。其实音乐在插上电的翅膀之前,就已经会飞。在这里不插电也会飞的,是我们中国古老而永远年轻的功夫。行,让我们腾出地方来,让功夫伴着音乐一起飞扬。

21.武术"功夫诗"+电子音乐秀　李小兵　北京保利功夫明星表演团

主持人串场 7

曾:芜湖倚傍长江,青弋江穿城而过,而伴着芜湖独特的襟江、带河、通海的地理位

置,形成了独特的商埠文化。当时芜湖的港口成了徽商物资集散的"中心"。古徽州商人们就是在这里,把从皖南山区的木材、茶叶、药材等特产,江淮之间的稻米,通过芜湖港输往全国、全世界。

季:说到以亦儒亦商、不辞辛劳、行遍天下,赢得"徽骆驼"美称的徽商,中秋圆月更有一份亲切感。据说,徽商做生意非常执着和专注,有些徽商连新婚之夜都顾不上就匆匆踏上经商旅途。期间,按照徽州的风俗,经营者一般每年只回家探亲一次,那些离家远的更得三四年后才能够回家与父母妻儿团聚一次。所以,中秋圆月对他们来说就像一面魔镜,让分离的他们通过这面镜子看见了自己想见的容颜。

曾:是的,也许今晚您的朋友家人散落在各处无法相聚,可对着这轮月,在这一刻,大家的心又因为月的圆满而聚拢在了一起。中秋节,让我们在风雨兼程的人生旅途上停一下脚步,举头仰望明月,把心中的思乡思亲之情化作一首首优美的歌,在月色之下悠悠传唱。

22.《女人花》 陈思思

23.《你的眼神》 吴娜

24.《月光小夜曲》 王莉

主持人串场8

鲁:月光下的小夜曲温暖迷人,山清水秀的芜湖也一样令人留恋,今天的芜湖已经成为了合芜蚌自主创新综合配套改革试验区的中心城市和皖江城市带承接产业转移示范区的"核心城市",其宜业、宜居、宜游的环境令人向往。

梦:更令人感动的是这里的"创新"精神,几乎渗透到这里的山山水水。无论是春秋时期干将、镆邪在芜湖的淬铁成钢,还是明朝汤天池创立的芜湖铁画,或者是现当代芜湖人利用改革契机,创造了奇瑞轿车、海螺、方特欢乐世界等一个又一个神话,无不彰显了这块土地的神奇。

鲁:芜湖的传奇正是今天安徽省各项事业迅猛发展的真实写照,素为长江下游、淮河两岸"鱼米之乡"美誉的安徽,如今正朝着加大统筹城乡发展力度,继续解放思想、坚持改革开放,推动科学发展、促进社会和谐的目标打造着安徽崭新的明天。

梦:今晚,当我们站在阳光半岛,仰望年年都会升起的这轮明月,我们不但感受到了芜湖水光月色、上下交辉的雅致,更能感受到安徽蓬勃发展的脉搏,让我们共同欢庆今天的花好月圆!

25.《花开在眼前》 韩磊

26.《日不落+美人计》 蔡依林

主持人串场9

曾:今晚,我们沉醉在芜湖这山明水秀的美景中,仰望天上这轮明月,我们的心中似乎有说不完的话,道不完的祝福。

季:中秋明月普照四海,今晚,有中华儿女之处都洋溢着团圆的欢乐与相思的情怀。当一轮皓月冉冉升起的时候,每个中华儿女无论身在何处,同看一轮月,心中都会升腾起一股浓浓的思乡情。

曾:也许今天我们有了便捷的通信和网络,可以听见亲人的声音、看见亲人的影像,但毕竟,今天的高科技里听不见、看不见我们儿时的记忆、那种血脉传承的故事与传说,更无法传达只有月光里才有的那种无可替代的中秋颜色以及这轮明月穿越时空的光亮。

季:中秋月亮吉祥美满,中秋月光洒满祝福!

27.《月光的祝福》 侯旭 王亚民 熊汝霖

主持人结尾

鲁:中秋圆月,辉映天地

梦:中秋月光,温暖无限

聂:但愿人长久,千里共婵娟

张:祝福全球华人中秋快乐生活和谐

季:祝福芜湖,明天更美好

曾:祝福祖国,明天更辉煌!

季:(英语)

鲁:亲爱的观众朋友们,《芜湖月·中华情》中央电视台 2010 年中秋文艺晚会到此结束。

合:再见!

素质养成

白岩松不让敬一丹"退休":《感动中国》还得她来主持

因无意中透露自己退休而让"退休"成为热词的敬一丹,其谢幕 27 年央视生涯的力作《我遇到你》,终于在观众和读者的期待中出版。昨天下午,由长江文艺出版社主办的《我遇到你》新书首发式在北京举办,著名主持人崔永元、白岩松、水均益现场助阵。

敬一丹表示,书名之所以是《我遇到你》,是"向我所遇到的一切致意",她遇到了广播和电视发展的黄金时代,遇到默契合作的同事,遇到麻风娃、孤儿、贫民、残障、导盲犬,遇到雾霾、水危机、荒漠化、资源困窘……"我特别喜欢'遇'这个字,它后面跟着的是故事,有变化,有选择。"

白岩松在现场表达了对敬一丹的敬爱,他表示,央视的主持人们喜欢称敬一丹"大姐"绝不是年龄的原因,而是"我遇见你"的感受。"我们所有人在大姐这儿得到的全是好处,我们是如此喜爱敬大姐,所以我觉得有一个问题需要校正,谁说敬大姐要退休了。当过记者就要沿着记者的路一直走。接下来,我要关注她的微信公众号啊!而且《感动中国》起码三五年时间里,还得是敬大姐主持。如果不是敬大姐主持,我也不干。所以没有退休的事。"

(资料来源:人民网,http://media.people.com.cn/n/2015/0512/c40606-26984527.html.)

《中国好声音》成功案例分析

大型音乐选秀节目《中国好声音》自 2012 年 7 月 13 日在浙江卫视首播以来,成为当时那个夏天中国大地最"红"的声音。它像一记响雷,重新点燃了中国观众对好声音的期待。到 9 月 30 日终极 PK 时,在中秋假期引起了广泛的讨论,成为中国媒体关注的焦点和都市人谈论的热点。《中国好声音》初次亮相就给受众带来了惊喜,伴随着高收视率、高关注度,《中国好声音》的节目模式与创作引起了我们的深刻思考。

1. 购买海外版权，并于本土创新

《中国好声音》(*The Voice of China*)是由浙江卫视联合星空传媒旗下灿星制作公司强力打造的大型音乐选秀节目，源于荷兰节目 *The Voice of Holland*。首先，灿星制作公司购买了荷兰音乐节目 *The Voice of Holland* 的中国版权，然后开始制作。但不同于荷兰的好声音，《中国好声音》在商业模式上进行了创新。

2. 实现制播分离，打造精品栏目

《中国好声音》在中国电视历史上首次实现了真正意义的制播分离。灿星制作与浙江卫视达成协议。如果节目收视率达到一定标准，将由双方共同参与广告分成。灿星制作承担所有的版权费，如果节目达不到规定的收视标准，他们还将单方面担负广告商的损失。

在利润与风险双重刺激下，灿星制作被逼进行大胆的创新改革，结合本土文化，以最专业的音乐为水准，在力所能及的范围内追求制作与艺术的极致，不惜成本与投入，打造高标准的最好的产品。据《中国好声音》宣传总监陆伟介绍，担任《中国好声音》音效总监的是北京奥运会开幕式和闭幕式的音响总监金少刚，录音由给王菲录制专辑的李军负责，就连伴奏也选用专门给一线明星伴奏的乐队。同时，为捕捉到每个学员、导师和亲友团相聚时的细节，节目组动用 27 台摄像机同时摄录，调用素材量达到 10000 多分钟，而每集节目不到 90 分钟，片比高达 130～140∶1，是国内同类节目的至少 40 倍。节目录制场地采用专业的后台音控操作设备和环绕全场的巨型 LED 屏，甚至每位学员脚下踩踏的舞台，也是一面智能 LED 屏幕，它会随着学员演唱时的律动而变换图形和色彩。正是这些顶级阵容的通力合作，才有了《中国好声音》上佳的节目品质。

3. 整合包装炒作，故事传递能量

《中国好声音》是"草根娱乐大众"，草根选手们的美妙歌声让人陶醉，温情故事、奋斗历程也在网络上不胫而走，人们感觉一股清新的、温情的美好情愫涌动在身边，好多选手的感人经历上升到人生励志的层面，在很多方面具有极高的思想性，引起人的哲学思考，挑战了娱乐界无聊低俗的八卦新闻，满足了受众审美需求，带来了欢乐，传递了正能量，也重新燃起人们对中国综艺节目的希望。这组由普通人参与的歌手选秀节目，看似平民化，歌手包装不是顶尖的，歌唱水平也不是最优秀的，但它带给人们的感动是真实的，也是真诚的。尤其大腕评委和草根歌手彼此真诚、平等互动的场景，感动了受众，激起了受众心理最柔软的神经。这种看似毫不经意的包装炒作，绝无人为痕迹，但效果绝佳。

4. 导师阵容豪华，打造明星产业

《中国好声音》推出了豪华的导师阵容。

以第一期导师为例，刘欢，流行音乐家、著名歌唱家，对外经济贸易大学音乐教授，是集作词、作曲、编曲、制作、演唱和音乐教育于一身的音乐人。他演唱的很多歌曲在中国大地广为流传，经久不衰，其创作和演唱的作品多次获奖。他在中国流行歌坛有着举足轻重的地位，成为当之无愧的中国流行歌坛"大哥大"。

那英，中国著名女歌手，她是华语乐坛 20 世纪 90 年代首屈一指的实力派天后，多次在央视春晚演唱歌曲，出演过多部影视剧。

庾澄庆，也是一位自己作曲、编曲、演奏、演唱、制作的全能歌手。由于创作曲风广泛，精通多样乐器，舞台魅力十足，故得"音乐顽童"之美誉。

杨坤,中国优秀创作歌手,树立了属于自己的创作风格。第一张专辑《无所谓》,善于用细腻的情感展现对生活的领悟和对情感诗画般的追忆。他获第 11 届"东方风云榜最受欢迎男歌手"、亚洲音乐节"亚洲音乐贡献奖"等多项奖项。

四位明星导师对于所有学员只有一个评判标准,那就是声音。一旦选定了自己的学生,四位明星导师就将全程培训门下弟子的音乐才艺,力争在这些学员中培养出华语乐坛新一代的接班人。拒绝"炒作",拒绝"毒舌"评委,在这里,所有学员都将听到真诚的建议和指导,而绝非讽刺和谩骂。

打造明星产业,灿星制作把选手签约以及签约之后的商业演出等项目都收归自己所有,同时跟明星导师们合作,开发包括音乐学院、演唱会、音乐剧、线下演出等在内的全产业链。导师没有出场费,没有任何酬劳,是一种合作伙伴的关系,导师们等待业绩暴增之后参与后期的开发分成。导师们的利益和选手紧紧捆绑在一起,导师们必须全力以赴地培养他们,才能名利双收;同时,也只有节目成功,才可以有制作方的收益。

5. 广告价格狂飙,引爆"中国好生意"

加多宝豪赌 6000 万元,终于打包拿下《中国好声音》冠名权,还称"这钱花得值"。节目开播 20 天里,《中国好声音》的广告费从每 15 秒 15 万元,涨到每 15 秒 36 万元,后期飙升到 50 万元。节目利用华少的"中国快声音",在短短的 43 秒快速播送广告,既照顾了赞助商的利益,又诙谐幽默,别出心裁。《中国好声音》学员也收到大量邀约演出。某商演公司负责人说:"现在'好声音'选手太牛了,16 强选手报价都是 10 万元以上,这还仅是劳务费。"不可估量的品牌价值惹得各商家红了眼,纷纷表示《中国好声音》也是"中国好生意"。

最终,"好声音"的热播形成了制作方、播出方、导师、学员,甚至主持人都共同受益的局面。

第三节 社教服务类节目主持

问题讨论

(1) 以《天气预报》《养生堂》《回家吃饭》《职来职往》《缘来非诚勿扰》等节目为例,分析它们的共性,归纳总结:①什么是社教服务类节目? ②社教服务类节目的分类:③优秀社教服务类节目共性规律。

(2) 假如让你完成一档两至三分钟的电视购物类节目,你怎样策划? 说出你的创意和策划思路(从针对哪个层面的消费群体介绍商品,突出商品的功能或突出商品在某一方面的性能;商品所对应的主要消费群体的心理特征;介绍技巧:条理性、语言的感染力、对消费者的吸引力、购物专家的身份等,让人产生信任感等方面分析)。

案例导入

案例一

《交换空间》的《天鹅湖 PK 暖香绿意》主持词片段

主持人王小骞和红队选手来到自己家里,等待共同验收改造结果。

主持人：三二一。（取眼罩）戴上眼镜，好好看。

红队男：哎呀，没想到，怎么变化这么大，我寻思会有很大变化，就没想到变化会这么大，我一生啊没住过这么漂亮的房子。

主持人：周阿姨，您怎么样？哟，周阿姨眼泪汪汪的啊，怎么样啊？这个绿色喜欢吗？

红队女：喜欢喜欢。

主持人：喜欢呀，嫩绿嫩绿的是吧？

红队女：住了一辈子白房子，这回，这有情调。

主持人：这样，我给两位介绍介绍，您说。

红队女：明天我卖票让他们来参观。

主持人：卖票？非营业、非营业场所，哈哈。

红队男：我觉得这个设计师既满足了我们老戈壁滩人的这种生机盎然的愿望，也满足了我们老人这种比较清淡的，也不是特别花的。

主持人：也不是特闹腾。

红队男：另外一个，像我这么多年技术人员的追求创新，我觉得这个情调也有。

……

主持人：看哪儿都高兴是吧？这沙发没换，就给它换件衣服，换沙发套了。

红队男：跟新的一样。

主持人：跟新的一样，就是，您看这个了吗？这个墙面您摸摸，叔叔阿姨都来摸摸，一点乱七八糟的味儿都没有，您不喜欢了，您往上泼水，还能扒掉。

红队男：喜欢，这挺好。

红队男：首先我寻思我们追求的是绿意，别给我屋里头弄得全是绿绿的，阴沉沉的。

主持人：哦，那不会那不会，咱现在用的这绿啊，是这种早春的嫩绿，就特别像那个刚刚冒芽儿的那个小草，春天的第一茬，是吧？这个绿主要是出现在餐厅，原先您家这个餐厅啊就是墙很长，现在啊把它这个垛口、垭口把它延伸到这儿啊，让这个餐厅变得小一点，让这个客厅啊比例就对了，条纹的画布也是纯棉布，您摸摸，也没味儿啊，纯棉的，这是给您做下来，连桌布都是啊，这是餐区，这样能打破一下这个绿的单调啊，阿姨，还剩了点儿布条做了两幅装饰画，咱不能浪费东西。

红队女：我好好看看，啊，就是……

案例二

《非诚勿扰》主持词片段

欢迎非诚勿扰主持人孟非。

孟非：大家好，我是孟非，欢迎收看非诚勿扰。各位，您正在收看的是，江苏卫视2010年倾情打造的交友类节目《非诚勿扰》，我们只提供邂逅，不包办爱情。如果你还在单身，并且还期待一个完美的爱情，赶紧报名参加我们的节目。为了让大家每位来到现场的嘉宾做出更适合自己的选择，我们特意邀请到了性格色彩分析专家乐嘉老师与黄菡老师，请他们给大家打个招呼。

乐嘉：各位亲爱的朋友好，孟非好！

黄菡：各位亲爱的朋友好，孟非好！

孟非：好，下面我们将要有请出今晚 24 位亮丽的单身女生，有请她们。（歌曲 *Girl friend*）（PS：女嘉宾入场要走台有序哈！）

孟非：欢迎 24 位美丽的单身女生。请亮灯。

孟非：好，我们这里的规则很简单，一切喜欢不喜欢 YES or NO 都在你们手上的那个按钮。

好，各位如果准备好了，我们有请今晚的第一号男生。（歌曲 *Can you feel it*）

男生：大家好，我叫×××，××岁。

孟非：现在 24 位漂亮的单身女生就在你面前，你看一下，给你一点点时间，看一下，最让你心动的是哪一位？在我手上的这个仪器上把她按下来。

男生：可不可以近一点。

孟非：你确定，如果时间不太长，赶紧跑过去走一圈回来。

孟非：好，现在各位女生，请考虑……请选择……

孟非：15 号×××为什么……他的长相你不喜欢？

15 号：因为他长得不像罗嘉良。

孟非：你一定要找个像罗嘉良那样的？

男生：为什么要长得像罗嘉良，我可以问一下吗？

女生：因为我喜欢罗嘉良。

孟非：我帮你解释一下，长得不像罗嘉良不是你的错。

男生：对不起，我长得偏淡。

孟非：我们来看下面的一个短片介绍一下他的资料。

男生：我曾经在一家知名的报社工作，上个礼拜刚刚辞职下来，现在在家待业。我准备是先成家后立业，也就是先结婚再创业。三年之内呢，我们准备开一家潮牌店，就是卖一些服装之类的。跟我在一起不用担心生存的问题……

孟非：来，我们来问一下现场的佳丽们，看了这个短片有什么感觉。

9 号：（亮灯的）我觉得还行，虽然看着比较嫩一点，但是我看他的第一眼的时候有一种清风扑面的感觉。我相信她们一定有后悔的。

孟非：来我们问一下有后悔的吗？

女生：……

孟非：到现在为止，场上还有三盏灯亮着。你运气不错，下面我们为了让大家做出最后的、准确的适合自己的判断，我们来听一听乐嘉老师的专业建议。有请乐嘉老师。

乐嘉：浪漫有余而不够踏实，适合恋爱而不适合结婚。如果你希望拥有一些很浪漫的感觉，我想他可以能够给你。因为他是一个在制造浪漫、制造爱情的角度上来讲很具有唯美特质的人。不过如果你希望拥有一个家庭的话，我担心他现在还没有做好足够的可能会准备做好建立家庭的这样的一个充分的心理准备。

孟非：谢谢乐嘉老师。通过乐嘉老师的问题，我们可以把×××更多的内在的家庭的对很多问题的看法更多地呈现给大家。现在到目前为止，还有三盏灯亮着。恭喜你已经进入了男生权利。

孟非：一开始最让你心动的人，现在谜底揭开了，就在你对面的13号×××。你意外吗？

孟非：现在你还有最后一次机会。向她们三位女生提出最后一个问题。

男生：很多女孩子都说男孩有钱的话就会变坏，那你们是怎么看待这个事情？

孟非：×××，在对面的三位女生当中做出选择。你可以在两位一直选择你到最后的两位女生中毅然牵手其中的一位幸福地离开，你也可以继续坚持你一开始心动的女生×××，但是这是有风险的。请做出你最后的选择。

结束……

理论研讨

一、社教服务类节目概念、特点及分类

1. 概念

社教服务类节目是指对受众进行社会教育、文化教育和生活服务的一类节目样式。这类节目寓教育于娱乐和服务，寓宣传于信息、文化的传播之中，题材广泛，节目内容丰富，节目编辑、播出手法灵活多样，是集中体现电视特色和电视台水准的一类节目。其全称是社会科学教育服务类节目。

社教服务类节目的内容涵盖了文化历史、科学技术、经济、法制、环保、道德等方面的知识和专业技能，提供社会生活、妇女儿童、法律咨询、医药卫生、教育科技、环境保护、金融证券、气象、交通等社会方面的服务，但是基本功能是教育。社教服务类节目的传播对象涉及面相当广，不同性别、不同职业、不同年龄段、不同爱好的受众都可以在节目中找到自己的需求点，所以这一类节目不一定大红大紫或收视率异常火爆，但细水长流，深得受众需要和喜欢。社教服务类节目往往设置固定的专栏或专题，有相对专业的节目主持人，注重与受众的交流，吸引受众参与节目，调动各种艺术手段，进行潜移默化的宣传教育，让受众在兴高采烈中陶冶性情，提高思想情操，获得多方面的知识，提高修养。同时，发挥节目的社会舆论导向，平衡社会情绪，服务百姓生活等作用，吸引相对固定的收视人群，真正承担起"新闻窗、百花园、知识库、服务台"等多种社会功能。

2. 特点

（1）内容丰富化：从广义上讲，媒体中除了新闻、文艺娱乐节目外，其他所有题材的节目都可以统称为社教服务类节目。狭义上，我们把访谈类节目拿出来和它并列。

（2）形式生活化：社教服务类节目涉及生活的方方面面，覆盖不同的受众层次，但是有一点相同之处，就是受众希望在轻松愉悦的状态下接受一些有用的信息，所以这类节目的形式是生活化的，容易使受众产生亲切感，愿意走近，并积极参与进来。

（3）语言口语化：既然社教服务类节目形式是生活化的，那么语言表达就应该是我们日常生活中的口语，但是这种口语又不完全等同于日常说话，而是经过一定的艺术加工，是源于生活而又高于生活的艺术化的口语。

（4）表现多样化：社教服务类节目样式繁多，表现形式多种多样，既可以一个人主

持,也可以两个人或三个人主持,还可以请来嘉宾和现场观众共同完成节目。这类节目除了说教,也可以是互动游戏的形式或共同座谈、联欢的形式。总之,社教服务类节目并无统一定式,受众喜闻乐见,且符合电视传播的节目样式都可以。

3. 分类

社教服务类节目分为以下几类:知识性节目、对象性节目、服务性节目、教学节目等等。当然,这些分类有时外延有交叉,只能按照其主要功能进行划分。

（1）知识性节目

知识性节目突出的作用是向受众传授维系社会发展所需的社会规范和知识,承担起个人社会化的功能。这一作用比较集中地体现在它的政治、经济、历史、科技、文化、法治、环保、道德、健康等各类知识中。

财经知识节目内容一般都比较严肃,政策性比较强。往往选用生动、鲜明的事实作为宣传的依托,进而有理有据地进行宣讲,动之以情,晓之以理。如中央电视台的《经济半小时》《环球财经连线》《生财有道》。

法律知识节目肩负着传播法律知识,进行法制宣传的任务,如中央电视台的《今日说法》、北京电视台的《法制进行时》、重庆电视台的《拍案说法》等。

文化知识节目题材广泛,天文地理、古今中外、包罗万象,有的寓知识于山光水色之中,有的寓传道于各类竞赛中,如中央电视台《环球》《人与自然》等。

科技知识节目既有介绍各类应用科学技术知识,直接为实际生产部门服务的;又有展示各门学科的最新成果,介绍国际科技动态,让观众耳目一新,开阔思路的,如中央电视台的《动物世界》《自然传奇》《探索发现》《科技之光》,辽宁卫视的《黑土地》,新疆卫视的《农牧新天地》等。

健康知识节目倡导健康生活、普及健康知识,如北京卫视的《养生堂》,中央电视台的《健康之路》《中华医药》《我的健康我做主》等。

（2）对象性节目

对象性节目是为满足不同层次人群需求而办的节目。在节目中,按照社会的需要来教育、塑造一定层次的社会群体,使之担负起相应的社会责任。

少儿节目是我国最早开办的对象性节目。中央电视台从 1960 年元旦起,每周三、六就有固定的儿童节目时间。现在,中央和各省市电视台陆续推出如《大风车》《成长在线》《动画城》《芝麻开门》《七巧板》《智慧树》等充满童趣、深得童心的儿童节目,对开发儿童智力,拓宽思维,增长知识,培养少年儿童对社会和世界的认识起着不可估量的作用。

农民节目如中央电视台的《聚焦三农》《每日农经》《农业气象》《致富经》及山东电视台的《乡村季风》等。它们以为农民服务为宗旨,播出内容都是农民们感兴趣的新人新事,所需要的各种信息及有关农业生产的科技知识等。

女性节目是为了畅谈女性话题,维护女人尊严,保护女性权益,同时为了女性生活得更有质量而开办的一些栏目,如中央电视台的《半边天》、湖南卫视的《天下女人》。

老年人节目是为了老年人更好地愉快地度过晚年,丰富老年人多彩的文化生活而办的栏目,如中央电视台的《生活早参考》（由《夕阳红》原班人马打造）、东方卫视的《精彩老朋友》、杭州电视台的《金秋》等。这些服务于中老年人的栏目都在实践着关爱老人、为老人排忧解难、引领老年人过高质量晚年生活的使命。

军人节目主要向广大受众介绍本国的军事情况,讲解军事知识,进行国防教育,同时起着提高现役军人政治素养、文化修养,传递军事信息、普及军事科技以及丰富军人文化生活的作用。中央电视台的《防务新观察》《军事报道》《人民子弟兵》《军情连连看》《军事纪实》《百战经典》《超级战士》,上海电视台的《当代军人》等都是优秀的军人节目。

体育节目是指向广大体育爱好者传播体育信息(包括体育赛事、体育新闻、体育专题等)为主的电视节目。在有些教材中,把体育节目定义为娱乐节目。本书认为,从对象性划分体育节目,应属于为喜欢体育的受众喜闻乐见的一台节目。如中央电视台《天下足球》《足球之夜》《体育新闻》《体坛快讯》《风云足球》等,让中国亿万受众与世界体育同行分享世界杯狂欢盛宴,亲历奥运会精彩全程,体验欧洲杯群雄逐鹿,感受体育竞技的王者之气。

(3) 服务性节目

服务性节目赋予浓厚的生活气息,题材广泛,内容丰富,因贴近生活,真实、实用,为观众喜闻乐见。人们在这类节目里渴望了解更多的娱乐休闲活动方式,也渴望能获得帮助他们提高生活品质的资讯。例如,了解烹调、保健、美容、栽花、养鱼等充满家庭生活乐趣的知识,引导受众提高生活品位和树立积极、健康的生活理念。如中央电视台的《天气预报》《回家吃饭》《生活》《为您服务》《家有妙招》,北京卫视的《快乐生活一点通》,河北电视台的《家政女皇》《都市房产》,成都电视台的《快乐家园》,广东电视台的《家庭百事通》等。随着时代的发展,服务性节目也大胆创新,出现了许多生活服务性真人秀节目,如中央电视台的《职来职往》《厨王争霸》,江苏电视台的《非诚勿扰》和中央电视台的《交换空间》。

(4) 教学节目

教学节目是系统地传授某一类文化科学知识的电视节目。它可以是课堂教学的扩大和延伸,也可以是普及大众知识的一个平台。这类节目容量大,受众面广,品质高,教育手段多样,融现代科学传播手段于教育领域,是教学的飞跃。如中国教育电视台二套的《跟我学汉语》《小学语文教学研究》,无锡电视台的《名师讲坛》等。中央电视台科教频道的《百家讲坛》,"让专家、学者为百姓服务",架起"一座让专家通向老百姓的桥梁"。

二、成功的社教服务类节目的共性

1. 建立了一系列配套机制

成功的社会服务类节目拥有固定受众群,必然对应着潜在的消费群体。一方面,做好提高节目质量和收视率的工作;另一方面,做屏幕外的延伸,寻找新的利润增长点,比如制作配套的图书、杂志、产品直销等,形成策划、制作、宣传、销售、服务等一系列配套的流程。如湖南台教育类美妆节目《我是大美人》,开辟了淘宝网的旗舰店,在节目中介绍过的产品大卖,极具权威性和说服力。

2. 提高服务品质

社会服务类节目的宗旨是为受众提供良好服务,满足不同受众的思想、情感、心理、健康、生活等多方面的需要,所以节目总是致力于提高服务品质。中国教育电视台的《职来职往》通过求职者和面试者之间的观点碰撞,以择业观和就业观的话题讨论为基本形式,反映职场真实面目,还原职场法则,旨在引发人们对关于大学生就业问题的深入思考,为大学生开设了一堂免费的就业指导课,同时实实在在地解决部分大学生就业问题,得到观众的认可和好评。

3. 融入娱乐元素

社会服务类节目正在逐渐转型和过渡,由以前的过度强化教育功能转为贴近人心和百姓生活的亲民节目,融入更多的娱乐元素在节目中,综合利用各种电视表现手段,没有单纯的说教,用一种更为轻松、愉悦的方式去传播知识与道理。比如,湖南卫视的生活智慧类脱口秀节目《百科全说》介绍养生之道,虽然节目形式夸张、搞笑,但是在每期节目中,观众都可以学到一些知识,真正实现了寓教于乐。

4. 增强受众的参与性

受众的参与,一方面体现在线下为节目投票、打分及评价,利用数字电视技术实行双向、实时、互动的收看模式,同时与互联网连接,共享网络资源,实现节目按需观看;另一方面,体现在受众来到演播现场直接参与节目。如北京卫视的《养生堂》和江苏卫视的《缘来非诚勿扰》等。

5. 强化品牌意识

在市场经济条件下,电视台推出的每一档节目就像推出一款名牌产品,首先要有品牌意识。这里所说的品牌意识,包括节目形式和节目内容两个方面的策划与包装。在品牌节目建设上要注重个性化、差异化定位,不断创新求变。比如央视 10 套的《希望英语》节目主办的"希望英语大赛"成为一年一度的英语比赛盛事,其品牌效应已经显现。

三、社教服务类频道枚举

1. 北京电视台生活频道

频道的总体定位是:引领时尚潮流,提升消费品位;让生活处处精彩,娱乐无处不在;传播公益理念,呼唤爱心奉献,弘扬慈善精神,推动慈善事业。频道播出的《生活面对面》《魅力前线》《我爱我车》《快乐生活一点通》《时尚装苑》等生活类栏目具有较好的收视效果。

2. 上海生活时尚频道

上海生活时尚频道开播于 2002 年元旦,初期属于典型小众化定位。2006 年 1 月,频道做出了向相对"大众化"靠拢的战略性调整,将"优质生活倡导者"确定为核心理念,强调了对于未来时尚人群的培养和期待,试图打造一个引领生活方式的品牌。

目前,频道已拥有《今日印象》《风尚东方》《人气美食》《超级模特》等颇受年轻观众喜爱的节目,2008 年与同属于时尚传媒旗下的《星尚 OK!》杂志携手,推出全新时尚类栏目《星尚》。

虽然没有大型综艺节目,没有热门电视剧,没有民生新闻,频道凭借时尚定位,呈现出良好的成长性。

3. 杭州电视台生活频道

杭州电视台生活频道创办于 1993 年。2006 年年底,频道在黄金时段撤出电视剧,以生活服务和经济资讯定位,以亲和性、服务性构建节目框架,增加了内容丰富的自办栏目。目前自办生活服务类节目主要有《生活大参考》《生活气象站》《空间大挪移》《财富大赢家》等。

4. 南京电视台生活频道

南京电视台生活频道创办于 2001 年。初期以提供贴近百姓生活需求的服务类节目为主,创办了《生活直通车》等栏目。2004 年,针对缺乏个性化栏目的问题,频道新创了慈善类大型栏目《日子》。随着 2006 年消费监督类节目《南京质量报告》和 2007 年《金色生活》《快乐理财》两档节目的开播,频道的节目结构逐渐完善,力图凸显"品质生活、贴心服务、慈善阳光"的特征。

5. 江苏靓妆频道

江苏靓妆频道由江苏省广播电视总台开办,是面向全国的全数字化付费电视频道。它以美容、美体、服饰、礼仪等流行资讯为内容定位,目标观众锁定极具时尚品位和消费能力的中青年白领。

频道每日首播节目 6 小时,囊括时尚新闻、时尚纪实、秀场发布、选美专场、扮靓指南等多方面的精彩内容,是目前国内内容最丰富、更新最及时的时尚电视频道。频道与法国时尚频道(FASHION TV)和意大利时尚频道紧密合作,与世界主流时尚电视媒体同步播出来自巴黎、纽约、米兰、东京四大时尚之都以及国内主要时尚城市的服饰发布及其他流行信息。

6. 旅游卫视

旅游卫视是国内唯一的专业化旅游主题卫星电视频道,2002 年 1 月 28 日开播。

2004 年 7 月,频道全面改版,倾力打造精品栏目,"旅游资讯立台,时尚娱乐并重",形成了以行走类、时尚类、娱乐类、资讯类为主的四大节目群。目前有《中国旅游报道》《有多远走多远》《第 42 天》《玩转地球》《旅游剧场》《音乐流行榜》《衣妆盛典》等主打栏目。

7. 中华美食频道

由青岛电视台广电中视文化有限公司承办的中华美食频道,2005 年 11 月 8 日正式播出。频道主要栏目有《满汉全席》《节会直通车》《食界精英》《天下名厨》《千味坊》《养生馆》《美食天下》《中华美食大讲堂》等。

8. 美食天府频道

成都美食天府数字电视频道于 2004 年开办。频道立足四川,辐射全国,内容以推介川菜文化为主,逐步推出川酒、川茶、川景以及由美食衍生的特色旅游等内容。

频道节目包括互动咨询、新闻资讯、教育培训、美食评比、人文历史等内容。《美食成都》致力于介绍老百姓喜欢的味道,厨艺类节目《家常菜》每天向社会征集一道菜品,《超级品味》突出成都人幽默乐天性格,《百味人生》讲述川菜代表人物酸甜苦辣的经历,《洋厨房》带来"洋美食",《饕餮之夜》是一档介绍极品美食的电视栏目。频道还播出以美食为主题的电视剧。

9. 孕育指南频道

孕育指南频道湖北电视台开办,面向全国有线电视网络播出,是全数字化专业频道。频道集权威性、专业性、服务性、娱乐性为一体,为有生育计划的家庭、孕产妇家庭以及婴幼儿家庭提供生理、心理卫生健康及优生优育知识服务。

该频道主要节目有:婚姻及两性健康话题类的《性福快车》《多多说吧》,孕前准备指导类节目《生命计划》,孕期知识节目《宽心俱乐部》,孕期心理咨询类栏目《妈妈课堂》《贝贝诞生记》,产后孕妇保健知识类节目《阳光妈咪》,儿童养护及早教节目《育婴房》,新闻节目《孕育情报站》,以及音乐视频节目等。

10. 卫生健康频道

卫生健康频道由中央电视台、上海文广传媒集团联袂合作,中华医学会医学专业技术支持,多元化重金打造。频道汇集了国内外各类与健康关联的精彩节目,针对不同年龄、层次和需求的受众群体精心编排,更利用各方面资源,将节目内容和节目外的导医服务充分结合,全力开发与健康产业相关的各项服务。目前,频道的主要栏目有《木兰健身系列》《私人空间》《好莱坞健身教练》《健康探索》。

11. 中国气象频道

2006年5月1日,中国气象频道通过中央数字电视平台正式播出。频道以防灾减灾、服务大众为宗旨,全天24小时滚动播出,是相关行业部门和普通大众及时、快捷地获得各类气象信息和相关生活服务信息的平台。

该频道借鉴国外专业天气频道的成功经验,采用非栏目化、整频道打通的播出方式,每10分钟就会即时预报天气,同时提供晨练指数、出行指数、穿衣指数等与百姓生活密切相关的天气资讯。遇到重大气象事件,全频道可以打通时段,推出实时跟进的直播节目。除了气象信息,频道还高频次播出与环境、交通、旅游、演出等有关的资讯,以贴近生活,服务大众。

技能训练

一、关于王小骞《天鹅湖 PK 暖香绿意》主持词片段评析

在这段互动中,王小骞担任了两个角色"主持人"和"分享者"。"介绍者"作为主持人,引导整个节目的流程,揭示改造主题—分享改造喜悦—介绍改造详情—组织评价总结。角色的转化根据内容而变,自然流畅。在分享过程中,她始终挽着老两口,就跟自家的闺女一般,和他们共同欣赏,共同喜悦,适时地抓住周阿姨表情的变化,推进幸福感觉的蔓延;及时地强调王叔感慨时提到的"情调"一词,将老人心中的感受抒发出来,与受众形成共振。在"介绍改造详情"环节中,介绍的路线有条不紊,线路清晰,重点突出,中间不断根据两位嘉宾的情绪反应进行巧妙的衔接,引导他们感受变化的同时深入浅出地将装修知识和设计师的理念充分地表达出来。值得一提的是主持人的副语言的运用,不同角色所运用的副语言都不一样。作为主持人时,保持中度距离;作为分享者时,保持近度距离;作为介绍者时,保持远度距离,肢体动作运用幅度较大,这三个角色的准确把握,源自服务

意识的清晰定位。

（资料来源：人民网，http://media.people.com.cn/n/2013/1104/c370863-23423875-2.html.）

二、社教服务类节目该如何主持

社教服务类节目对时效性要求不高，它讲求的是贴近性、实用性和相关性，受众要在节目中获取和生活息息相关的资讯。所以要求主持人形象亲切、语音甜美，弱化主持风格，强调平实、清新、亲切的语言表达方式，既要紧扣生活和时代节奏，又不拖沓沉闷。一般来讲有以下几种类型：访谈型、表演型、演示型。无论采取哪种形式，都应使观众产生兴趣，轻松快乐地融入节目，接受节目提供的信息。

1. 主持语言要注意口语化、生活化

社教服务类节目语言要亲切自然时尚，变说教为说话，要口语化、通俗化、形象化，让受众喜闻乐见。"讲故事"是现在社教服务类节目大量采用的手段，"说真事"是人们对事物感性描摹的一种方式。老舍先生谈到口语和书面语的区别时说过："世界上最好的文字，就是最亲切的文字。所谓亲切，就是普通的话，大家这么说，我也这么说，不要用了一大车大家不明白的词汇。"这就要求变"播"为"说"，使社教服务类节目贴近生活、服务百姓。例如，CCTV-7 的《每日农经》栏目以介绍与农业有关的知识为主要内容，面向的受众主要是农民或与农业有关的人士，所以语言风格不仅生活化，而且比较随意。在介绍"韩多小鱼饼"的节目中，提到小鱼饼美味的关键在于面粉与众不同，然后在店里，出镜女主持人说："您说这不就是一小鱼饼么，这面能有什么讲究啊？"然后就对店主说："老板，给我来斤面，噢不是，给我来两个小鱼饼。"这样的语言在我们生活当中随处可见，带有地方口音的或说错的，但是它不但没有成为节目中的纰漏，反而使节目锦上添花。观众听了这样的语言之后都会感到轻松、幽默，然后会心一笑。所以，节目中生活化的口语会让节目内容更丰富，更具趣味性。

2. 注重与嘉宾的交流

社教服务节目常常邀请嘉宾参与节目，与嘉宾的互动交流如果生动有趣吸引人，会为节目增色。这要求主持人要训练有素，巧设问题；嘉宾也应反应敏捷，有条不紊，得体地回答主持人的提问。所以，主持人案头准备工作要充分，精心设计好互动环节。当然，不排除主持人打破常规即兴提问，有些嘉宾会积极思考，侃侃而谈，双方配合默契，营造一种轻松愉快的现场氛围。如在《年代秀》2013 年 6 月 14 日播出时，主持人赵屹鸥在张含韵回答猪肉每斤的价格之后，他又说："问一下，北京（的马羚、英达）？"

马羚："我不敢说了。"转向英达，"英达，你说……"

英达（拍手）："啊，这个……我最近在减肥。"

（现场笑声）

赵屹鸥（笑着）："你少来，保乐？"

赵保乐："关键肉和肉的品质不一样。"

赵屹鸥："我们说五花肉。"

赵保乐："五花肉是超市里买还是菜市场买,它也不一样。"

(现场笑声)

因为之前两个人关于每度电多少钱的问题都回答错了,所以,这里嘉宾在回答猪肉价格的时候都没有正面回答,但是营造了一种轻松愉快的现场氛围。这种幽默的现场表现既能让嘉宾感到放松,又可以起到推进节目进程的作用。

3．不断学习,做"专家型"和"杂家型"主持人

社会服务类节目呈现出服务性、丰富性、科学性、知识性、地域性、趣味性等多重特点,市场需要"专家型"主持人,更需要"杂家型"主持人。不仅要深入了解与栏目内容相关的专业知识和生活常识,有独到的见解、深刻的分析、权威的解释,而且要将专业的理论知识用最通俗的语言表达出来,"翻译"给受众。在节目中难免涉及生活中的小常识和小哲理,主持人要上知天文下晓地理,灵活掌控节目的格调及进程。例如,做旅游类节目主持人,除应懂得旅游和人文地理方面的知识,还要略通文学和社会学;做相亲交友和情感类节目主持人,除了要懂心理学等方面的知识,还应有丰富的人生阅历;做饮食类节目主持人,除应懂些烹饪知识外,还要懂得美学、民俗学,等等。

4．个性鲜明,逐步形成独特的主持风格

社教服务类节目主持人非常特殊,既是节目进程的掌控者,又是节目氛围制造者,主持人形象、气质、特点及主持功力往往成就一栏节目,主持人和栏目一起被打上"标签"和"专利"。所以,主持人的个性越鲜明、越突出,就越能表现出特殊的魅力和感染力。例如,江苏卫视主持人孟非获得2012年度金鹰电视节最佳主持人奖,他的颁奖词是"他主持的电视节目《非诚勿扰》是目前中国电视荧屏上颇具影响力的节目。他以尖锐犀利的观点和诙谐简洁的语言让人大为赞叹"。这种平民式的亲和力与睿智幽默受到亿万观众的喜爱。他的这种尖锐不失平和,诙谐与睿智并重的主持风格与他多年从事记者和新闻主播的经历密切相关,区别于其他相亲类节目的恰恰是这种新闻的敏锐度和视野,在节目中不仅是"红娘",还是道德价值观议题的发现者、进行讨论的组织者和引领者。

总而言之,社教服务类节目要求主持人的主持风格温馨、自然,主持人的语言特点要迎合受众的需求,给人以亲切、轻松之感。主持人要清晰自身角色定位,有的放矢地进行活动传播,最大可能地让受众积极参与,同时要站在社会前沿,引领时代风尚,形成自己的独特风格,让受众有信赖感,使节目传播效率高,信息量大,这样才能保持节目的深入人心。

素质养成

央视《百家讲坛》风光不再　收视率直线下降或被淘汰

《百家讲坛》主讲人、浙江大学博士于钟华近日为新书《问道王羲之》在京举行签售。相较于《百家讲坛》当年新书签售场面之红火,荧屏讲师们如今已走下"神坛",黯然失色。出版方中华书局表示,如今《百家讲坛》系列书的起印量已从几年前巅峰期的百万册下滑到两三万册,签售现场冷落,不再有昔日之火爆,令人恍若隔世……

易中天

地位岌岌可危

《百家讲坛》最红时堪称"造星机器"，它在专家、学者和百姓之间架起了一座荧屏桥梁，捧红了易中天、纪连海、于丹、阎崇年、马未都、王立群等一批专家型荧屏明星。阎崇年的《清十二帝疑案》创造了《百家讲坛》0.57％的高收视，纪连海的《历史上的和珅》更是创造了 0.69％的最高收视。一时间，这些学者明星的出场费甚至可与歌星、影星比肩。然而，时隔多年，《百家讲坛》不仅已经失去"造星"功能，收视率也直线下降。由此，相关图书不再火爆也在情理之中。

纪连海

　　纪连海向媒体透露,从 2015 年 10 月份起,除了他讲的李莲英系列之外,"收视率再也没有超过 0.1%。"收视不到 0.1% 和他曾经创下的 0.69% 相比,甚至还不到七分之一,可见下降之猛。有一阵,由于《百家讲坛》收视连续跌出央视 10 套所有栏目前十名。按电视台"末位淘汰"标准,其地位岌岌可危,甚至一度传出了将停播的传闻。当年,很多出版社都争抢《百家讲坛》主讲人的图书版权,所有书都要争着和央视签约,价钱抬得很高。易中天的《品三国》出版时,甚至举行了一场吸引全国出版社关注的无标底竞标,最终上海文艺社以 55 万册的首印数和 14% 的版税夺得了《品三国》的出版权。当时《百家讲坛》其他一些主讲人的书起印量也在十万册以上,而如今能有两万就不错了,也有不少出版社为此亏本,印多了砸在自己手里。

观众审美疲劳

　　《百家讲坛》为何出现收视冷落? 人们议论纷纷。

　　《百家讲坛》主讲人翁思再认为,节目品位较高,但帝王将相说多了,选题变得越来越窄。《百家讲坛》学者说来说去还是那些人,新人难以出现,形式多年不变,再加上全国各地类似节目一窝蜂竞相模仿,时间久了,难免会让人产生审美疲劳。

阎崇年

　　《文化中国》主持人今波说,《百家讲坛》当年之所以火,是由国学热、学者明星、文化通俗化等元素合力造成的。但时间久了,新鲜感过去,节目又没有创新,就出现了疲劳期,遭遇了瓶颈。像易中天、于丹那样善于演讲的学者可遇而不可求,就那么几个,可谓凤毛麟角。再说,有的学者即便很能讲,但学术界对这种通俗化的表达评价不高,甚至引来争议,不利于学术地位的提升。

　　有业内人士认为，如果《百家讲坛》摒弃过于精英化、学术化，转而定位成更通俗化，更接地气，还可浴火重生。因为老百姓对历史文化、国学知识的需求很大。这一点，可以从《十万个为什么》这套丛书发行量近一亿册并影响了几代人、从央视《中国汉字听写大会》荧屏热播等现象中得到佐证。

方式十年不变

　　《百家讲坛》出现的收视冷落，令人想起了央视另外两档讲坛类节目——《开讲啦》和《青年中国说》的兴起。《开讲啦》和《青年中国说》不仅播出后收视一路创出新高，并且名列同时段全国第一；而且，这两档节目在互联网上的点击量总数超过了10亿。这是一个令人欣喜的数字，也证明了讲坛类节目唯有创新，与时俱进，才有出路。

于丹

　　与《百家讲坛》相比，《开讲啦》和《青年中国说》无疑更具互联网的新思维。《百家讲坛》是专家、学者"一桌、一人、一口"的自我演讲与单向灌输，10多年未变，既没有观众的互动环节，也没有彼此争论的空间。虽然说《百家讲坛》定位是"一座让专家通向老百姓的桥梁"，但这是一座单向通行的桥，想要老百姓通向专家，则此桥不通。这束缚了大众思考，在"互联网＋"给这个世界带来翻天覆地变化的今天，显然有点落伍。

　　而登上《开讲啦》和《青年中国说》讲坛的嘉宾都是现身说法，犹如自媒体"自我发声"，并且台下听众可与嘉宾积极互动、讨论，甚至争执，犹如网上点赞、点评、争论，充满了互联网的平等、互动、宽泛、多元、参与、挑战等特点，并展开自由碰撞，这无疑比单向说教更具吸引力。何况，与《百家讲坛》相比，《开讲啦》和《青年中国说》更贴近当今时代，话题更接地气。由此可见，节目潮起潮落，其实反映了节目创新与守旧的巨大落差。

　　（资料来源：观察者网，http://www.guancha.cn/culture/2015-07-05-325665.html.）

开讲啦

《职来职往》语录（节选）

1. 不要为任何人确定你的职业理想，你需要的只是确定完全属于你的目标。

——智联招聘　张勇

2. 我们都说笨鸟先飞，早起的鸟有虫吃，但早起的虫会被鸟吃掉，所以很草率的性格很容易受伤。

——光线传媒　刘同

3. 一直以来我们都找不到对的人，是因为我们不能改变错误的自己。这句话适用于爱情，也适用于职场中的你！

——光线传媒　刘同

4. 我们在找工作时，有三个"业"：一个是行业，一个是职业，一个是企业。如何在把握好自己专业的目的的根本上，进入一个合适的行业，选择一个好的企业，做自己喜欢的职业，是一个值得思考的问题。

——智联招聘　郝建

5. 今天看了杜拉拉想做 HR，明天看了王拉拉、李拉拉，你该想做什么了？

——宅急送　王思岩

6. 面试需要的是一种双赢的局面，在这过程中，求职者应该更多关注的是用人单位的买点而非自己的卖点。

——光线传媒　刘同

7. 每个初入职场的人都觉得应该树立自己的榜样，并以此为努力的方向。其实师不必贤于弟子，你需要超越的只是自己！

——职业规划　师潘力

8. 在工作方式的选择上，男人关注的是大方，女人关注的是细节。

——智立方　杨石头

9. 放弃该放弃的是无奈，放弃不该放弃的是无能；不放弃该放弃的是无知，不放弃不该放弃的是执着。

——新东方　唐宁

10. 企业的用人态度是：二十岁时看此人可不可教，三十岁时看此人可不可用，四十岁时看此人可不可捧。

——智立方　杨石头

11. 做任何事的时候都是，凭良心，干本分。

——新东方　唐宁

12. 我要说的话可能会很冷血，但是可怜之人必有可恨之处，你之前花了一年的时间去发单，你自己还觉得自己很能吃苦，而这完全是无意义的，对于你将来的职业发展没有任何用处。
——星巴克　王玺

13. 在职场中,眼泪并不能代表什么,这个世界之所以灿烂,不是因为阳光,而是因为你的笑。
——新东方　唐宁

14. 在职场中,有太多的人分不清什么叫作理想,而什么又叫作梦想。理想是理智的梦想,在实现理想的过程中,需要一步一步地去完成,而这一点很多年轻人并不能做到。
——智立方　杨石头

15. 在职场中需要理性的竞争,但我并不欣赏职场中的钩心斗角存在,因为人毕竟是感情动物,懂得珍惜职场中人与人之间的真情,是值得鼓励的。
——岳成律师事务所　岳屾山

16. 无论什么时候,都需要听从你内心的想法,走你未来的路。——创可贴　江森海

17. 不要把别人对你的好感当尊重,把尊重就当认同。这对于一个职场中人来说不理性,也不成熟。
——智立方　杨石头

18. 对于一个学生而言,总是询问一些实际案例经验是不公平的。在我们每年做校园招聘的时候,我需要问的是他们的思路,只要他们思路清晰,他们就可以适合所应聘的职位。
——红帽软件　郑艳

19. 在面试过程中,互动是很重要的,你的眼睛要懂得迎接来自听众的眼神,这是一个求职者所必需的技能。
——尚涛造型　尚涛

20. 律师这个行业,看起来很美,听起来很阔,说起来很烦,做起来很难。
——岳成律师事务所　岳屾山

第四节　访谈类节目主持

问题讨论

(1) 为《永恒的骄傲》写一个阅读提纲,并分析题目"永恒的骄傲"是什么意思。在这篇访谈中,鲁豫用了很多不同的提问方式,分析并学习这些提问方式。

(2)《面对面》中,王志采访姜文和采访易中天有哪些不同?

(3) 试分析王志和杨澜采访易中天时的不同风格。

案例导入

案例一

永恒的骄傲
——凤凰台记者鲁豫采访邓稼先夫人许鹿希

许鹿希的父亲许德珩是我国"五四运动"的先驱之一,她自幼随父母颠沛流离,走南闯北,后来成了我国"两弹"元勋邓稼先的妻子。在许鹿希的世界里,邓稼先并没有离开……

1. 鲁豫:许老师,您上的是北大医学院。如果您那时候没有上北大医学院的话,可

能就和邓先生擦肩而过,就碰不上了。

许鹿希:我家跟他家是世交,他父亲邓以蛰教授是北京大学教授,我父亲也是北京大学教授,所以我们两家很早就有来往,也经常看见邓稼先,也觉得这孩子挺好玩。

2. 鲁豫:你跟邓先生差多少岁呢?

许鹿希:差四岁。

3. 鲁豫:按年龄来说,正好是可以玩在一块儿的时候,小的时候。

许鹿希:不,不,那男孩子他太皮了。我妈妈有一次回来说,进去的时候看见他正坐在那大门上,过去的门不是这么两扇关然后对开的嘛,他正坐在门框上头,就报"许伯伯许伯母到",然后就把脚一蹬,那门就开了,我妈妈爸爸说这个皮呀,真皮极了。所以这样的孩子就不会跟女孩子玩的,对吧? 顽皮极了。

4. 鲁豫:后来什么时候又跟他在一块儿呢?

许鹿希:1950 年 8 月 20 日,他就拿到美国的那个博士学位。拿到博士学位以后 9 天,就坐船回来了。回来以后,就在中国科学院原子能所工作,国为他当时只有 26 岁,拿到美国的博士学位,所以钱三强先生跟吴有训先生就管他叫"baby doctor"。

5. 鲁豫:是非常年轻。邓先生 1950 年回国,那时候您在干嘛呢?

许鹿希:1950 年我还在上学。还没毕业。

6. 鲁豫:就快毕业了,那时候。

许鹿希:我跟他就很好了,反正是只要有工夫就在一起聊聊天,玩什么的。后来我一毕业我们就结婚了。从 1953 年到 1958 年这五年,他在中科院原子能所做科研,我呢,在北京医科大学做教员。

7. 鲁豫:这是您要的生活。

许鹿希:最舒服,最快乐,这五年我们是又轻松、又自在。

8. 鲁豫:你们结婚 55 年,但两个人真正朝夕相处能够过一种平凡快乐的家庭生活,却只是开始的五年时间。我真的很感慨,你们那么相爱,可以一起的时间却那么短……

许鹿希:我在 1958 年 8 月那一天,就是我们一点预感都没有。由钱三强先生把邓稼先叫去了。那时候钱三强是叫作核工业部的副部长兼原子能所的所长。他就给邓稼先说,国家要放个大炮仗,调你去做这个工作怎么样? 邓稼先马上就明白了,这是要放原子弹,他当时回答就说,我能行吗? 实际上他们已经决定了,这是调令呀,不是说征求你个人意见。那天晚上回家以后,他也一夜没睡,我也一夜没睡。

9. 鲁豫:他怎么跟您说? 他也不能跟您说什么,是吗?

许鹿希:他不能跟我说做什么。他就跟我说,他要调动工作,我说问他调哪儿去,他说这不能说,做什么工作他不能说。我说你给我一个信箱的号码,我跟你通信,他说这不行,反正弄得我当时很……我当时 30 岁,他当时 34 岁,当时孩子很小,我不知道他干什么去,可是他态度很坚决,他说做好这件事,我这一生就活得很有价值,就是为它死了也值得。他说这话以后我就哭了,我说你干嘛去,做什么事情要这么样子,下这个决心。当然那个时候我不知道,后来过了一些时候我知道了……从此以后,一干就是 28 年。

10. 鲁豫:当时邓先生偶尔回来,您怎么跟他聊天呢? 总要问一问最近的工作……

许鹿希:一点都不能聊天,他们的规矩是片纸只字不能往回家带,不能带出来。至于他突然回来和突然走,什么时候回来,我根本不知道,一个电话来马上走,车就在等着,警卫员一上来就马上就走了。我们中国的核试验一共做了45次,第一次的成功是1964年10月16号15点,第一颗原子弹爆炸成功。最后一次呢,第45次核试验呢是在1996年,7月29日,在邓稼先逝世的十周年这一天。

11. 鲁豫:这45次试验,邓先生领导了多少次?

许鹿希:他生前,生前一共有32次,32次里头有15次是他亲自在现场指挥,其他的不是每次都是他亲自指挥。在一个原子弹氢弹做成以后要有一个专家签字,向国家签,等于向国家保证,这个弹做行了,你可以放了。这个签字是邓稼先去签,签完这字邓稼先说就好比就把脑袋别在裤腰带上,万一不行就不得了,可是每次都行了。所以人家给邓稼先一个外号嘛,说邓稼先是福将,这福将可真太难了。

12. 鲁豫:这种压力一般人没法想象。我有一点不太懂,就是在研究原子弹的整个过程当中、日常的工作当中,有没有可能受到核辐射的危险。

许鹿希:你说不受到辐射不可能。

13. 鲁豫:所以邓先生在接受这个工作的时候,他不仅要下决心,我要离开家庭很长时间,我的工作,我的成绩再大,功劳再大,别人不可能知道,我要一辈子做无名英雄,同时我要做好牺牲的准备。

许鹿希:他完全懂,最重要的一次,对他影响最大的一次是我们中国曾经有一次核试验,核弹头是很好的,只是那个什么降落伞没有打开。

14. 鲁豫:是从空中掉下来了是吗?

许鹿希:对,曾经有过这么一次事情。当时就非常着急了,就是派一百多军人去找,没找着,没找着。邓稼先亲自去找,陪他一块去是当时(二机部)的副部长。这时候那基地的那个领导就说,说老邓你不能走,你不能去,说你的命比我的值钱!这基地这个领导,他叫陈彬,他说的话是非常感动人的。邓稼先还是上吉普车走了。那个戈壁滩不是沙漠对吧,戈壁滩是大石头小石头,大石头跟篮球那么大,小石头就遍地都是,那个吉普车就在那个戈壁滩到处跑,一下子邓稼先就看见了,因为是他们自己做的,他说就在那儿。后来是赵敬璞副部长告诉我,他说大概摔碎的那个范围呀,像半个足球场那么大,整个弹都摔碎了。邓稼先让司机停下,他当时也不讲礼貌了,他就喝住赵敬璞副部长,他说你们都给我站住!你们进去没用!就把他们都喝住在那儿,然后他自己进去了。

15. 鲁豫:他知道很危险吗?

许鹿希:可他那时候他已经顾不上了,好像我觉得那时候,有人说那时候他是傻子,我也说不出来他是什么人,是傻子还是,反正他一切都根本想不到自己了,他完全懂钚239是怎么个毒性,铀235是怎么个毒性,是吧,完全懂,可到那个时候他就进去以后,他找到那个碎的弹片的时候,他就最糟糕就是他拿手捧了一下,捧起来一看,马上他就放松了——他是平安无事。

1985年到医院,检查出来得了直肠癌,医生说你怎么这会儿才来,他也回答不出来,根本没有想到这些事情。那时候张爱萍将军非常关心他,一直守在手术室外头,可是等到手术结果出来以后……我是医学教授,当时我就知道没救了,顶多一年。中央军委的领导决定对邓稼先解密,在1986年6月24号那一天,《解放军报》,还有《人民日报》,都是大版的文章,题目就是"两弹元勋邓稼先",就把邓稼先和原子弹、氢弹所有的关系全部就登出来了。这一天拿到这个报纸,怎么说呢,就有人拿着报纸,摇着这报纸说:"许老师,许老师,许教授,许教授,您看看邓稼先上报了!"一边挥着一边过来,可是等到跑到我们面前的时候,看见我们家里人都在掉眼泪。这一天也是,一些比较懂事的,比较年纪大一些的亲戚朋友,就从各地方打电话过来,说邓稼先怎么了,说一个人20多年来都非常的隐姓埋名,一点都不知道他干什么,现在在报上突然一下,把他跟造原子弹和造氢弹的事情全部都宣布出来,他说这人还在世不在世?这就是我们当时的真实的情况,就是这样……

16. 鲁豫:这16年有这些零碎小事可以去回忆的话,你会觉得邓先生还是还在。

许鹿希:他有很多事情让人觉得,他这样做是对的。如果说有轮回,人生有轮回,他还会这么做。

17. 鲁豫:你也还会再支持他。

许鹿希:虽然是非常苦,可这么做是很值得。

18. 鲁豫:谢谢您许老师,谢谢您。

邓稼先离开她已经有16年了,但家中的陈设一如既往。许鹿希将丈夫的用具都标上了年代,使用日期,连邓稼先坐过的沙发上的毛巾都没换过。看着老人摩挲着那些用具,不禁让人涕叹,十年生死两茫茫,不思量,自难忘……

案例二

《面对面》中王志采访姜文的精彩片段

《面对面》节目中,有一场的嘉宾是姜文。王志有一段采访特别精彩,句句命中主题,而且几乎是拉着姜文快速地把其从艺的道路梳理了一遍,很透彻。

王志:(没考上电影学院)如果说当年考上电影学院呢?你会是什么样?

姜文:我不知道怎么想……(后来)我就进了戏剧学院,然后我没法设想我在电影学院是什么。

王志:那戏剧学院四年到底给了你什么,在表演上?

姜文:很多……

王志:不留恋话剧舞台吗?

姜文:留恋,确实留恋。

王志:(当演员时)迈出第一步的时候呢,一定是角色选你?

姜文:那叫爱新觉罗·溥仪,让我演的是那个角色……

王志:作为一个演员来说,你怎么就那么顺呢

姜文:……

王志:为什么仅此一例?(电视剧作品)?

姜文:没有这样的剧本啊。有这样的剧本我肯定去。

王志:你想当导演的初衷,从一个演员为什么要当导演?

姜文:坦白地说,初衷不太高级……

王志:姜文到底想做一个什么样的导演?

姜文:做尊重观众的导演。

案例三

《面对面》王志采访易中天（节选）

王：为什么你现在最火？你的诀窍在哪儿？

易：很简单，我就是我平时怎么说话，到了那儿我还怎么说。

王：但你听到过对你的批评吗？

易：我倒希望他面对面坐在这来批评，没有人来。

王：为什么招致那么多非议呢？

易：喜欢和赞成的人越多，不喜欢和不赞成的声浪也就越高。

王：能不能在《百家讲坛》继续看到易老师的讲座？

易：由雇主说了算，雇主是谁呢？观众。

王：我们走进这个房子里的时候，有人告诉我们这里是富人住的地方。

易：不是，我楼下也住着出租车司机呢，我这个房子刚开始的时候价位并不高。

王：但是现在易老师在人们的心目中，您已经属于有钱人的行列了。

易：（笑）什么叫有钱，多少钱叫有钱，其实比我有钱的多了去了，一个教书匠凭着自己的劳动挣了一点钱，怎么就撑破了新闻界的眼皮儿了。

王：但是银行里存折数字的变化，你晚上睡得好吗？

易：这有什么睡不好，我根本就不知道它在怎么变。

王：怎么说？

易：我是不知道，我又不去查账，又不看，一切都是电脑在自动处理，包括出版社的版税也是直接打进账户，我又不去查。

王：走上《百家讲坛》的时候，这个结果预料得到吗？

易：这个预料不到，《百家讲坛》你去讲一讲，这个能挣多少稿费啊？一期就一千块钱。

王：想到过有这样一种效益吗？

易：哪一种效益？

王：名，利。

易：哎呀，我就奇怪了，这个媒体啊，包括平面媒体，也包括你们电视台，还包括阁下，怎么都关注这两个字，这难道就是当今老百姓最关心的事吗？不会吧。

王：可能跟我们平常心目中的学者形象有很大的反差。

易：意思就是说大家公认学者就该穷，是不是这个意思？

王：还有一个动机的问题。

易：刚才您提到那两个字"名和利"，它是副产品，搂草打兔子的事，现在没看见我搂草，都看见我打兔子了。

王：那你看到电视上的自己时会不会觉得陌生呢？

易：没有。

王：包括电视导演都觉得你是一个天生的一个上电视的学者，那么所有这一切是有人帮你策划的吗？

易：没人帮我策划。

王：他们为什么选择你，你觉得？

易：我可以不觉得吗，（两人都笑）我干嘛要觉得呢，我非常简单，其实我是个头脑简单的人，没有你们那么多的弯弯绕。我就是这个活，你来找我，我就是一手艺人，对吧，你来找我，那我觉得这个活儿我乐意干，也觉得能够干，就干了。

王：电视对于很多学者来说，住在书斋里的人来说，它可能是个很别扭的东西，易老师没有感觉到吗？

易：我觉得再有学问的人他也得吃热干面啊，对吧？再有学问的人你也得吃喝拉撒啊！

王：你感到舒适吗？

易：说实话吗？

王：当然说实话。

易：有时候舒适，有时候不舒适。

王：不舒适是什么时候，舒适是什么时候？

易：不舒适就是碰上一档无聊的节目，一个蹩脚的主持人，问的一堆八卦的问题，你答也不是，不答也不是，就很不舒适。

王：但《百家讲坛》不一样。

易：《百家讲坛》它没有八卦问题，它第一没有主持人，第二没有八卦问题，所以《百家讲坛》很舒适。要知道，我是一个热爱教学的教师，在这种职业当中能够体验到一种快感。

……

案例四

《杨澜访谈录》之"易中天"现象解读

杨澜（以下简称杨）：易先生您好，非常感谢您接受《杨澜访谈录》的访问，首先要恭喜你《品三国》刚刚拍得了一个目前的出版界一个天价了吧，有 55 万册的首印，然后 14% 的版税。其实这个事情也可以在下边跟某个出版社谈好也可以做了，放到市场上这样大家来竞标一下，万一那个数字不是很如意，或者说同行之间有一些什么样的议论，就是心里有没有过这样一种权衡？

易：权衡是有的，我们也考虑过各种可能，但是不理他，因为你不管做什么事都会有人说三道四，比方说我今天来接受你这个访谈，也会有人来说，你就这么爱出镜呐。

杨：我不知道最初在媒体邀请您去做论坛或者是讲坛的时候，有没有过这样一种矛盾的心情？

易：没有。我敢肯定地说，孔子如果活在今天，杨澜要跟他访谈，他一定欣然接受邀请，为什么呢？因为那个时候他周游列国，干什么？宣传或者说兜售自己的观点。如果那个时候有电视这么好一个平台，他用不着东奔西走，坐着一个牛车，那么辛苦了，他来电视台接受杨澜的访谈，或者接受别的访谈，那不挺好嘛。

杨：您说自己一心想做亲民学者，不小心成了大众情人。这话怎么说？

易：其实这个表述不太准确，应该说是平民学者。不是亲民，不是我们自己高高在上，再去亲近人家，我们本来就是老百姓，我本来就是人民的一分子，我本来就没有什么了不起。

杨：所以您在把这些历史人物从头再评论和梳理的时候，其实你是抱着一个非常平常的一个心态来看待他们，就把他们还原到一个一个的人。

易：普通人。

杨：这样一种治学的风格或者是一种方法，是从什么时候开始的？

易：因为我可能和一部分学者的道路不太一样，说得难听一点，我本来就是学术界的土匪加流寇。土匪他因为还有山头，我是没有山口的那个土匪，因为我也不是科班出身，没有上过大学。到了1965年的时候，我就到新疆去了，参加新疆生产建设兵团种了10年地。1978年以同等学力考上武汉大学读研究生。

杨：这兵团10年务农的生活给您的人生当中留下了什么样的烙印呢？

易：我觉得很重要的一条就是，我说，在那个被诗意描绘的地方我懂得了生活不是诗，生活是很残酷的，很严峻的。在恶劣的环境当中，可能善的东西和恶的东西它都会凸现出来，这就是我在这样一种生活经历的时候我一直关注着人性问题，国民性问题，关心这些问题，然后我觉得来琢磨这个问题是我该做的事情，而我考上了研究生或者选择了一个专业，然后在大学里面教书，写一些论文，我觉得那个是我谋生的手段。

杨：谋生了，就是表面的一个现象。

易：谋生的手段，琢磨人性，关注人性，关注人生，是我"谋心"的工作。

杨：当你在重新评述这些人物的时候，不但要用一个还原普通人性的观点，不但有现代人价值的判断，同时也还要考虑到大众传媒传播的方式和受众的心理，所以你会增加一点小作料。

易：对，因为这是我说话的一贯风格，倒也没有说是为了做电视节目就精心设计或者刻意怎么样，诸葛亮见刘备，情好日蜜。"情好日蜜"这四个字是三国志的原文，然后呢，关羽和张飞有点嫉妒，他说咱这哥哥这么喜欢诸葛亮就像什么，就像老鼠爱大米。老鼠爱大米是我在录制现场突然一下脱口而出，完全是没有事先设计的。

杨：但也正是因为有这种方式，使得有些人看不惯。

易：对。他们觉得这学术问题怎么能这样讲呢，你怎么能说诸葛亮在城楼上唱卡拉OK呢？

杨：那你为什么又说自己是有点像探路的，或者叫扫地雷的，随时准备牺牲呢？为什么有这样的一种不安全感？

易：因为像我们这样的一个平民又成为一个大家瞩目的公众人物，那么你再瞩目，你再有名，你也是一个弱势群体，有那么多媒体。在这样一种恶炒成风的一个文化氛围内，我们不得不学会保护自己，所以你既然是这样的情况下，你要知道，你做什么事情，肯定都会有人说，所以我是想通了一个问题，就是人生的道路只有两种选择。

杨：什么选择？

易：一个是走自己的路让别人去说，还有一个是走别人的路那就让自己说了。

杨：你决定选择哪条路呢？

易：我决定是不让自己说。

……

 理论研讨

一、访谈类节目概念、分类

1. 概念

访谈类节目是谈话节目和专访节目的统称，是我国电视节目中兴起较早的节目类型，但是在发展过程中，这两种节目形态常常被杂糅在一起，统称为访谈类节目。从词义的角度看，"谈话"与"专访"是一对近义词，都有说话、交流的意思，但二者有区别。

谈话节目是由主持人、邀请嘉宾（含观众）围绕公众普遍关注的重要话题，在平等民主、轻松和谐的气氛中讨论话题的一种节目形式。

专访节目是由主持人与特定的采访对象就一定的主题在特定场景进行谈话的一种节目形式。

2. 分类

（1）谈话类节目的分类

① 新闻信息类。这类节目往往围绕当前社会上的热点、难点、焦点问题，或令人关注的新闻人物、新闻事件、公共事务引发的社会话题进行讨论。选择"政府重视、群众关心、普遍存在"的选题，坚持"用事实说话"，反映、推动和解决了大量社会进步与发展过程中存在的问题，用舆论监督推动了中国的改革开放和民主法治的进程。这类节目的特点是具有权威性、准确性和贴近性。谈话多在演播室进行，如中央电视台《今日关注》，东方电视台《东方直播室》等。在节目形态上采用演播室主持和现场采访相结合的结构方式，使报道有着落、评论有依据，述与评相互支持、相得益彰。

② 社会生活类。这类节目的话题涉及普通百姓生活的方方面面，既有社会生活的热点问题，也有家庭成员之间的调适；既有不同地域、不同生活状态的展示，也有观念、伦理道德的碰撞和摩擦。涉及生活状态、观念理念、婚姻家庭、爱情友情、人际关系、社会教育等等生活的千姿百态。节目基本上在演播室进行，现场观众是不可缺少的组成部分，谈话氛围比较轻松。其特点是贴近生活，贴近百姓，参与性强，因而深受观众喜爱，如中央电视台的《实话实说》《对话》等。

③ 综艺娱乐类。这类节目是将娱乐与谈话巧妙融合，以愉悦身心、休闲逗乐为目的的谈话节目，主要访问娱乐明星、体坛名将、时尚人物，展现人物经历魅力，营造幽默轻松的环境氛围，吸引受众注意力，给人以指导意义，如《艺术人生》《鲁豫有约》《非常静距离》等。

④ 专题对象类。这类节目是针对特定的观众群体或某一专业领域话题专门开设的谈话节目。特点是对象性强，话题专一，有品位和内涵。常见的有以下几种：女性谈话节目，以女性关注的婚姻、家庭、社会地位等话题为内容，如央视《半边天》周末版《谁来做客》；老年谈话节目，如《相约夕阳红》；体育谈话节目，如《五环夜话》；经济谈话节目，如《财经郎眼》；法制谈话节目，如南京电视台《有请当事人》等。

（2）专访类节目的分类

①　人物专访。这类节目是指对具有新闻价值的人物做出的专访,通常指有一定的知名度,有新闻性和时代感,有独特的新闻看点和新闻价值的人物,包括党政要人、国际政要、卓有成效的各行各业的知名人士。代表栏目为《面对面》《高端访问》。

②　事件专访。这类节目主要通过采访新闻事件的当事人或关联人,请被访者"讲故事",采集被访者经历过的典型或关键事件的详细资料,得到每个"故事"的完整信息,了解事件的来龙去脉、前因后果,认识事情的本质意义,如中央电视台《央视论坛》。

③　意见专访。这类节目主要是指就社会关注的重大政策、某类问题或社会现象邀请具有代表性、权威性的人士谈论见解和意见,提出前瞻性的建议和谈出有见地的想法,开拓思维,进而指导行为,如《海峡两岸》。

二、访谈类节目成功要诀

1. 把握社会热点,引领前沿思维

访谈类节目选题紧随时代步伐,把社会上出现的一些热点话题或热点人物作为谈话的主题,将人们熟悉和感兴趣的话题,以及人与人之间真实、亲近、自然的谈话展现在大众面前,以此吸引受众的眼球。

2. 寓教于乐,谈逗结合,有很强的感染力

访谈类节目一般都创建一个和谐、欢乐、融洽的氛围,通过主持人幽默、巧妙地提出问题,嘉宾真实而轻松作答来实现访谈目的,现场有互动、有图像画面和音乐声响等丰富的传播信息,给受众强烈的现场感染力,达到台上主持、嘉宾与台下受众热烈、和谐的良好氛围,通过互动,展示人物及事件真相本质。

3. 插入生动的背景材料,增强节目立体感

访谈类节目录制过程中可以插入一些必要的背景音像资料,让受众掌握大量第一手资料,给受众一种真实、立体、形象的感性材料,进而全方位地理解和感受人物或事件的综合信息。

4. 注重感情交流,满足观众的心理需求

成功的谈话类节目一定是以情感人,只有主持人、嘉宾和受众有着真实的情感交流,有着心灵的默契与沟通,有着相通的人生慨叹,才能寻找到共鸣,才能分享生命中的感动,受众跟着访谈者心理、情绪波澜起伏,在身临其境的感同身受中,节目深入心灵,满足受众心理及审美需求。

5. 主持人独特的人格魅力

访谈类节目成功与否,有一半的因素取决于主持人的主持魅力。一个好的谈话节目主持人要注重细节,而又不拘谨;妙趣横生,而又不失优雅;善于倾听,而又不盲从嘉宾;谦和尊重,而又不失去自我。一位好主持人一定是一个有魅力的人。

三、访谈类节目枚举

1. 艺术人生

中央电视台　主持人:朱军

可以说,《艺术人生》是央视的王牌栏目之一,在近几年赚足了收视率、掌声、喝彩、称之为标志的嘉宾的眼泪,还有高额的广告插播费,甚至不少大牌明星曾主动要求来《艺术人生》做嘉宾,这让本已红火的节目更吸引大家的眼球。这个节目在中老年观众群体里很受欢迎,但是稍微年轻点的朋友们很可能就不买朱军的账,就算收看,也是冲嘉宾去的。

2. 面对面

中央电视台　主持人:王志

特点很鲜明的一档节目,主持人王志提出的犀利的问题常常使嘉宾手足无措。当然,我们从这些问题和回答中能更深刻地体会到嘉宾的想法,而王志咄咄逼人的主持风格也是很多观众成为《面对面》最忠实观众的理由。

3. 鲁豫有约

凤凰卫视中文台　主持人:陈鲁豫

《鲁豫有约》是电视谈话性节目。凤凰卫视于1998年开播,后进入中国大陆,在各个地方电视台播出。2008年湖南卫视购买中国大陆区独播版权,并于4月14日开始播出。2010年1月4日,《鲁豫有约》登陆安徽卫视。

一段段窝心的真情,三千六百秒赤诚对话,千万次殷切回响,打造《鲁豫有约:说出你的故事》。鲁豫觉得采访别人是一件快乐的事情。因为最大的益处是获得心态上的平和。她最深的感触是这个世界上没有过不去的坎,没有什么事可以吓倒谁或难倒谁。而女人正是因为这些坚强而显得更美丽。节目寻访拥有特殊经历的人物,一起见证历史,思索人生,直指生命的体验与心灵秘密,创造一种新颖的谈话记录。主持人鲁豫注重与被采访者心灵的对话。鲁豫相信,没有一个人的故事是不精彩的。她说:“我对人、对故事比较感兴趣,我对讲道理半点兴趣都没有。”

4. 超级访问

北京电视台　主持人:李静、戴军

《超级访问》是东方风行传媒旗下的一档大型娱乐明星访谈栏目。节目从多角度挖掘明星鲜为人知的故事。通过场外亲朋好友的大胆揭秘、现场主持人机智幽默的追问,“逼着”名角在众目睽睽之下“现原形”!主持人李静、戴军在节目中“穿针引线、画龙点睛”,一捧一逗,插科打诨的默契配合,让观众在五十分钟的节目里感受明星们的无限魅力,同时近距离、深层次地了解明星们的内心情感世界和成长历程。在娱乐中搞笑,轻松中引发真情,使您在捧腹大笑之余体会百味人生。2016年2月18日播出《超级访问》最后一期,当家主持李静、戴军首次在节目中做起嘉宾,并与观众挥泪告别。《超级访问》是被业内人士誉为中国最具原创风格的娱乐谈话节目,被观众誉为娱乐脱口秀节目中杀出的黑马。

5. 娜可不一样

湖南经济电视台　主持人:马可 刘娜

湖南经济电视台全新访谈节目《娜可不一样》自开播以来,在湖南本土引起巨大反响,这档被称为“内地版《康熙来了》”的明星访谈节目已被多位资深电视制作人看好。因其风格类似《康熙来了》而备受媒体关注,并创下惊人的收视率,现已成功移师北京。

6．康熙来了

中天综合台　主持人：徐熙娣 蔡康永

这是一档综艺谈话类节目，邀请台湾当红明星来到节目当中，通过访谈，让你了解艺人不为人知的一面。多才多艺的小S，加上知识渊博的蔡康永，除了穿插不少的搞笑元素外，在知性与理性的对话中，让观众了解自己想了解的。几乎现在每个年轻人都收看《康熙来了》，徐熙娣和蔡康永两个风格迥异的主持人俘获了一大批观众。

7．新闻会客厅

中央电视台　主持人：李小萌

新闻会客厅主要的采访对象是现在人们关注最多的当事人，虽然没有足够的亮点吸引人们的目光，但是其最为迅速的资讯传播也为其赢得了一席之地。

8．小崔说事

中央电视台　主持人：崔永元

1963 年 2 月 20 日，崔永元出生于天津。1981 年考入北京广播学院新闻系。1985 年毕业后进入中央人民广播电台任记者，客串中央电视台策划东方时空等节目，1996 年以《实话实说》主持人崭露头角，大受欢迎。辞去《实话实说》制片人后，2003 年 7 月，崔永元开始主持新节目《小崔说事》。崔永元在这两档节目中以其特有的机智幽默赢得了很多观众的支持。

当然，没有提及的此类节目还有很多，像现在的《实话实说》、杨澜的《天下女人》、黄健翔的《天天运动会》等。

9．背后的故事

湖南卫视　主持人：张丹丹

湖南卫视打造的以温情为基调的一档访谈类节目，没有大起大落的节奏，在中南地区有不少忠实的观众。

技能训练

一、为案例一《永恒的骄傲》写一个阅读提纲并分析以下问题

1．阅读提纲

全文分四部分：

(1) 相识相知(问题 1～5)——回顾邓先生和许鹿希相识、相知的过程。

(2) 相恋相爱(问题 6～7)——回顾邓先生和许鹿希在一起的短暂时光。

(3) 相离相思(问题 8～15)——回顾邓先生和许鹿希相思之情。

(4) 邓先生的功绩(问题 10～12)、邓先生工作的危险性(问题 13～15)、生死两茫茫(问题 16～18)——邓先生对工作的执着和许鹿希对邓先生的理解与支持。

2．题目"永恒的骄傲"是什么意思

(1) 邓先生的事业是他自己永恒的骄傲。(问题 9、13、16)

（2）邓先生是许鹿希永恒的骄傲。（问题17）

（3）邓先生所做的贡献是整个中华民族永恒的骄傲。（问题14、15）

3．提问方式

这篇访谈中，鲁豫用了很多不同的提问方式。她为什么要这么做？不同的提问方式有什么不同的作用？请举例说明。文本中使用的不同的提问方式主要有以下几种：

（1）直切主题，直接发问。（问题2、4、9、11、14、15、17）

（2）紧接上文，用提示性的话语引导采访对象进入新话题。（问题5、6、8、10、13）

（3）用推测的方法，引导采访对象说出真相。（问题3）

（4）用请教的方法，引入一个重要的新话题。（问题12）

（5）欲擒故纵。（问题1）

（6）适时地应和，拉近与采访对象的感情距离，自然延续话题。（问题7、16）

4．细节描写

在第十四节中有一段细节描写，写了邓先生冲进去检查直接从空中掉下来却没爆炸的核弹头的情景。这个细节让人很感动，它对表现主题非常有价值。在第三节中，也有一个细节，就是许鹿希讲邓先生小时候蹬门的细节，这个好像没有什么新闻价值，为什么鲁豫还要保留这部分的内容。去掉不是能够使内容更加紧凑，主题更突出吗？

在内容剪裁上，这篇访谈有别于一般科学家事迹的采访，而是根据采访对象的身份特点，紧紧扣住与"夫妻"相关的内容，有所侧重。选择蹬门的细节，凸显科学家生活情趣的另一面，描述十分生动，典型、细腻地表现出一个妻子对丈夫的深情。

二、《面对面》中王志采访姜文片段简析

从姜文没考上电影学院快速切入到进了戏剧学院学习，又从演员转行做导演，姜文的影视人生就在和主持人看似闲聊的状态下完整呈现出来。通过这么简短而精要的对话，没有一点点的无病呻吟，也没有浪费观众时间，就将人物的成长和发展按照一定的叙述线索一点点揭示出来，展现了姜文作为演员和导演的态度和如何完成华丽的转身。这样的访谈既令人欢畅淋漓，又让人拍案叫绝。

三、王志与杨澜采访易中天风格分析

1．王志采访分析

（1）优点

① 精心准备：王志在采访易中天前进行了充分的准备。例如在详细了解易中天的生平、作品、观众对于《百家讲坛》的认可和反馈、现居住地及房价、平时生活状态和售书销量情况等基础上，精心准备了提问内容。

② 提问方式：善于质疑，提问简明扼要，尖锐犀利，用质疑的方式打开对方的内心世界。例如，第一句就单刀直入：为什么你现在最火，你的诀窍在哪？又提问"你听到过对你的批评吗？""为什么招致那么多的非议呢？"知道售书火爆就问：但是银行里存折数字的变化，你晚上睡得好吗？这些问题尖锐得让人无法回避，激起了易中天回答问题的上亢情绪，提问一针见血，回答妙语连珠。

③ 问题内容：提问的问题涉及面广而细，都是舆论的热点，多是观众所关心的。例如在《百家讲坛》录制现场，易中天说刘备好比一家投资公司的大老板，他决定进行投资，要买断某一个人才。诸葛亮呢，就像一个准备应聘行政执行官这样的一个职业经理人。王志就问："这样的说法在易中天的书中比比皆是，很容易误导读者，把庸俗当有趣，把俗解当真相。所以有学者批评你把历史通俗化，庸俗化。"王志还提问："比方说，刘表之死，你跟观众说，见上帝去了。比方说，诸葛亮是一个少年英才而且是一个帅哥。帅哥这个词，他们认为把诸葛亮想象成这样的形象有点贻笑大方。"易中天回答很精彩："贻笑大方？原话是这样？读《三国志》没有？《三国志》怎么描述诸葛亮的？身长八尺，容貌甚伟。不叫帅哥叫什么？叫伟哥啊？"从提问内容看，王志步步紧逼，使得易中天超水平发挥，内容精彩不断，有深度。

④ 采访态度：王志以一种平等的姿态与受访者交流，既没有因为对方是当红的易中天而恭维对方，也没有因为自己是央视名记者而居高临下。同时，王志善于拉近和受访者的距离，使气氛不至于太尴尬。例如"那我们很想知道一个真实的易老师，您是一个合格的教师吗？""老师"这一称呼无疑让紧张的氛围有所缓和。

⑤ 控场能力：王志始终把握主导权，在采访中处于主动地位，运筹帷幄，谈话顺畅。甚至在遭遇采访对象暗讽后，依然镇静自若，随机应变，有良好的控制情绪的能力。如易中天回答有关舒适的问题时说："不舒适就是碰上一档无聊的节目，一个蹩脚的主持人，问的一堆八卦问题，你答也不是，不答也不是，就很不舒适。"王志明知此话针对自己，却仍从容地继续采访。我们可以看到王志问的那些问题都是舆论的热点，都是大家所关心的。

（2）缺点

① 提问过于尖锐。王志采访易中天时，正是《百家讲坛》栏目最火爆之时，可他直接介入负面问题："你听到过对你的批评吗？"咄咄逼人之势使受访者心生戒备。他一度"审问"受访者，气氛紧张，以致后来易中天讽刺"节目无聊，主持人蹩脚，问题八卦"，两人针锋相对，现场气氛一度紧张。

② 表情较为严肃。王志与易中天交流时表情严肃，虽控制了采访主动权，但让被采访者感到了压抑，缺乏情感交流，也不给人更多的说话机会，整个采访有挑刺感觉，被采访者感到些许不友好的气氛。

③ 提问形式过于单一。王志的采访大多用了封闭式提问，而且从始至终都在质问被采访者。尤其采访的最后一段，显得有些无力，结束不是很完满。

2. 杨澜采访风格分析

（1）态度柔和平静。杨澜的访谈则不像王志那么咄咄逼人，可以说是平如止水。在采访易中天的时候，杨澜的第一个问题是："易先生您好，非常感谢您接受《杨澜访谈录》的访问，首先要恭喜你《品三国》刚刚拍得了一个目前的出版界一个天价了吧……"此时的肢体动作也表现了她的真诚。这是一个很好的开头，使得接下来的访谈都能在十分轻松融洽的气氛中进行。

（2）问题温和适中。她对易中天的访谈并没有涉及太多当时的舆论热点，更多的是针对易中天的个人经历和生活态度，从中去剖析易中天这个人，让大家对易中天有进一步的认识。她的提问都是有层次的，从浅到深，对于学术的问题探讨得比较多，谈到了很多易中天著作里的内容,比如曹操、严嵩、诸葛亮等。看得出,她在采访前对采访对象进行了细致的了解,采访时很注意把握尺度,虽然提到了几点敏感问题,但也保持了对采访对象的充分尊重。在访谈中可以看到,易中天表现得很随性,没有那么的紧绷感,侃侃而谈,讲了许多其他节目中没讲到的,比如易中天做过诗人,写过诗。整个采访是很温和的,符合杨澜的一贯的风格,走温和知性路线,让人看了很舒服,也能让我们了解更多以前所不知道的易中天。

(3)笑容淋漓尽致。在访谈中可以看到,杨澜更多的是抛完一个问题,面带微笑地聆听着,让你畅所欲言,绝无打扰。她时而像一个学生,带着崇敬的目光;时而似一位知心老友,分担着你的快乐忧愁;时而又像一位学者,跟你讨论她的看法。整个采访是很温和的,杨澜把自己的知性、笑容表现得淋漓尽致。

3. 结论

(1)精心做好案头准备工作。作为记者,采访前要了解被采访者有价值的信息,做好一切可能会用上的准备,不打无准备之仗。

(2)确定采访基调,用心设计问题。必须想好我们的采访要奉献给受众什么主题基调的节目,是解答受众关心的热点问题,还是了解受访者成长经历或心路历程。总之,要善于发现、勤于思考、有良好的媒体人素养。

(3)调适心理,保持良好的控场能力。在采访遭遇瓶颈时,要始终保持良好的心态,努力解决问题。即使被受访者刁难,也不能乱了手脚。

(4)头脑清晰,倾听和提问同等重要。善于倾听,处处留心,辨识对话内容要点,及时调整提问思路。

四、访谈类节目主持人的提问技巧

1. 找准切入口,精心设计"第一问"

如同一篇好的文章都有个精彩的开头一样,对于一个成功的访谈节目,话题的开始应该调动起被采访者的兴趣。那么,对于不同类型的访谈节目,针对性质不同的话题,切入方式也不同。要根据内容、不同的场合、不同的采访对象和面向的不同群体,有针对性地选择访谈话题,从而引导整个访谈过程在轻松或严谨的讨论氛围中进行。总之,"第一问"问得好,不仅能迅速拉近与交流者的距离,有效缓解现场紧张的气氛,还能使嘉宾和现场观众迅速进入状态,在一种熟悉、适应的语言环境中交流,激发说话的欲望。比如,崔永元在《小崔说事》中谈找工作这个话题时,就直接询问被访谈对象目前的情况、期望的薪酬等问题,让观众快速地进入情景模式中来。

2. 寻找共鸣点,激发嘉宾表达的欲望

访谈节目贵在调动嘉宾的表达欲望和热情,那么就要了解对方,寻找共鸣点。如果激发被访者的交流欲望,人的智慧、情感都会在语言中呈现。2009 年 4 月,龙应台来南京。一位记者得到了采访龙应台的任务,这是非常宝贵的机会。可是接到通知时已经是采访的前一天,编导告诉记者,访谈将围绕着龙应台最新出版的《亲爱的安德烈》一书展开。时间紧,任务重,压力大,记者用一天的时间把书看完,又用大半天的时间消化采访提纲。采访约在南京的一家酒店。见到赤着脚、穿着朴素白色休闲装走过来的龙应台,记者的第一句话是:"龙老师,您的《亲爱的安德烈》让我最欣赏的,是悲悯情怀和平等意识。"她答:"对,我在书里想传达的,就是这个。"良好的开端从共鸣开始。

3. 苦练内功,掌握提问的艺术技巧

(1)一般提问方法:要么直接问,要么旁敲侧击。细分为以下几点。

① 趣问:采用一些诙谐有趣、形象生动的话题或提问方式进行发问,以消除陌生感,拉近双方的距离。

② 直问:不转弯抹角,把想了解的问题直截了当地提出来。

③ 推问:运用逻辑推理,提出问题。

④ 旁问:有意岔开,先谈点别的事情,以此来制造轻松的气氛。

(2)访谈对象的回答有时会出现一些新情况,访谈要及时抓住新情况,调节、控制好访谈过程,使访谈顺利、深入地进行下去。

① 追问:对访谈对象刚刚陈述的疑点或没有充分说明的地方进行追问,使访谈对象顺着自己的思路继续予以回答。

② 延伸:对访谈对象没有涉及的领域进行引导,可以拓宽领域,避免片面性。

③ 对比:有时候,访谈对象就某一问题在回答时的陈述不尽相同,如果发现这样的疑点可以进行对比提问。也可以引入一些其他人对同一问题的观点进行对比提问。

(3)要注意的问题:

① 一组问题要有计划、有步骤地展开。

② 每个问题要明确、单一,一次发问不要包含两个以上的问题。

③ 不同的问题要采用一定的语气。

④ 要用平实的口语化的语句。

⑤ 要善于简单点评对方的话,或精要讲出自己的理解,从而引出对方的进一步阐述。

4. 巧设高潮,完美结束话题

编筐编篓,全在收口。完美的结尾犹如为节目锦上添花,现场有着余音绕梁三月不绝于耳的美感。访谈节目的话题结束方式有很多种:照应访谈节目开始时的话题结束;重复嘉宾最后的观点结束;归纳总结整个访谈内容结束;点评嘉宾观点结束。但最好的结尾是主持人、嘉宾和现场观众既意犹已尽又心满意足,整个访谈节目起到了因小见大,让人联想,引发思考的目的。如 1995 年 12 月 1 日,卡斯特罗在接受水均益采访的时候,水均益在访谈结束时邀请卡斯特罗合唱《美丽的哈瓦那》,让观众感到欣喜异常,现场气氛喜庆祥和。

素质养成

我以提问为生

(2010 年 4 月 18 日杨澜座谈交流节选)

一、提问关注点的变化

杨澜访谈录最初只是关注成功者的故事。随着访谈的人越来越多,关注点不断变化和调整，主要有三次比较大的变化。

第一次变化发生在 1999 年年初我访谈华裔诺贝尔物理学奖获得者崔琦(音)的时候。当时我问了这样一个问题："如果当时您母亲没有坚持让您到香港读书，今天我会在什么地方找到崔琦?"这个问题其实有些自作聪明，本以为崔琦会回答，是的，知识改变了我的命运云云。结果崔琦说，我宁可是一个不识字的农民，在家里种地。但是我想，如果我当时在家，我的父母就不会饿死……听后很受震撼。我感到，如果访谈只是在探求一个人如何取得狭义上的成功，那么这个节目的水准其实并不高。从那以后，我每次访谈前都会问自己，难道仅仅是访谈对方的成功故事吗? 这有多大的意义呢?

第二次变化发生在访谈王光美的时候。王光美是我国第一个原子物理专业女硕士生，是一个非常朴素而又有生活情趣的人。她在接受访谈前，打开衣柜给我看，里面一共只有不到十件衣服。然后她问我，杨澜你看，我穿哪件衣服更漂亮? 是这件绿色的，还是红色的?"文革"期间，刘少奇被打倒，经常被红卫兵批斗，坐"喷气式飞机"，她毅然走上前去，陪伴她的丈夫刘少奇一起面对批斗和折磨。"文革"后她被平反，有人提出要追查当时诬告陷害刘少奇和王光美的人，她表示反对。她说，即便追查，我们过去受到的伤害也无法抹去，又有什么意义? 何况现在我们已经恢复了名誉，又何必冤冤相报，去伤害另一个家庭呢? 对人性的谅解是极高的境界，从王光美身上，我看到一个时代的碰撞、创伤以及弥合。从那以后，我会问自己，访谈仅仅是记录这个人? 还是记录这个人以及与之相关的时代?

第三次改变发生在访谈林毅夫和黄秋生的时候。当时我问了林毅夫一个问题："您觉得自己是否实现了父亲对您救国济民的期望?"这个问题触到了林毅夫心中的痛处，他从台湾游到大陆后，由于当时两岸关系紧张，直到父亲去世都没能再见上一面，这一直是他内心最为愧疚的一点。这个问题使他陷入了深深的悲痛之中，很长时间真的是泪流如雨，一句话都说不出来。还有一次是采访黄秋生。黄秋生在成名之前，拍了许多部烂片。曾经有人问他，你之前如果拍了 1000 部电影，烂片大概有多少? 黄回答：至少有 990 部。所以曾经有一段时间他非常绝望，觉得自己的人生就在这一部又一部的烂片中度过，毫无意义，甚至一度想到过要自杀。这时有一个和尚对他说了一句影响极大的话，"人生是什么? 人生就是一堆狗屎。但你要在这上面种出花来。"他一下子觉得豁然开朗：上天给你的人生境遇也许并不理想，但如果你换个角度看待人生，那么境遇也会发生转变。后来他当上影帝之后，曾说过，我要感谢我拍过的所有烂片，因为每一部烂片都给了我养料，使我成长。正如叔本华所说：人生本没有什么意义，为无意义的人生制造出一些意义来，这就是人与动物最大的不同。因此，从那以后，我在访谈时，会更注重探究人的境遇。

二、提问的技巧

一般来讲，一次访谈大约一个小时，只能问 20 个左右的问题，时间非常宝贵，因此把握提问的技巧很重要。所谓提问，当然是问未知的事情，但真正好的问题，一定是来自己知的素材，这就需要在访谈之前花大量的精力做功课。

不做功课就问问题的情况也有，但往往非常滑稽。比如曾经参加一次论坛，有人问某知名作家："我太崇拜您了，您是一个大作家，请问您都写过哪些书?"还有人曾问基辛格："这是您第几次来上海? 您对上海有什么印象? 如果让您以一种颜色来形容上海的话，您会选择什么颜色?"前期准备工作不充分,所提问题的质量一定不会高,同时也是对提问对象的不尊重。

反之,充分有效的准备工作能有助于提出恰到好处的问题。比如我有一次访谈哲学家周国平,问了许多问题,但围绕的核心是第一个问题:"在您的生活中,有什么问题是哲学所无法解决的?"还有一次访谈美国前总统卡特,当时正值中美建交30周年,在我之前,阮次山、水均益都要采访他,我被排在第三个。如果我问的问题与他们雷同,效果肯定不好,因此我需要考虑,什么问题是他们不曾问到而又有提问价值的?据我们了解,阮次山主要问的是中美现状及发展趋势,水均益主要问的是中美建交的过程。我们的团队经过分析研究,认为可以将卡特对当今国际局势的看法作为提问的切入点。因为在美国,犹太人的势力是很强大的,很多人都受其影响和左右,卡特是为数不多的有自己主见的政治家,他也乐于发表自己的独到见解,因此说起这个问题就滔滔不绝,秘书多次提醒时间都不在乎。

另外有一次访谈姚明,当时姚明正买下了上海篮球队开始自己做老板。因为球队发展的原因,不得不将原来的教练,也是姚明的恩师辞退,这对他来说是一个非常艰难的选择。我在提问的时候,是从我自己的感受说起的,"我在做主持人的时候,对自己以及所负责的节目是基本可以掌控的,也比较自由。但一旦我做一个企业,成了老板,我的自由反而会因此受到限制,责任感会逼你做许多并不愉悦的事情。"因为有着共同的感受,马上就打开了姚明的话匣子。

还有一次,我们做了一期关于相声演员的访谈节目,在全国收视率数一数二,之所以能有这么好的成绩,是因为我们不是简单地采访某个相声演员,而是分别采访了东北的赵本山、北京的郭德纲和上海的周立波。并且经过精心设计,将他们的观点互相穿插引用,极大地增强了冲突性和戏剧性,使得节目更加耐看。比如我在访谈郭德纲时,就会告诉他,周立波说了,喝咖啡的怎么能和吃大蒜的凑在一起?郭德纲的反应也很快:"他怎么知道我爱喝咖啡?"面对赵本山时我问道:"您是否觉得现在的小品演员嗓门越来越高?您觉得这是什么原因造成的?"这个问题恰好赵本山很感兴趣,并且有着自己的思考。他说:"的确如此。一个演员,如果他对自己的表演和包袱没有信心,那么就得向观众要掌声,而提高嗓门,就是这样一种要掌声的方式,它是在告诉观众,注意了,此处有掌声。"

提问的技巧一方面是要让对方把想说的话说出来,另一方面是要让对方把不想说的话也说出来。因为有的涉及个人隐私或者具有很强冲突性的问题,对方虽然不想说,但是观众想听,制片人要求必须问,那么如何问就非常需要技巧了。一旦问得不好,受访人一怒之下拂袖而去,连节目都做不成,更别说得到答案了。一般来说,这类问题会放在节目的最后问,这样即使受访人愤而离去,也不至于整个节目受太大影响。但这只是治标之策,运用恰当的提问技巧就能更好地解决这个问题。

比如有一次我在新加坡采访李显龙,当时他是总理,他的夫人是淡马锡公司的总裁,很多人对此都强烈质疑。但李光耀父子对媒体是很强硬的,曾经因为类似的事情,将美国的一家媒体告上法庭并胜诉,直接提问无异于捋虎须。因此,我换了一个角度来问:"李显龙总理,您的母亲曾经也是一位非常优秀的律师,但是为了您父亲的事业,她选择了辞职。但您和您的妻子显然对这个问题有不同的看法,请问您是怎么想的?"这样他就很难拒绝回答。

还有一次，我访谈克林顿，当时克林顿已经离任，莱温斯基风波已经过去两三年，又是非常尴尬的个人隐私，确实很不好开口，我选择了这样的方式来提问："据我所知，美国每一位离任的总统都可以以自己的名义修建一所图书馆，馆中陈列的书籍和物品由总统自行决定。在您名下的图书馆里，专门有一间屋子陈列与莱温斯基有关的物品和材料，您为什么会这么做？此外，您女儿马上就要结婚了，作为一个在婚姻问题的处理上不算很成功的父亲，您打算给女儿什么建议？"对这两个问题，具体他们是怎样回答的，我已经记不清了。事实上，对于很多观众而言，他们往往更关心你是否问了这些问题，怎么问的。至于答案本身，他们未必非常关注。

最后，我想用我非常敬佩的一位美国著名制片人的话来作为今天交流的结尾。当时他的一位崇拜者对他说："我人生的理想就是成为您。"他微笑着回答，"没错，我也是。"

总统专访专业户为何是水均益

"在我内心里，一直保留着20年前怀有的那个愿望——干新闻一直干到老！"从1984年从业至今，51岁的水均益干新闻已经整整30年。1984年入职新华社，1993年加盟中央电视台。怀揣着新闻理想的水均益，多年来一直坚持奋战在新闻第一线，他的脚步遍布全球，他的采访从克林顿到普京。

本周一，水均益又飞往韩国首尔，专访了韩国总统朴槿惠。水均益回忆起20年前，自己第一次成功采访美国前国务卿基辛格的经历，这么多年来，坚持干新闻的信念从来没有变，所以他终于还是无法说服自己去彻底退守。"当一个记者，我特别满足，特别陶醉，我乐此不疲，非常享受。"

互动

韩国专访朴槿惠，互赠签名书

水均益又出国了！前两日，成都商报记者试图联系他的时候，他已经飞到了韩国首尔，此行专程是采访韩国总统朴槿惠。6月30日，专访结束后，他在自己的微博晒出和朴槿惠的合影，离开时，朴槿惠赠予了他一本签名自传《绝望锻炼了我》，水均益也将自己的新书《益往直前》签名回赠给朴槿惠。水均益说："专访顺利结束，朴槿惠说她有空也会看看韩剧，还知道K-pop(韩国流行音乐)。"

近年来，水均益的名字常和高端采访人物联系在一起。水均益被业界和广大电视观众所熟知的另一主要原因是因为他的专访节目，迄今为止，他已采访过各国政要400多次。

作为央视采访总统"专业户"，水均益虽然与各国身经百战的政治家打交道游刃有余。但采访国家领导人前，水均益依然是要做足功课。他会提前通过网络搜寻相关新闻报道，看其他媒体的采访实录，找寻第三方中立的描述，还会找一些采访对象的自传。采访前用A4纸打印的资料就有一沓，水均益大概统计了一下，基本是两三百页。

被称为采访总统"专业户"，水均益并不反感。相反，他十分乐意这个称呼，他说自己喜欢采访著名的外国政要，通过和他们面对面地交流，来研究他们何以那样地与众不同。水均益一直希望自己在未来的日子里，能够继续充当这个"专业户"的角色，通过和更多的政治家的对话,来感受历史,目睹历史。

拥抱

普京拥抱我不是因私人感情,他拥抱的实际是广大中国人民

在他采访的无数"世界名人"中,包括安南、普京、布莱尔、希拉克、克林顿等人,光是普京,他就前后采访了5次。今年1月,在采访普京时,水均益得到了普京大大的拥抱,这也是他采访普京最出彩的一次。

2014年1月17日,水均益在俄罗斯索契冬奥会现场采访普京,这是他第5次面对面采访俄罗斯总统。他说,用一个记者的眼光去观察这位总统,感觉非常复杂。

这一次见面,普京首先认出了水均益,并问道:"我们见过好几次了吧?"水均益立即回答:"这是第五次了,总统先生。"

采访开始了,轮到水均益提问时,水均益先告诉普京,为了这次采访,他们在中国的互联网上征集网民的问题,网民们的参与热度很高。四个小时之内,有两百多万网民点击了他们征集问题的专题。普京听后立即说道:"首先,我想通过社交网络、通过其他的大众信息渠道,向所有的中国朋友致以最良好的祝愿。我知道我在中国有许多朋友,这不是偶然现象,因为我们和中国有着特殊的关系,我对中国也有着特殊的感情。中国是一个伟大的国家,它拥有同样伟大的文化和非常有趣、勤劳、才华横溢的人民。请向他们带去我诚挚的感谢,感谢他们对我的这种态度,这是一种相互的感情。"

然而,水均益没料到的是普京那天对他提问的这种"特殊待遇"才仅仅是个开始。在结束这次专访后,最让人意外、也是事后让水均益美美地窃喜了一阵的一幕发生了。普京突然改用英语说:"我相信中国朋友要来的话,一定会喜欢上这里的。"说着,普京张开左臂,欢快而用力地拥抱了水均益,并罕见地露出笑容,当时全场都惊讶了。水均益认为这并不是他和普京私人建立的感情,"他抱的不是我,他抱的是广大的中国人民。"当时,摄像将这个"历史性"的瞬间传回了央视,当晚在电视屏幕上,观众们就看到了"普京热情拥抱央视记者水均益"的画面。

提问

每每面对各国政要,我的任务就是:提问、提问、再提问

水均益如何成为采访总统"专业户"?水均益说,高端的人物采访其实是他在央视无心插柳形成的一个习惯,最早是《东方时空》第一次开始,采访美国前国务卿基辛格。他在那个年代有一定的优势,比如会说外语,知道点国际的事,自然而然成了所谓的"专业户"。

1993年9月,水均益策划采访基辛格,属于第一次电视采访高端人物。那时候,他也不懂要通过什么机构跟采访对象预约,只知道基辛格来了。于是,他跟外交部打听饭店地址后终于守到了基辛格。"远远看着来了两辆车,基辛格下来了,那时候就是初生牛犊不怕虎,直接跑上去,因为我有英语优势。我说基辛格博士,我们是中央电视台的,想对您做一个采访,您看行不行?基辛格说了让我跟他的秘书谈类似的话,就上了电梯。身边的警卫,就把我们推开了。"

第一次尝试以失败告终,水均益丝毫不放松,看到对方没答应,不甘心地追上去,在基辛格住的那个楼层守候,直到基辛格秘书过来了,"他秘书问《东方时空》是个什么栏目?我说《东方时空》是现在中国影响力最大的一个新闻节目,有8亿人在看。其实是蒙人的,哪有8亿人看啊。我说五分钟就行,做一个采访。后来他的秘书出来说博士先生同意了,让你们明天下午来。"

初战告捷,接下去对于水均益的挑战就是设计问题,五分钟的采访怎么提问? 第一个问题,他斟酌了很长时间。因为基辛格是风云人物,见的记者多了,什么问题很具冲击力。另外,水均益除了思考吸引采访对象的办法,还在努力想一定要拖延时间。他一查基辛格的资料,还有大概一个礼拜是基辛格的生日。他一拍桌子,可以提前祝他生日快乐,把这些招数全备好。

当天采访,很快五分钟到了,基辛格的秘书在一旁提醒时间,水均益赶紧从身后拿出准备的花,对基辛格说,"过几天是你的生日,祝你生日快乐。"基辛格一高兴,又和水均益聊了几个问题,整个采访持续了二十分钟,这是水均益第一次采访国外政要,一个漂亮的独家就到手了。

如何和这些各国的政要们来对话,水均益说,每当坐在这些"世界名人"的对面,他都力求使自己有一个正常的心态。"因为,在他们对面坐着的并不只是一个水均益。他们要面对的其实是成千上万的中国观众。而这时我的任务就是:提问、提问、再提问。"

(资料来源:陈谋.总统专访专业户为何是水均益[N].成都商报,2014-07-03(16).)

第四章

生活舞台主持

任务一：策划并模拟主持一场特色婚礼。

任务二：策划并模拟主持一场宴会。

第一节　婚礼主持

问题讨论

你喜欢什么样的婚礼？简单谈谈你的创意或策划。

案例导入

央视主播尼格买提家乡大婚　新娘是同乡揭相恋过程

人民网 10 月 12 日电（宋心蕊）　9 月 28 日，从新疆走出去的央视知名主持人尼格买提·热合曼在乌鲁木齐举行了盛大婚礼。新娘也是新疆人，目前在北京工作，是圈外人。两人相识多年，有非常深厚的感情基础。对于另一半的情况，小尼特别谨慎，连名字也不愿透露。他说："不希望她受到外界的任何干扰和伤害，她生活得越安静越好。"

据新疆都市报报道，小尼和爱人的相恋是在一次去巴厘岛的旅行当中。旅途中，她总是善于调节气氛，活泼可爱的性格把大家逗得开心不已，她还细心地将每一位朋友都照顾得非常周到。小尼看在眼里，也将这位美丽善良的女孩放在心里。在游玩过程中，小尼为她拍摄了很多照片，在捕捉镜头的时候，眼前的她散发出无限的光芒和令人着迷的气质，让小尼怦然心动。回国后，听说她被家人安排相亲，便前去拆台。后来，两位年轻人便开始了他们的爱情之旅。

小尼已经是央视知名主持人。但婚礼依旧选择在家乡乌鲁木齐举办。小尼表示，虽然身在外地,但一直惦记着自己的家乡,一有机会,就想多为家乡做些自己力所能及的事情。

尼克买提婚礼

(资料来源：人民网,http://media.peopel.com.cn/n/2013/1012/c120837-23171420.html.)

📖 理论研讨

一、我国婚礼风格类型及特点

我国自古就讲人生有四大喜事,即久旱逢甘霖、他乡遇故知、洞房花烛夜、金榜题名时。洞房花烛夜是指一对相亲相爱的恋人走入婚姻的神圣殿堂,开始了家庭生活,是人生中的大喜事。我们中华民族是礼仪之邦,在接人待宾方面是很讲究礼仪的。像结婚这样大的喜事,那是一定要举行一个隆重的仪式以示庆贺,表达人们的喜悦之情。

准新人们在筹备婚礼时,首先想到的就是婚礼采用什么样的风格,既想要庄重、温馨,又想要热烈、喜庆;既不想过于张扬,又不想太简约。就是说,先要确定婚礼的风格类型。

1. 酒店婚礼

现在新人普遍选择在酒店举办婚礼。

角色安排：男女傧相　牵纱花童　摄像师　接待人员　司仪　证婚人

一般过程：新郎新娘入场→证婚人证婚→交换戒指→父母致辞→交杯酒→喜筵开始

婚礼特点：①没有太多的形式及流程,简约、简练是酒店婚礼最大的特点。但酒店婚礼只有通过精心地策划,精美地布置才能体现其真正的精髓,达到闹而不俗的理想效果。②要提前好多天,甚至好几个月,才能在心仪的日子订到满意的酒店。

2. 草坪婚礼

草坪婚礼是近年来新兴的一种西式婚礼模式。

角色安排：资深策划主持人　专业乐队　专业调酒师　摄像摄影师　化妆造型师

一般过程：新郎、新娘入场→介绍新人及嘉宾→婚誓→交换戒指→交杯酒→切蛋糕→放飞气球→自助餐

婚礼特点：①婚礼在天然的环境下举行,突出简洁时尚,温馨浪漫,清新自然的风格,

在蓝天绿草的怀抱中享受大自然的气息,真正地把喜悦跟好朋友们分享。好友们只需要来见证,无须参加长辈们要求的传统摆酒婚宴。②天气的因素是一个很重要的环节,需要把握好。

3. 烛光婚礼

具有欧式浪漫色彩的烛光婚礼是充满小资情调,追求时尚潮流的婚礼形式,深受白领阶层的年轻人青睐。

角色安排:司仪　证婚人　伴郎伴娘　摄像师

一般过程:第一部分:新郎新娘入场→证婚人证婚→交换戒指→开香槟切蛋糕;第二部分:烛光仪式。

婚礼特点:最为浪漫、最为难忘的婚礼,在柔和的烛光笼罩下,其乐融融的温馨取代了嘈杂和喧闹。这样的婚礼被浪漫笼罩,在柔和的烛光的笼罩下,点点烛光预示着爱情之火永恒!

4. 教堂婚礼

教堂婚礼神圣、庄严、浪漫,深受都市白领及知识阶层喜欢。

角色安排:伴郎伴娘　神甫　西式乐队　摄像师　化妆造型师

一般过程:新郎新娘教堂会合→教堂结婚仪式→饭店举办婚宴

婚礼特点:婚礼分为仪式和宴会两部分。仪式多在教堂举办,是一个荣耀的仪式,由牧师或神父证婚。在神圣而庄严的氛围里,有神父的庄严宣誓,牧师的证婚,在圣歌中完成人生大事。教堂婚礼因为有了刻骨铭心的誓词而尤显隆重和神圣,被邀请的都是至亲。宴会在饭店举办,在西方音乐背景下,新郎和新娘跳第一支舞。

5. 中式婚礼

中式婚礼遵循中国传统文化习俗,越来越得到年轻人的认可。

角色安排:媒婆　主持人　摄影师

一般过程:迎亲→拜堂→闹洞房

婚礼特点:①传统的中式婚礼古朴,礼节周全,突出的是热闹的气氛和大红大喜的感觉,用红色营造喜庆而热烈的婚礼气氛。华丽的装饰,喜庆的色彩,显得雍容华贵、典雅飘逸。乘龙凤花轿,民俗乐队开道,篷椤伞帐跟随,体现了中国北方婚礼民俗热烈、喜庆的张扬气氛。②懂得中式婚礼的婚庆主持人不多,讲究甚多,礼仪烦琐,一定要请专业人士操办。

二、中式婚礼和西式婚礼对比

(1) 中式传统婚礼是人前的婚礼,西式婚礼是神前的婚礼。中国的新郎新娘在众多亲朋好友面前许下诺言,让他们来见证这一时刻。外国的新郎新娘则大多是在"上帝"面前进行承诺。

(2) 中式传统婚礼追求的是热闹、喜庆,西式婚礼追求的是庄重、神圣。中式传统婚礼的主色调是红色,象征着红红火火,喜庆吉祥。大红的"喜"字,火红的盖头,新娘身着凤冠霞帔。

西式婚礼崇尚的是白色,象征典雅、圣洁。西方新娘的服饰多以白色婚纱为主。

（3）中式婚礼传统的助兴方式是喝喜酒、闹洞房；西式婚礼助兴的方式是自助餐、开舞会。现代流行的婚俗吸收了西式婚礼的简洁，却仍保留了人前婚礼的特色；在追求热闹喜庆的基础上，吸收了西式婚礼的某些特色。婚礼的色调以红为主，新郎新娘的服饰是西装配婚纱；贴"喜"字，吃喜糖，喝喜酒的习俗依旧保留，闹洞房的习俗在知识阶层与大中城市渐趋弱化。

三、六种色彩主题婚礼的理念

1. 纯洁白色婚礼

纯洁的白色是圣洁婚礼的象征。白色的地毯、白色的桌布、白色的玫瑰花、白色的背景幕布，加上喷洒的白色烟雾，营造了婚礼神圣、庄严的气氛。神父主持很亲切、动情，新娘的脸始终低垂，给婚礼带来如痴如梦的期待。美丽天使般的小傧相簇拥着新人，钢琴家弹奏着琴瑟和鸣的《婚礼进行曲》，这一切让人们感受到"完美婚礼"的幸福。

2. 中国红色婚礼

红色是中国民族婚礼永恒的色彩。红色显得热烈，充满生命活力，具有喜庆、热烈的震撼力，是向往幸福生活的人们永远的选择。选择传统民族式婚礼的新人逐渐增多。

3. 温馨粉色婚礼

舞台背景粉色的帷幕，配以粉色纱幔、粉色带有蝴蝶结的椅套，整个婚礼宴会厅装饰粉色玫瑰、牡丹、芍药等花材，给人以春天柔和的色彩。错落有致、层层加深的粉色使会场全景宛如人间天堂一般令人神往！绘有粉色蝴蝶结及丝带的白地毯上也撒满白色和粉色的玫瑰花瓣，好似一条通往天堂的神圣之路。

4. 收获的金色婚礼

黄色在现代人眼中，已经不忌讳了。黄得那样纯洁、典雅、高贵、富于遐想。

金秋是收获的季节，也是结婚的黄金期，形容收获的黄色婚礼，寓意婚后生活更加丰盈富足、家庭美满。

5. 浪漫紫色婚礼

浪漫的紫，让婚礼华贵、神秘、不同凡响。喜欢法式的优雅和浪漫，不妨用所有的法式元素，做一场优雅而神秘的紫色婚礼。一切灵感来自紫丁香、薰衣草、紫色的郁金香、紫色的丝绸装饰空间。

6. 梦幻蓝色婚礼

蓝是纯洁的象征，蓝是梦幻的感觉，蓝色总能带给人们无限美好的想象。蓝色令浪漫升级，蓝色让婚礼插上海洋的翅膀。蓝色是对爱情最好的诠释：幸福与祥和，唯美与遐想。

配合场地精心设计的花艺，让参加婚礼的嘉宾一到现场，就感受到花海的浪漫气息。欧式白绿色系花材，豪华大气的花门，精致典雅的鲜花路引，现场弥漫着神圣浪漫的气息。

（1）主色调：黄色、白色、粉色。黄色、白色、粉色是绝妙搭配，高耸的鲜花路引相接之处用粉色纱幔连接蝴蝶结，独特的宴会厅风格，加上精心的婚礼设计，让婚礼与众不同。

（2）主色调：紫色、白色、银色。彰显贵族风范的装饰用紫色、白色、银色组合。薰衣草、紫丁香配以白色百合，银色丝带装点白色的椅背，轻盈纱幔在殿堂空间穿梭飘逸，满天星、勿忘我鲜花点缀鲜花布景，将人们带入高雅与圣洁的艺术空间。

（3）主色调：田园自然景观。阳光、绿地、鲜花，空气中弥漫着淡淡的花香，田园式的桌椅与藕荷色薄纱的完美搭配，当悠扬的乐曲奏响《婚礼进行曲》时，欢乐就在空气中蔓延。

四、婚礼主持人及其主要工作

1. 婚礼主持人

婚礼主持人就是婚礼司仪，需要综合运用相声、文艺节目主持、演说、表演和朗诵等多种艺术形式。优秀的婚礼主持人要知识渊博、风度潇洒，仪表堂堂，同时侃侃而谈、诙谐幽默、雅而不淡、笑而不脏，是中华传统礼仪中的一绝。

婚庆主持人通过连贯、优美、喜庆的辞藻把整个结婚典礼串联起来，不落程序，不出漏洞，始终洋溢着喜庆气氛。在进行中偶尔穿插演唱、朗诵、曲艺小段及口技等表演。

2. 婚礼主持人的主要工作

（1）策划结婚典礼。①典礼前 3 天与新人见面，策划婚宴节目表，婚礼当天行程安排。②临场统筹：视察场地、音响布置、座位安排，保证婚宴准时及流畅地举行。③协助新人做最后彩排，以便正式仪式时信心十足。④安排乐队参加新人迎宾，令场面更有气氛及秩序。营造一种温馨、浪漫的气氛。

（2）主持婚礼。①主持开场序幕，宣布婚宴正式开始，介绍一对新人及主婚人，致欢迎词及祝福。②引导婚礼的仪式进行，要营造婚礼的各种唯美、浪漫、煽情和热闹的氛围，更要懂得如何在婚礼现场去分享一些新人真实的故事，让新郎新娘展示自己的风采，让来宾牢记这场婚礼，达到喜庆、热烈、隆重、欢乐、健康的目的。③设计新人游戏。

（3）婚宴敬酒。带领东道主和新郎新娘向各方面来宾敬酒，主持乐队和演出活动。

五、婚礼主持人的基本素质

（1）具有专业的舞台风范。放松自如，表情自然，姿态端庄，动作优雅，稳重大方，举止潇洒。

（2）较强的逻辑思维能力。根据婚礼各个环节的内在联系，合情合理、周密细致地策划、安排婚礼程序，使整个婚礼程序自然流畅，富有创意，高潮迭起，打动人心。

（3）良好的表达能力。婚礼主持人要掌握丰富的语言运用技巧。词句使用准确，言语生动传神。一般情况下，在新人入场前，一个爱情故事的描述，新郎新娘爱情背景的交代等，往往能够感染在场的嘉宾。同时，声音要响亮圆润，清晰亲切，带给人们美的享受。

（4）较快的反应能力。能够对婚礼上的一些突发事件进行"补救"，这样才是一个合格的婚礼主持人。例如，婚礼正在进行，交换戒指时，新郎失手了，戒指掉在地上。新娘的笑容凝住了。这时，站在一旁的婚礼主持人灵机一动："嗨，大家看，今天是个大喜的日子，戒指也高兴地跳起舞来了。"全场一片笑声，新郎暗松一口气，弯腰捡起戒指，笑盈盈地把戒指戴在了新娘的无名指上。一个优秀的婚庆主持人就是要将这样的突发事件圆满地处理好，不影响婚礼的进程，不影响婚礼的效果。

技能训练

特色主题婚礼活动的策划方案

结婚的日子,是一对新人大喜的日子,是告别稚气、与子偕老的日子,是今后柴米油盐酱醋茶开始的日子! 接下来,为您提供一份特色主题婚礼活动策划方案! 幸福的时光,我们一起见证!

一、炫场【开场(结婚典礼进入倒计时,5,4,3,2,1后全场迅速切光! 舞台灯及追灯随即打开)】

(主持人退下典礼台,站到台侧报告桌后)(半分钟灯光秀,两台追灯大幅度摇摆过后,1号灯定格背景主题,2号灯切光;四色灯多彩声控)

朋友们,人的一生是岁月的轮回,四季的斑斓堆积出生命的丰富色彩。爱情一如人生,它的生命里承载了无数的喜悦与浪漫。茫茫中,相爱的人彼此携手体味了这五彩轮回中的喜怒哀乐,享受着上天赐予的无尽风景,此情此景便是——爱情。

(双人舞登台跳舞直至曲终2'40″;此间舞台灯多彩声控;两台追光灯追随舞者活动;泡泡机,干冰机工作;舞者退场后,舞台灯及追光灯全部切光;起音乐【燃情岁月】)

二、序幕【画外音】

尊敬的各位来宾,女士们,先生们,今天是2016年4月12日。在历史的长河中,在很多人的眼里,今天不过是一个普普通通的日子,然而对于我们面前这对新人来讲,却是他们今生今世永远不能忘怀的结婚大喜的日子,因为从今天开始,两个人的生命之路将融汇到一起。在这里,我也要感谢诸位来宾在您匆匆的行路中驻足,来和我们一同见证两位新人的幸福结合。我首先代表新郎新娘,以及我们的双方家长,对各位亲朋好友的光临,表示最衷心的感谢和最热烈的欢迎。首先请看大屏幕。

三、视频展示【标题:成长之路】【画外音】【全场切光,两个投影仪播放视频】

讲述新郎新娘一路走来,从陌生到熟悉,再到执子之手,与子偕老。这些点点滴滴将见证着新郎新娘的成长! 新人的幸福、欢笑、感动、泪水,会让彼此更加珍惜彼此。

四、开场【主持人登场于主持台后致辞,一只追光追随】

【钢琴曲1】朋友们,我们的电子相册播放完了,这里记录了二位新人成长之路的点点滴滴,也揭示了新人相爱历程的风风雨雨,同时也满含着我们的新郎和新娘,对未来生活的无限憧憬。一位作家说过,如果岁月无痕,我们怀念什么;如果岁月蹉跎,什么值得我们怀念;生命在行走,不是每一个时刻,我们都会驻足回望,但人生的顿悟却恰恰在每一次的回首当中。是呀,是缘分让两个新人携手走上了婚礼殿堂,是缘分让两个家庭秦晋相帮。是缘分让亲朋好友齐聚在这里,是缘分让我们共同见证那神圣的钟声敲响!【钟声】【戒指】【新郎走入中央花厅,新娘牵父亲的手从入口起步】

五、天使出场【小天使手捧五爪烛台自入口走向典礼台,在主桌旁将烛台交与两位母亲。主持人出场抱起天使,走向花厅处,边走边对话】——叔叔婚礼什么时候开始啊? ——你看新郎叔叔拿着花迎接他的新娘呢?!【新郎自典礼台一侧手捧鲜花登上舞台

正中,并走向花厅,在里面面向新娘站定后,新娘和父亲起步】

六、新人交接【婚礼进行曲】【掌声】【行进中】新娘,你可穿好了嫁衣裳?今天的你将在两个男人的眼前成长。这是你一生中最重要的两个男人,一位是慈父,一位是情郎。新郎,望着你的新娘,今天的你将脱去年少的皮囊,从此你一半是父亲,一半是兄长。这是两个男人之间的对话,关于爱,关于成长。

【新郎向女方家长鞠躬行礼】【家长还礼】

【新郎将手捧花双手递给新娘】【新娘家长将新娘的手交到新郎手中,郑重嘱托:××,今天我把我最心爱的女儿交给你,希望你在今后人生的道路上,能爱她,照顾她,彼此恩爱,白头到老。】

【新郎接过父亲手中话筒回复:爸爸,请您放心,我虽然比不上您那样细心,但是我向您保证,我会像您一样的爱她。也许我不能给她荣华富贵,但我保证她一辈子过得幸福美满。】【新人同时给爸爸鞠躬后,新娘挣脱新郎胳膊,上前与爸爸贴面告别后,后退并挽住新郎转身。新娘父亲自动退场】二位新人,你们听,教堂的钟声已经响起了,请你们手挽手,心连心,共同步入这爱情的圣殿!【婚礼进行曲】

七、新人入场及宣誓

二位请留步【音乐骤停】再往前一步,你们就将踏上新婚礼台,新郎,听着……请问,你能做到吗?新郎回答:能。【掌声】重复问新娘。新娘回答:能。【掌声】如果准备好了,不要回头,拉紧你爱人的手臂走上典礼台。

【掌声】【舞台灯光迅速变亮,泡泡机工作,散花机工作】

八、交换信物

每一段姻缘必有天意,上天会安排神灵为你们祈愿,【虫儿飞】你们看,岁月的长廊里款款走来了爱的天使,他们带给你们吉祥和好运。

【一女二男三个小天使从星光大道入口走来,女孩在前面捧戒枕,后边两个男孩捧烛台。新人戴完戒指,男孩将烛台放在许愿池桌上后与女孩于一侧退场。】【泡泡机】

圆圆的戒指套在彼此左手的无名指上,相传这个指头有一根血脉是和心相通的。爱情的生命宛如四季,我们在春季里相约,历经了夏季的风雨和浪漫,终于在金秋里收获了这圆圆的承诺,从此再寒冷的冬天我们也不怕,因为可以用体温相互温暖!新郎,在此时此刻,让所有的人见证你们的爱情,拥吻你的新娘吧!【童话】【虫儿飞—消】【散花机工作,冷光烟火】

九、爱之泉【梦中的婚礼】

从此,你们彼此拥有了人生里的每一天,或近,或远。从此,你们将一同咀嚼爱情的每一种味道,或苦,或甜。请不要忘记,你们永远不是孤单的,今天所有在场的人都来自我们共同的家园。你看,他们纷纷捧出了心灵里的清泉,给你们带来无尽的问候与祝愿。

【梦中的婚礼—消】 你看——【春天】【舞台灯光用绿色,追光跟随用白色】【模特自入口缓慢捧水走到新人面前,交给新人后自另侧退场;新人在台中央接过瓶子,走到树塔后倒水后,放瓶子于桌子后,再次拉手回到典礼台中央等下一个模特,以此类推】【倒水过程中,单侧泡泡机工作】盼望着,盼望着,东风来了,春天的脚步近了,一切都像刚睡醒的样子,欣欣然张开了眼,山朗润起来了,水涨起来了,太阳的脸红起来了(朱自清散文节选)。

春姑娘款款走来了,她捧来了来自朋友们的友爱之泉。春季里,你们收获了这珍贵的友谊,它能使你开心、快乐、无忧。请用这友爱之泉灌溉你们的爱情之树,它会因此而枝繁叶茂。【水声】

【夏天】【舞台灯光用红色】夏日火辣,炙烤出绿的浓烈,水的湛蓝;蝉的高歌,蛙的狂欢。春的种子在夏的炽热里成长;秋的果实在夏的怀抱里孕育。夏姑娘走来了,她捧来了来自同事的关爱之泉。这水里饱含着领导的关怀,同事的爱护,这无私的关爱会让你充实、进取、收获。请用这关爱之泉浇灌你们的爱情之树,它会因此苗壮成长。【水声】

【秋天】【舞台灯光用黄色】秋天来了,大雁叫了。晴空里太阳更红、更娇了。谷穗熟了,蝉声消了。金风里月更圆,花更好了(郭小川秋诗改编)。秋姑娘盈盈走来了,她捧来了来自亲人的慈爱之泉。这泉水中浸透着多少父母的心血呀,它将是你们生命中永不枯竭的源泉。这传承着血脉的泉水会让你们幸福,满足,康健。请用这慈爱之泉灌溉你们的爱情之树,它会因此根脉相连。【水声】

【冬天】【舞台灯光用蓝色】款款地,冬姑娘捧来了来自新人的珍爱之泉。"风雨送春归,飞雪迎春到,已是悬崖百丈冰,犹有花枝俏。""雪""梅"是冬天的骄子,如同今天一对新人。新娘俏丽、高洁,新郎坚韧、刚强。他们今日的牵手,正如古人所云:"梅须逊雪三分白,雪却输梅一段香。"请你们用来自彼此心灵里的珍爱之泉灌溉你们的爱情之树,愿你们白雪映红梅,共迎无边春!【水声】

十、来宾致辞

【嘉宾一】【嘉宾二】

感谢来宾【感恩的心—高潮】 水有源,树有根,结婚莫忘众人恩,今朝种下连理树,感谢亲人一片心!请新人向所有家人、来宾鞠躬致谢!【掌声】【感恩的心—高潮—消】【散花机工作】

十一、家长致辞

【开场曲】【萨克斯】 双方致辞【掌声】

感恩【夏日香气】乌鸦反哺,羊羔跪乳,世间最珍贵的亲情。请新人张开你们年轻的臂膀再次拥抱爸爸妈妈。【相亲相爱的一家人】【爸妈谢谢你—结束】

十二、烛台

【饮酒歌—轻起】 爱是一种感动,爱是一种传承,爱是一份责任,爱是一种行动。新郎,你还记得当初你在许愿池旁许下的愿望吧。今天它实现了,带上你的新娘去还愿吧。不仅如此,只要你们点燃爱的烛火,你们今后的所有愿望必将会实现!【新人接过伴郎递过的点火枪在桌上小烛台引燃后,点燃象征四季的四颗蜡烛后将点火枪交回伴郎】【单侧泡泡机工作】

爱情的诗歌里,记录着春的蓬勃,夏的热烈,秋的成熟,冬的深沉。这四季就像是一曲交响乐,高低错落的四个乐章交融得如此和谐……四季是诗,四季是画,四季里我们体验了生命的美好,四季里我们感受了爱心的灵动。四季啊,四季,你不正是热爱生活的人们所唱出的一首七彩之歌吗!请二位新人相视而立。请你们双手合十,闭上眼睛,为你的亲人祈祷吧,祈祷水常绿,山常青,祈祷岁月绚烂,祈祷爱无止境,祈祷父母健康,你们的小宝宝早日诞生! 拥抱你的新娘吧! 朋友们,掌声!

【爱你一万年】【饮酒歌—消】【新人长时间拥抱至曲终】【全场灯光亮】【冷光烟火，散花机长时间工作】

十三、退场

尊敬的各位来宾，二位新人的结婚盛典到此礼成，新人退场！【波尔卡】【大炮】请新人转过身来，向所有的来宾挥手致意！

素质养成

贾平凹在女儿婚礼上的讲话

我二十七岁有了女儿，多少个艰辛和忙乱的日子里，总盼望着孩子长大，她就是长不大，但突然间她长大了，有了漂亮、有了健康、有了知识，今天又做了幸福的新娘！我的前半生，写下了百十余部作品，而让我最温暖的也最牵肠挂肚和最有压力的作品就是贾浅。她诞生于爱，成长于爱中，是我的淘气，是我的贴心小棉袄，也是我的朋友。我没有男孩，一直把她当男孩看，贾氏家族也一直把她当作希望之花。我是从困苦境遇里一步步走过来的，我发誓不让我的孩子像我过去那样的贫穷和坎坷，但要在"长安居大不易"，我要求她自强不息，又必须善良、宽容。二十多年里，我或许对她粗暴呵斥，或许对她无为而治，贾浅无疑是做到了这一点。当年我的父亲为我而欣慰过，今天，贾浅也让我有了做父亲的欣慰。因此，我祝福我的孩子，也感谢我的孩子。女大当嫁，这几年里，随着孩子的年龄增长，我和她的母亲对孩子越发感情复杂。一方面是她将要离开我们，一方面是迎接她的又是怎样的一个未来？我们祈祷着她能受到爱神的光顾，觅寻到她的意中人，获得她应该有的幸福。终于，在今天，她寻到了，也是我们把她交给了一个优秀的俊朗的贾少龙！我们两家大人都是从乡下来到城里，虽然一个原籍在陕北，一个原籍在陕南，偏偏都姓贾，这就是神的旨意，是天定的良缘。两个孩子生活在富裕的年代，但他们没有染上浮华习气；成长于社会变型时期，他们依然纯真清明。他们是阳光的、进步的青年。他们的结合，以后的日子会快乐、灿烂！在这庄严而热烈的婚礼上，作为父母，我们向两个孩子说三句话。第一句，是一副对联：一等人忠臣孝子，两件事读书耕田。做对国家有用的人，做对家庭有责任的人。好读书能受用一生，认真工作就一辈子有饭吃。第二句话，仍是一句老话："浴不必江海，要之去垢；马不必骐骥，要之善走。"做普通人，干正经事，可以爱小零钱，但必须有大胸怀。第三句话，还是老话："心系一处。"在往后的岁月里，要创造、培养、磨合、建设、维护、完善你们自己的婚姻。今天，我万分感激着爱神的来临，它在天空星界，江河大地，也在这大厅里，我祈求着它永远地关照着两个孩子！我也万分感激着从四面八方赶来参加婚礼的各行各业的亲戚朋友，在十几年、几十年的岁月中，你们曾经关注、支持、帮助过我的写作、身体和生活，你们是我最尊重和铭记的人，我也希望你们在以后的岁月里关照、爱护、提携两个孩子，我拜托大家，向大家鞠躬！

一位母亲在女儿婚宴上的讲话

亲爱的各位亲戚朋友：

大家好！

非常感谢大家在百忙之中，放弃休息的时间，前来参加这个宴会。作为母亲，看着自己心爱的儿女长大成人，有了自己的小家庭，我感到很幸福。在座的很多亲戚，是看着孩子长大的，所以，在这里我首先要感谢大家这么多年来对孩子的关心和帮助。

虽然今天是大喜的日子，但是作为母亲，我不想说什么"执子之手，与子偕老""百年好合，天长地久"之类祝福的话。我想对女儿、女婿叮嘱几句，说三句"不是"。

第一句，婚姻不是 $1+1=2$，而是 $0.5+0.5=1$。结婚后，你们小两口都要去掉自己一半的个性，要有做出妥协和让步的心理准备，这样才能组成一个完美的家庭。现在的青年男女们，起初往往被对方的"锋芒"所吸引，但也会因为对方的"锋芒"而受伤。妈妈是过来人，想对你们说，收敛自己的"锋芒"，容忍对方的"锋芒"，才是两情永久的真正秘诀。

第二句，爱情不是亲密无间，而应是宽容"有间"。结婚后，每个人都有自己的交往圈子，夫妻双方有时模糊点、保留点，反而更有吸引力。给别人空间，也是给自己自由。请记住，婚姻不是占有，而是结合。所谓结合，就像联盟，首先要尊重对方。

第三句，家不是讲理的地方，更不是算账的地方，家是一个讲爱的地方。不是有这么一句话吗？男人是泥，女人是水。所以，男女的结合不过是"和稀泥"。婚姻是两个人搭伙过日子，如果什么事都深究"法理"，那只会弄得双方很疲惫。

好了，我就说这些。最后，妈妈还是衷心地祝愿你们婚姻美满，幸福甜蜜，也祝愿在坐的各位亲朋好友家庭和睦、身体健康、万事如意！

谢谢大家！

第二节　宴会主持

问题讨论

自拟主题，组织一个庆功宴会，谈谈你的创意或策划。

案例导入

中英双方应把握机遇　携手前行
（习近平访英在白金汉宫晚宴致辞）

央广网伦敦 10 月 20 日消息（记者马闯邢斯嘉）　当地时间 10 月 20 日，国家主席习近平出席英国女王伊丽莎白二世在白金汉宫举行的欢迎晚宴，双方在晚宴上分别致辞，以下是习近平主席在欢迎晚宴上的致辞全文：

尊敬的伊丽莎白二世女王陛下，

尊敬的菲利普亲王殿下，

尊敬的各位王室成员，

女士们，先生们，朋友们：

非常高兴应伊丽莎白二世女王陛下邀请对英国进行国事访问。借此机会,我愿祝贺女王陛下成为在位时间最长的英国君主。我还要代表我的夫人和中国代表团全体成员,对女王陛下、菲利普亲王殿下和英国朋友们的热情接待和周到安排,表示衷心的感谢!

中国和英国是东西方两大文明的杰出代表,两国虽然相距遥远,但一直相互影响。中国的儒家思想、道家思想和四大发明在英国文化和科技发展史上留下了不可磨灭的印记,《国富论》《天演论》等英国名著则为近代中国思想界打开了全新视野。中国丝绸和瓷器曾经令当时整个英伦为之倾倒,发端于英国的工业革命则使世界丝绸业和制瓷业脱胎换骨。中国的茶叶为英国人的生活增添了诸多雅趣,英国人别具匠心地将其调制成英式红茶。中英文明交流互鉴不仅丰富了各自文明成果、促进了社会进步,也为人类社会发展做出了卓越贡献。

"志合者,不以山海为远。"今年是中国人民抗日战争暨世界反法西斯战争胜利70周年,作为第二次世界大战盟友,中英两国秉持正义、并肩作战,为世界反法西斯战争胜利及确立以联合国为核心的战后国际秩序做出了重大贡献。

作为第二次世界大战的盟友,中英两国人民相互支持、休戚与共,谱写了中英友好的历史佳话。我们不会忘记,英国曾经向中国提供了宝贵的经济和道义援助。一位中文名字叫作何克的英国记者,积极投身中国人民抗日战争,不仅撰文揭露日本侵略者暴行,还担任陕西双石铺培黎学校校长,为带领学生向安全地区转移付出了年轻的生命。第二次世界大战期间,中国浙江省舟山渔民冒着生命危险营救了日本"里斯本丸"号上数百名英军战俘。中英两国人民在战火中结下的情谊永不褪色,成为两国关系的宝贵财富。

新中国成立以来,中英关系开启了新篇章。英国在西方大国中率先承认中华人民共和国。1986年10月,女王陛下和菲利普亲王殿下成功对中国进行国事访问,成为两国关系史上一段佳话。1997年,中英两国创造性地成功解决香港回归问题,两国关系揭开新的一页。2004年,中英两国建立全面战略伙伴关系。作为世界上有重要影响的国家,中英两国在诸多国际和地区事务上保持良好沟通和合作。中英关系不断发展,利在两国,惠及世界。

女士们、先生们、朋友们!

当今世界,人类已经走出20世纪战争和冲突的阴霾,正在走进21世纪和平、发展、合作、共赢的新时代。各国相互依存、利益交融越来越深,日益成为休戚与共的命运共同体。今年是联合国成立70周年。作为联合国创始成员国和安理会常任理事国,中英两国共同肩负着促进世界和平与发展的神圣责任;作为发达国家和发展中国家的重要代表,中英两国都处在各自发展的关键阶段,促改革、谋发展、惠民生任务艰巨。

中国有句古话:"来而不可失者,时也;蹈而不可失者,机也。"英国也有句名言:"一个明智的人总是抓住机遇,并且把它变成美好的未来。"今年是中英全面战略伙伴关系第二个10年的开局之年,双方应该牢牢把握机遇、携手前行,共同开辟两国关系更加美好的未来。

现在,我提议:

为英国繁荣昌盛、人民幸福，

为中英两国和两国人民世代友好，

为女王陛下和菲利普亲王殿下的健康，

为各位王室成员的健康，

为在座各位朋友的健康，

干杯！

理论研讨

一、宴会概念及种类

所谓宴会，是指以会餐为形式的一种重要的社交聚会。对于宴会，实际上吃是形式，交际是内容。

宴会一般可分为以下四个大类。

1. 国宴

所谓国宴，是在外交场合，由我们的国家元首出面，宴请别的国家元首的宴会。比如习近平主席宴请普京总统，李克强总理宴请德国总理默克尔，就是主席宴请他国总统，总理宴请他国首相。在这种对等的外交场合下，国家领导人之间的宴会叫作国宴，其主角是国家领导人。

2. 正式宴会

正式宴会有以下要求：①人员确定。参加宴会的人员数量有限制，座次有限制，哪张桌子上面坐谁，位次有讲究。哪一张是主桌，谁上主桌，主桌里面谁是主人，谁是主陪，要事先安排好。②菜单确定。桌上上几道菜都要事先定好。确定菜单时，既要符合有关规定和惯例，又要尽可能地照顾赴宴者。要讲究质量，精心调配。而且菜单要书写出来，至少要一桌一份，或是在餐桌上人手一份。③时间确定。宴会时间选定应以主客双方方便为合适。一般情况下，要避开双方的禁忌日。有人信基督教，就不要选择 13 号；伊斯兰教还有斋月禁食等。一般情况下，大型的正式的宴会往往是晚宴。根据国际惯例，晚宴被视为规格最高的宴会。④邀请正式。要慎重填写和及时发出请柬。请柬内容一般应包括活动的主题、形式、时间、地点、主人的姓名等。注意，请柬中的人名、单位名、活动名应尽量用全称、尊称。

3. 便宴

便宴是指国宴和正式宴会之外的相对随便一些的朋友、同事聚餐。比如，我的大学同学到哈尔滨来看我，我找几个同学、校友约一个地方，大家吃一顿饭。便宴的规模比较小，菜比较简单，时间也比较短，也不搞菜单，更不用发请柬，实际上还是社交。

4. 家宴

家宴就是把人邀约到家里来请他吃饭。家宴重在参与，强调气氛的温馨和随和。在实际生活中，家宴才更亲切，不生分。

二、安排宴会要考虑的问题

一般来说,宴会要考虑五个问题。这五大问题的英文第一个字母都是 M,所以称之为"5M"。

(1) Money(费用)。费用是宴请要考虑的头一个问题。花多少钱,办多少事儿。最好少花钱,办好事儿。一般情况下别超过预算。

(2) Meeting(会客)。宴会上请客人、安排客人有讲究。尽量安排同类人在一起吃饭,这样,一桌人吃饭就有个聊的话题,容易形成共同的语言,共同的交流氛围。

宴会上面位次的排列也有讲究,如下图所示。一般习惯把地位、身份相近似的人排在一起,把宾主交叉排列,夫妻两个人应该在一块儿。宴会的席次安排,以礼宾次序为主要依据。这方面按国际惯例,主桌上男女交叉安排,以女主人为准,主宾在女主人右上方,主宾夫人在男主人右上方。而我国习惯按各人职务排列,以便交谈。如夫人出席,通常把女方安排在一起,即主宾坐在男主人右上方,其夫人在女主人右上方。两桌以上的宴会,其他各桌第一主人的位置一般与主桌上的位置相同。

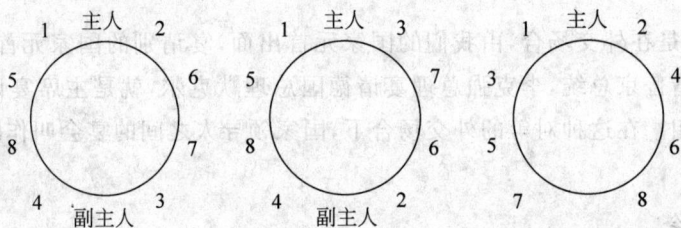

主宾及客人抵达后,主人要逐一介绍,以便互相认识、了解,以增进宴会的友好气氛。然后按预先安排好的座位,引导客人入座。

客人落座后,主人要按时开席。对于出席宴会的客人,延误时间不能超过半小时,否则是失礼行为。宴会开始时,主人应起立向全体宾客敬酒、致欢迎辞。宴会进行中,主人一般要依次向所有客人祝酒,或按桌敬酒,不能顾此失彼。

按中餐习惯,每一道菜上桌,主人应举筷请各位客人品尝,主人也可用公筷、公勺为主宾布菜。

对于比较正式的国宴和大型宴会,一般桌子上要放桌签:"一号桌""二号桌""三号桌";另外,要放姓名签,让大家对号入座,以免坐错。

(3) Environment(环境)。宴会上不仅要讲究吃文化,也要讲究吃环境。第一,环境要卫生;第二,环境要安全;第三,交通要方便;第四,要安静,忌喧闹嘈杂。

(4) Music(音乐)。吃饭要有一个良好的气氛,使大家容易和谐、冷静、专注、融洽地进行交流。高档宴会厅都有背景音乐,有时要有专人现场演奏。

(5) Menu(菜单)。宴会要求对菜单要认真地安排。安排菜单有两点注意:第一点要明白客人的忌口是什么。①个人禁忌,纯粹是他个人不能吃的东西。②民族禁忌,就是他这个民族忌食的东西,譬如满族、蒙古族、藏族、回族都是不吃狗肉。③宗教禁忌,例如穆斯林(伊斯兰教的信仰者)不仅不吃猪肉、狗肉,而且不吃驴肉、骡肉之类的肉食。④健康禁忌,由于健康原因,不能吃的东西,比如糖尿病患者不能吃甜品等。第二点注意宴会格调、特色,如本国特色或地方特色。邀请客人吃饭,需要考虑宴会的主打特色。

三、宴会的程序

正式宴请的程序为:迎宾、就座、致辞、敬酒、用餐、送别。

(1)迎宾:视宴请规格和来宾的重要性安排迎宾。如属社交宴请,上司应在门口迎接客人,助手陪伴在其身后,协助其应酬与引领。如属商务宴请,上司一般在宴会厅与客人寒暄,主持人(一般情况下是办公室主任或秘书)要站在门口迎候和招呼客人。在这种重要场合,作为上司的代表,应恰如其分地行使自己的职责,既不喧宾夺主,又能面面俱到。

(2)就座:迎接到客人后,相互握手,互致问候,将客人引至休息厅或直接引见给上司。休息厅内应有招待员照顾客人,或由其他接待人员陪同聊天,或上司也在休息厅,一般情况下陪主宾聊天。如果没有休息厅,上司陪同主宾进入宴会厅后,先在主桌入座,然后全体人员陆续入座,也可以等主桌以外的客人都已坐定,主桌人员最后入座。

(3)致辞:宴会开始应有仪式,通常由主办方代表,也就是办公室主任或秘书等角色作为主持人,当众宣布宴会开始,并介绍主办方的主要领导或主人,介绍主宾。主持宴会时应笑容可掬,端庄大方。不仅要对每位客人都彬彬有礼,留心记住对方的姓名,不论相识与否,一律一视同仁,不让任何人受到冷落,让所有的人都心满意足。介绍完后,一般请主办方领导讲话致辞。也有的宴会由主办方领导直接讲话。

(4)敬酒:对于非正式宴请,通常是主人说两句就行了,其他人随意。正式宴会则由主宾双方重要人物发表讲话,或者是主人以祝酒方式发表讲话。讲话最好简短一些,并注意气氛的轻松幽默和礼貌客气,富于热情则更好。按照国际惯例,主办方几句致辞后,大家先彼此敬酒与用餐;酒过三巡之后,再安排正式讲话,主人先讲,主宾后讲,也可安排即席发言。

(5)用餐:在正式宴会上,主宾致辞时,大家应停止进餐,放下餐具,停止与邻座的谈话,注意听主宾双方的讲话,不能埋头吃喝。主宾双方相互祝酒时,所有客人应举杯向主人示意。只有在主人示意开始时,才能动手取食。

(6)送别:用餐完毕,吃完水果,主人和主宾起身离座,互相致谢,宴会即告结束。有时,结束是自然发生,无须当众宣布。有时,主人宣布结束。宴请结束,主持人的首要任务是陪同上司一一送别客人,位置在宴请场所的门口。至于内部清场及其他收尾工作,应事先安排他人负责落实。送别客人要避免出现十分明显的厚此薄彼现象,但对重要客人,仍需特别关照,有始有终。

四、如何主持宴会

1. 宴会谁先举杯祝福

主持宴会时,一般情况下是主人先举杯祝福。在大型宴请中,如果主人的地位特别高,主持宴会的工作委派给其副手或办公室主任等。在一般宴会上,主人或主持人应第一次举杯,祝福所有来宾。祝福词像一个活动的开场白。主持人一段新颖、恰当的祝酒词是其智慧、艺术、天赋和技巧的体现。好的祝酒词能够为宴会带来美好的气氛,把气氛提升到高潮,使所有人都快乐,也使宴会变得生动起来,实现主客双方良好的沟通。所以,主持人的祝酒词相当重要。实际上在日常的聚会当中,祝酒词无论多少,最主要的是恰到好处,衡量的尺度就是:说完了精彩的祝酒词后,在座的人都情不自禁地干了自己杯中的酒。

开场祝酒词

今天,在众人瞩目中,我们进行完了三年一度中层干部竞聘大会,共有15位同志就任中层干部。这些同志是公司的精英和顶梁柱,公司领导对于大家寄予了厚望,希望大家不负众望,创造出骄人的业绩。我代表公司领导,祝大家在工作中创造辉煌!为表示我的真诚,这杯酒我干了。酒风就是工作作风,大家请随意!

话音落地,就有中层干部起身接应:"决不辜负领导厚望。这杯酒我也干了。"紧接着,中层们纷纷起身:"谢谢领导,我们干杯。"这多少有点以权压人的味道,有面子的成分,但是一杯酒下去后,宴会场面就变得生动和热闹起来,气氛达到了高潮。

2. 如何回应祝酒

面对祝酒,被祝酒的人不用将酒喝光,只需要站起来喝一些,并道"谢谢",同时向对方祝酒。当然,如果你本人愿意且条件允许,可以热烈响应。和对方喝得一样多,对方会很高兴。一般情况下,女性回答敬酒只要笑一笑,或向祝酒者的方向点头示意就足够了。在祝酒结束后,她还可以朝他举起杯子,做出姿势表示"谢谢你,也祝你!"

在西餐里,祝酒干杯只用香槟酒,并且不能越过身边的人而和其他人祝酒干杯。

"让我们共同干杯!"这句话在一般情况下应该是通用的。举杯回敬的时间应该简短,或者只是说:"今晚你给了我们一顿美好的晚宴,谢谢你的款待,非常感谢。"

3. 举杯祝福的时间

在餐会上,致祝酒词通常是男主人或女主人有优先权,或者委派主持人。如果无人祝酒,客人可以提议向主人祝酒。如果其中一位主人第一个祝酒,一位客人可以在第二个祝酒。通常,主宾先回应敬酒。宴会结束时,香槟酒杯端上来,在正规宴会上是要结束的暗示。在甜点或水果上来之时,将香槟倒入杯里;等每个人的酒杯都倒好,主人应站起来举杯祝福。这通常叫作收杯酒。结尾可用"让我们为……干杯"或以"为了……让我们干杯"表达礼节性的祝愿。

在宴会期间,主宾敬完酒后,一般情况下,其他客人敬酒应以年龄大小、职位高低、宾主身份为先后顺序,一定要充分考虑敬酒的顺序,分明主次。即使和不熟悉的人在一起喝酒,也要先打听一下身份,或是留意别人对他的称呼,避免出现尴尬和难为情。当然,"现在敬你""干杯,很高兴认识你""很高兴见到你"是国际惯用的祝福语。

提议干杯时,应起身站立,右手端起酒杯;或者用右手拿起酒杯后,以左手托扶杯底,面带微笑,目视祝酒对象,嘴里同时说着祝福的话。有人提议干杯后,要手拿酒杯起身站立。即使是滴酒不沾,也要拿起杯子做做样子。将酒杯举到眼睛高度,说完"干杯"后,将酒一饮而尽或喝适量。然后,要手拿酒杯与提议者对视一下,这个过程就算结束。在中餐里,干杯前,可以象征性地和对方碰一下酒杯。碰杯的时候,应该让自己的酒杯低于对方的酒杯,表示对对方的尊敬。用酒杯杯底轻碰桌面,也可以表示和对方碰杯。当你离对方比较远时,完全可以用这种方式代劳。时至今日,大凡宴客,主人先敬嘉宾、客人、朋友,而嘉宾、客人回敬主人。互相敬酒时，还要说一些大家都爱听的好话，讲一些幽默的语言，甚至把风花雪月的故事也搬到酒桌上来，让大家乐上一乐。如遇上有风流才子在场，难免还要吟诗、对对子、唱歌等，好不热闹。

最好的举杯祝福时间是 1 分钟，主要的举杯祝福时间 3～5 分钟。任何超过这个时间的祝福，都失去了意义。

技能训练

揭秘习近平访英国宴：女王亲自视察餐桌摆设

当地时间 10 月 20 日晚上，白金汉宫将举行盛大国宴欢迎习近平访英。"政事儿"从白金汉宫获悉，将有 150 余名宾客出席国宴。

国宴代表着一个国家最高规格的欢迎仪式。在有着悠久历史的英国国宴上，吃什么、怎么吃，以及每一个流程细节，都有非常明确的规定。白金汉宫的发言人劳拉·金对"政事儿"表示，女王非常关心国事访问的每一个细节。国宴的菜单将在当天晚些时候，由英国女王亲自决定。

哪些人出席？包括主要皇室成员等

据白金汉宫介绍，约有 150 名宾客出席这次国宴，包括主要的皇室成员，目前已知的有英国女王、女王丈夫菲利普亲王、剑桥公爵威廉王子夫妇等。英国王储威尔士亲王查尔斯王子夫妇将不会出席国宴，但他们是与习近平夫妇会面最早的王室成员。早上，查尔斯王子夫妇代表英国女王前往文华东方酒店迎接习近平夫妇。

习近平夫妇和随行人员也将出席国宴。据报道，习近平的陪同人员包括王沪宁、栗战书、杨洁篪等。根据惯例，中国驻英大使刘晓明也在出席国宴名单当中。

来自英国政府的成员，包括首相卡梅伦、外交大臣哈蒙德、财政大臣乔治·奥斯本等人也将出席国宴。在野党工党领袖杰里米·科尔宾也表示，他将出席国宴。此外，来自商界的领袖和其他有中国背景或工作联系的宾客也将出席。

这也是凯特王妃自嫁入英国王室以来，第一次参加英国国宴。英国媒体表示，凯特王妃也有一个大决定要做——她将在自己的第一次国宴上戴哪个头饰。

在哪吃？白金汉宫宴会厅

"政事儿"从白金汉宫获悉，国宴在白金汉宫最大的房间——白金汉宫宴会厅举行。这个房间长 36.6 米，宽 18 米，高 13.5 米，能同时容纳 160 人就餐。宴会厅于 1856 年开始启用。当时，这里举行了一场舞会（ball）来庆祝克里米亚战争的结束，宴会厅（ballroom）由此得名。在建成时，它是整个伦敦最大的房间。自从 1914 年起，英国的国宴就固定在这里举行。

针对这次国宴的准备活动，提前几个星期就已经开始。这是因为所有的瓷器、玻璃杯和银餐具要提前清洗、擦亮，锦缎的桌布、餐巾和垫布要提前叠好，酒也要选择好。

举行国宴时，白金汉宫宴会厅会在大长条桌上摆满金碧辉煌的餐具，每套餐具间必须精确相差 46 厘米。即使最熟练的侍从，也要依靠有毫米刻度的尺子来给每套餐具定位。

餐桌上将有超过100个银烛台,点着蜡烛,并用银装饰盘在餐桌中间摆放时令水果和花。这些摆设的年代可以追溯到乔治五世时期。鲜花将由白金汉宫的花工来安排,很多鲜花都是来自皇家花园。

菜单:直到国宴当晚才决定

准备一场国宴,对于白金汉宫来说,同样不是轻松的事。

白金汉宫的新闻发言人劳拉·金对"政事儿"表示,白金汉宫从几个月前就开始筹备习近平的国事访问,女王非常期待欢迎习近平主席和夫人彭丽媛。她也介绍说,英国女王非常关心国事访问的每一个环节,她将在当天决定国宴的菜单,和其他的具体细节。

虽然国宴的菜单是直到当天才决定的,但双方的礼宾团队会提前就具体的菜品和相关礼节进行商量。"政事儿"注意到,英方此前曾向中国提供过一份有多宝鱼的菜单,但被中方婉拒。

据白金汉宫介绍,国宴的标准菜式是四道菜,包括冷盘、汤、主菜、甜点。劳拉介绍说,女王个人对于准备国宴,以及餐桌的摆设十分感兴趣。她将在晚上正式批准菜单,并将在国宴开始之前,提前视察整个餐桌,检查鲜花等摆设。

国宴穿什么? 晚礼服或民族服饰

参加白金汉宫的国宴,着装也非常考究。白金汉宫一般会建议客人们身着晚礼服,这包括白色领结、全套的庆典式晚礼服(燕尾服),或民族服饰。美国前总统小布什2003年访问英国时,就曾经特意借来燕尾服。

中国前驻英大使马振岗曾对"政事儿"表示,服装可以是礼服,例如燕尾服,也可以是民族服饰。因此,我国领导人一般男士着中山装。

礼仪有何讲究? 奥巴马和小布什都曾闹笑话

根据白金汉宫发言人介绍的国宴礼仪流程,在国宴开始时,女王和习近平,以及其他宾客一起,从东方画廊前往宴会厅。女王和习近平主席将坐在马蹄形长餐桌的主位。

落座之后,女王和习近平将发表演讲,并先后祝酒。随后,乐队将奏响英国和中国国歌。

如何祝酒同样很有讲究。奥巴马和小布什都曾经遭遇尴尬,他们在国歌响起时向女王敬酒,女王却没有回应。原来,在这种场合,东道国元首最初向客国元首敬酒,表示客国国歌即将奏响。此刻,客国元首应肃立不动,而不是匆忙举杯回敬。

(资料来源:颜颖颢.揭秘习近平访英国宴:女王亲自视察餐桌摆设[N].新京报,2015-10-20.)

同学聚会上的祝酒词

亲爱的同学们:

二十年前,我们怀着一样的梦想和憧憬,怀着一样的热血和热情,从祖国各地相识相聚在北京××学院××级××班。在那四年里,我们学习在一起,吃住在一起,生活在一个温暖的大家庭里,度过了人生最纯洁、最浪漫的时光。

为二十年前的"千里有缘来相会"干杯!

为了我们的健康成长,最终能够成为教育战线上的教学骨干,我们的班主任××老师为我们操碎了心。今天,我们特意把他从百忙之中请来,参加我们的同学聚会。对他的到来，我们表示热烈的欢迎。

（下面请××老师为大家讲话）

为永生难忘的"师生深情"干杯！

时光荏苒，日月如梭，从毕业那天起，转眼间十七个春秋过去了。当年十七八岁的青少年，而今步入了为人父、为人母的中年人行列。

为人生"角色的增加"干杯！

十七年的时光，足以让人体味人生百味。在我们中间，有的早已改行另谋发展，现在已是事业有成，业绩颇丰；有的已经买断工龄，下海经商挣大钱；有的已经内退，安享天伦之乐……但更多的同学依然坚守在教育第一线，无私奉献，辛勤耕耘，成为各学校的中坚力量。但无论人生浮沉与贫富贵贱如何变化，同学间的友情始终是纯朴真挚的，而且就像我们桌上的美酒一样，越久就越香、越浓。

为同学间"纯朴真挚"的友谊干杯！

来吧，同学们！让我们暂且放下各种心事，和我们的班主任一起，重拾当年的美好回忆，重温那段快乐时光，畅叙无尽的师生之情，学友之谊吧。

……（同学们自由交流）

一日同学，百日朋友，那是割不断的情，那是分不开的缘。在短暂的聚会就要结束的时候，祝同学们家庭幸福，身体安康，事业发达！只要我们心不老，青春友情就像钻石一样恒久远……

为"地久天长"的友谊干杯！

遗憾的是，有些同学因事务缠身，未能参加我们今天这个聚会。希望我们的祝福能跨越时空的阻隔，传到他们身边。在羊年的明媚春光里，再一次祝愿同学们和我们的××老师幸福、吉祥。

为有朝一日能够"再次相聚"干杯！

十八岁生日祝酒词

尊敬的各位家长、学校领导，各位老师，亲爱的全体同学：

大家好！

今天是高三全体同学十八岁的生日。首先，我代表全体教师为你们祝福，向你们表示衷心的祝贺！

今天，你们将带着父母亲人的热切期盼，面对庄严的国旗许下铿锵誓言，光荣地成为共和国的成人公民，迈出成人第一步，踏上人生新征途。

十八岁，这是多么美妙、多么令人羡慕的年龄！这是一个多么美丽而又神圣的字眼。它意味着从此以后，你们将承担更大的责任和使命，思考更深的道理，探求更多的知识。

十八岁，这是你们人生中一个新的里程碑，是人生的一个重大转折，也是人生旅途中一个新的起点。

同学们，在未来的岁月里，我们希望看到那时的你们羽翼丰满，勇敢顽强！我们希望你们始终能够老老实实做人、勤勤恳恳做事，一步一个脚印，带着勇气、知识、信念、追求去搏击长空，创造自己的新生活！我们也祝福你们在今后的人生道路上，一路拼搏，一路精彩！

为了风华正茂的十八岁，干杯！

素质养成

习近平在 APEC 欢迎宴会上的致辞

尊敬的各位同事，尊敬的各位来宾！女士们、先生们，朋友们，大家晚上好！在亚太经合组织第二十二次领导人非正式会议召开之际，大家不远万里来到北京，用中国人的话来说，就是大家有缘分，有缘千里来相会。

首先我代表中国政府和人民，代表我的夫人，也以我个人的名义对各位贵宾的到来表示热烈的欢迎！

刚才我在门口迎接大家，看到各位都穿上中国式服装，既充满了中国传统元素，又体现了现代气息，让我们更感亲近。中国老百姓看了以后，也会感到亲切，会感到各位就像到邻居家串门，来朋友家叙旧一样。特别是各位女士的服饰格外鲜丽，群芳荟萃、姹紫嫣红，为今天的晚宴增加了一道亮丽的风景线。我们现在所在的地方叫水立方，对面是鸟巢，这两个建筑一方一圆，蕴含着"天圆地方"的中国哲学理念，形成了阴阳平衡的统一。中国举办 2008 年北京奥运会的时候，水上项目的比赛就在这里举行，那一次共产生了44 枚金牌，创造了 25 项世界纪录，很多来自在座的各成员国的选手，在这里创造了超越自我的奇迹。今天在座的领导人，有的当年就参加了北京奥运会的开幕式。

这几天我每天早晨起来以后的第一件事，就是看看北京空气质量如何，希望雾霾小一些，以便让各位远方的客人到北京感觉舒适一点。好在是人努力，天帮忙啊，这几天北京空气质量总体好多了，不过我也担心我这个话说早了，但愿明天的天气也还好。这几天北京空气质量好，是我们有关地方和部门共同努力的结果，来之不易。我要感谢各位，也感谢这次会议，让我们下了更大的决心，来保护生态环境，有利于我们今后把生态环境保护工作做得更好。也有人说，现在北京的蓝天是"APEC 蓝"，美好而短暂，过了这一阵就没了。我希望并相信通过不懈的努力，"APEC 蓝"能够保持下去。

谢谢，我们正在全力进行污染治理，力度之大，前所未有。我希望北京乃至全中国都能够蓝天常在，青山常在，绿水常在，让孩子们都生活在良好的生态环境之中。这也是中国梦中很重要的内容。

各位同事，女士们、先生们、朋友们，我们之所以选择水立方来举行这个晚宴，是因为水在中国文化中具有重要的象征意义。2000 多年前，老子说："上善若水，水利万物而不争"，意思就是说最高境界的善行就像水一样涓涓细流，泽被万物。亚太经合组织以太平洋之水结缘，我们有责任使太平洋成为太平之洋，友谊之洋，合作之洋，见证亚太地区和平、发展、繁荣、进步。

这是一个富有意义的夜晚，我们为亚太长远发展的共同使命而来，应该以此为契机，一起勾画亚太长远发展愿景，确定亚太未来合作方向。明天我们将相会在燕山脚下雁栖湖畔，正式拉开领导人会议的序幕。孔子说："智者乐水，仁者乐山"，那儿有山有水，大家可以智者见智，仁者见仁，共商亚太发展大计，共谋亚太合作愿景。

现在我提议,大家共同举杯,为亚太地区繁荣进步,为亚太经合组织蓬勃发展,为这次领导人非正式会议圆满成功,为各位嘉宾和家人的健康干杯!干杯!

(资料来源:新华网,http://news.xinhuanet.com/world/2014-11/11/c_1113191112.htm.)

第三节　主持人礼仪常识和社交禁忌

问题讨论

注意观察并收集主持人不规范礼仪实例并加以评析,总结出主持人礼仪规范条例。

案例导入

案例一

央视女主播意外踢掉高跟鞋后淡定主持引热传

近日,CCTV 英文频道女主播出场时,不留神把高跟鞋甩掉了,然后继续淡定地主持……

主持人王茫茫,就职于中央电视台海外中心英语频道,全国优秀新闻工作者,是 CCTV NEWS 最年轻的采访记者。王茫茫 1982 年出生在天津,高中起就留学加拿大,2005 年在加拿大卡尔加里大学获传播学学士学位,2006 年到中央电视台工作。2008 年,她凭借在汶川地震突发报道中的突出表现,获得"全国抗震救灾报道先进个人"。同年,她被授予"2008 年度全国优秀新闻工作者"荣誉称号。

(资料来源:中国青年网,http://news.youth.cn/sh/201602/t20160213-7624612.htm.)

案例二

杨澜:着装的烦恼

杨澜曾经因为着装定位不准的问题,引起过不大不小的麻烦。2006 年 2 月,在奥斯卡颁奖典礼前夕,杨澜在美国洛杉矶比福利山庄的一家高档酒店中,采访了澳大利亚籍的好莱坞明星妮可·基德曼。依据杨澜之前的经验,好莱坞明星在接受采访时,大多都穿着随意而率性，因此她揣测，置身于好莱坞演艺圈多年的妮可，也许会穿着休闲衬衫前来。为了与之相称，杨澜挑选了一件满是大花朵的休闲西装。然而，出乎意料，当天的妮可穿着白色绣珠片衬衫，高腰米色的麻质长裤，像个精致的芭比娃娃，这让杨澜有些措手不及。

作为一名访谈节目主持人，杨澜的着装不能随心所欲，而是要考虑到各类因素。嘉宾的身份、地位、性别不同，都会影响服装的选择。既要与整个基调相符，也不能夺了嘉宾的光芒。深色西装是男性政要和商界人士的最佳拍档，为了使画面不显得过于沉闷，杨澜会穿上一身色彩较为鲜艳的正式套装；若嘉宾是一位艺术家，杨澜通常会穿设计感较强、款式简单的品牌服装。如果不确定嘉宾的服饰风格和颜色，在大多数情况下，杨澜会选择相对柔和的灰色和米色。对于室内采访，为避免衣服的颜色与周围的环境有严重冲突，编导通常需要提前"踩点"，了解采访地点的装修风格和墙纸颜色后，杨澜才能作出判断。在服装师的建议下，杨澜会准备一些风格简约的别针和丝巾，起到点缀的效果。

做节目穿什么衣服好，是多年来让杨澜头疼的问题，尤其是她除了《杨澜访谈录》之外，还要担任《天下女人》的主持人。如何从着装风格上区分这两档节目，杨澜下足了功夫。杨澜觉得前者偏于理性，更有职业感；而后者偏于感性，需要营造轻松和温馨的氛围。但是有时候她也只能无奈地承认，自己把衣服给穿乱了。

对于女人，衣服究竟意味着什么？2007年10月，"时尚界的恺撒大帝"卡尔·拉格菲在长城举办了他的时装发布会，同时也将亚太地区的唯一一个媒体专访机会给了《杨澜访谈录》。这位留着银色的大辫子，戴着永远不肯摘下的墨镜的大师，用他自由而狂放的剪刀，为CHANEL、FENDI、CHLOE三个世界顶级服装品牌创作出一系列新颖大胆又极端女性化的时装。他认为，当女孩子穿上漂亮衣服的时候，不仅仅是为了获得异性青睐的眼光，也是为了表达内在的自我。

同年11月，另一位被评为"时尚界最有权力的女性之一"的PRADA品牌掌门人缪西娅·普拉达，在意大利米兰的办公室接受杨澜访问时，也表达了相同的意见。她说，服装并不是为了取悦男人，而是为自己的目的而穿。她希望能用自己的设计，提升女性的地位，使她们"在不失女人味的情况下，充满智慧，富有尊严"。从这位设计师的办公室中，杨澜感觉到了普拉达充满表达欲望的内心情感：没有植物，没有照片，但是地面上居然有一个大洞，连着一架直通地面的巨大滑梯。

这两位天才的设计师，都将时装视为一种人生哲学的表述方式，并用其作为战斗的武器，释放内心的激情与困惑。衣服，作为与女人生活息息相关的东西，也与女人的精神内核有着奇异的相通之处。它是展现女人自己的一种方式，使女人在繁华世界中留下了属于自己的痕迹。不需要秀给世界看，只需要忠于内心，表达自我，或许这才是它的本质。

面对被称为史上最美丽的女人之一的妮可·基德曼，杨澜的第一个问题就从时装切入："奥斯卡颁奖典礼快到了，你准备穿什么衣服去走红地毯？"这个小小的问题，还让杨澜和编导君达苦恼了一阵。为了采访到妮可，节目组通过多方关系联系了足足一年多，最后还是通过杨澜的一位华裔服装设计师朋友从中牵线搭桥。在得知杨澜是中国最有名的主持人之一后，妮可的经纪人才答应了采访的要求。但同时，这位精明厉害的经纪人只给了50分钟的时间，还着重强调不能问任何私人问题，尤其是关于孩子。因此，问题的设计和提问的角度，就成了一场暗中较劲、斗智斗勇的游戏。杨澜并不想深挖妮可的隐私，她关注的重心是妮可真实的内心体验，而这也需要对方的配合。杨澜的采访思路是，回顾妮可演艺事业中的几部关键性影片，而这些电影，都与妮可和前夫汤姆·克鲁斯的爱情长路有着密不可分的关系，从而妮可会避无可避地谈到情感问题。在杨澜女性视角的关注下，妮可大大方方地谈起了与汤姆·克鲁斯的爱情，回忆起当时的幸福生活，她的脸上还露出了甜蜜的表情。但是一旁的经纪人已经坐不住了，几次冲过来捅君达，让她打断杨澜的问题。君达一句礼貌的"我在工作"，让经纪人也无可奈何，只得坐回去。

妮可显然很清楚自己的底线在哪里，她几次用"This is a private question, I cannot answer"来拒绝透露关于孩子的过多信息，而杨澜也用"I'm sorry"来成全了她的独立。临近结束时，杨澜问了一个意味深长的问题："有人会为一个吻而等待几年，你相信吗？"妮可的回答是："是的，我相信，美好的事物是值得等待的，因为这些事物的存在，生活才有了意义并截然不同。"

📖 理论研讨

一、主持人基本礼仪

主持人衣着应整洁得体，大方庄重，并因时因地因人而异，符合受众审美观感和价值取向。不同节目穿着不同的服装。新闻栏目男主持人一般穿西服、衬衣，相配的领带，不用鲜艳色彩，但在深浅和光泽中可以出现变化。女主持人穿着西服套装，色彩以柔和为主，减少饰品。这些都是为了把受众的目光集中到新闻上面，而不是欣赏主持人。生活类节目话题较为轻松，与百姓较为贴近。在着装上，主持人没有必要穿着正式套装，可以随意一些。如中央电视台二套节目的《为您服务》栏目中，两位女主持人的服装都是衬衣、针织衫、牛仔裤等休闲类服装，开衫和套衫皆可，款式的变化可以较大一些。谈话类节目主持人必须要配合节目的内容和采访不同的人而搭配衣着。晚会主持人着装要庄重喜悦，晚礼服是首选，可以撑得起场面。一台晚会需要多种类型的主持人，或端庄典雅，或青春活泼，或时尚新潮，服装以礼服为主，中式晚礼服、唐装也经常被选用，烘托出中国传统节日风俗，色彩多变，增添喜庆气氛。

主持人精神状态必须饱满，全神贯注、生气勃勃，情绪状态要符合节目要求。只有自己状态好，才能吸引受众，调动现场气氛，感染受众情绪。

主持人走路姿态轻松大方，步伐要稳健有力。走路速度可以根据节目内容灵活掌握。轻松的节目，步子可以快一点；内容沉重的节目，步子要慢一些。对于一些娱乐竞赛节目或少儿节目，有时需要主持人走到一定位置后弯腰或蹲下，应注意不要撅臀，以免损坏形象。女士在较正式的场合中的行路轨迹应该是一条线，即行走时两脚内侧在一条直线上，两膝内侧相碰，收腰提臀挺胸收腹，肩外展，头正颈直收下颌。男士在较正式的场合中的行路轨迹应该是两条线，即行走时两脚的内侧应是在两条直线上。不雅的步态会给人留下不好的印象，如左右摇晃，弯腰驼背，左顾右盼，鞋底蹭地，八字脚，碎步等。

主持人主持姿势要标准、规范。如是站立主持，要求上半身挺胸收腹，直腰，双肩平齐、舒展，双臂自然下垂。下半身双腿应靠拢，两腿关节展直，身体重心落于两脚中间。身体中心微微倾向于前脚掌，后跟同时用力下踩，头顶心感觉往上顶，似乎身体被拉长，有挺拔感。女人站立双脚成"V"形，双膝和双脚后跟尽量靠紧；男人站立时，双脚可稍稍叉开,最多与肩同宽。一般情况下,不要把手插在衣服或裤子的兜里。如是坐姿主持,上体自然挺直,坐在椅子前端,躯干有支持力,身体稍前倾,两肩放松;两腿自然弯曲,双脚平落地上,双膝并拢或稍稍分开。但是女士的双膝和脚跟必须靠紧,或双脚踝前后交叉。这是一种收敛型的演播坐姿,显得稳重大方,比较符合我国人民传统的审美习惯。坐姿的整体躯干造型的一般要求是:身正肩平,立腰收腹,挺而不僵,松而不懈。同时,注意入座、起座动作要轻盈舒缓,从容自如,切忌猛坐猛起;落座要保持上身平直,含胸驼背会显得萎靡不振;不要玩弄桌上东西或不停抖腿,给人无修养之感。

主持人言谈应口齿清楚,语速适当,声音洪亮,思维敏捷,简明扼要,说标准流利的普通话。切忌啰哩啰唆,废话连篇,甚至海阔天空乱说一通。如果是电视(网络)同步播出,对一些比较难发音的词语、生字,可以在拿到台本之后事先查一下,不要忘记串联词,避免尴尬。

主持人要做好以下几项协调:①和搭档的协调配合:一般来说,整场晚会就只有一个主持人的情况是不常有的,所以要和搭档多配合,一主一次,一捧一逗,控制现场受众情绪和调控节目进程。②要听从导演等幕后人员的指挥:晚会上会有很多的情况发生,所以要听从幕后人员的指挥,要知道随机应变,情况只有你们知道,不要让观众有所察觉。③和受众沟通呼应:根据节目性质及要求,使得现场气氛或庄重,或幽默,或沉稳,或活泼。

主持人要化妆。人的皮肤在舞台上经过灯光照射会变得苍白无神,所以化妆对于提升主持人精气神有着重要的作用。通过运用丰富的化妆用品和工具,对面颊五官及其他部位进行预想的描画,强调和突出人所具有的自然美,遮盖和弥补面部的不足和缺陷,使容貌尽可能完美,焕发出青春的光彩,给受众以赏心悦目的形象美。

主持人要把握、运用好神态礼仪。①微笑:微笑是一种国际礼仪,能充分体现一个人的热情、修养和魅力。真正甜美而非职业化的微笑是发自内心的、自然大方的、真实亲切的。微笑应贯穿节目主持的整个过程。②目光:主持人在与受众或嘉宾沟通谈话时,大部分时间应看着对方,不能左顾右盼,也不能紧盯着对方,自然而然地注视对方的眼睛。

二、主持人礼仪禁忌

主持人要掌握语言的分寸,忌说过头话。主持节目期间,主持人和搭档、嘉宾、受众开开玩笑是避免不了的,它可以活跃气氛,融洽关系,增进友谊,显示人的幽默感。但是,凡事都要有个"度",超越了这个度,不但达不到预想的目的,还会弄巧成拙,适得其反。开玩笑的度,没有固定的衡量标准,它要因人、因时、因环境、因内容而定。我们一般常说开玩笑要看人。有些人天性严肃、心胸窄、气量小又寡言少语,就不适合开玩笑;有些人乐天派性格,豁达开朗,就多说点玩笑话,使气氛和谐。另外,也要看彼此间的关系。一般说来,和谐亲密的关系,即使玩笑有些过头,对方也不生气,受众也会欣赏这种融洽的关系和所感受的诙谐幽默。还要选择开玩笑的时机,人家正不开心呢,那就不是开玩笑的最好时机。再有,开玩笑要分场合,庄重、紧张的场合不宜开玩笑。尤其注意不要开生理缺陷、性格缺陷、健康缺陷或生活习俗、宗教信仰等方面的玩笑。

主持人要有一定的克制力和自我调节能力,忌随意发怒。喜怒哀乐是人之常情,也是人的内心世界的真实表现,本不足为怪,也不应干涉。但主持人是公众人物,在主持工作时要保持良好的心态,不能随意发怒,不能把个人的喜怒哀乐带给现场观众,要用自己的情绪感染、带动场上气氛,达到节目的最好效果。

主持人正确使用鞠躬礼。鞠躬礼是用来表示对别人的尊敬而普遍使用的致意礼节,我们中国的习惯是:行礼时,身体上部向前倾斜15～20度,随即恢复原态,只做一次。注意,鞠躬要脱帽,戴帽子鞠躬是不礼貌的。鞠躬时,目光应该向下看,表示一种谦恭的态度。不可以一面鞠躬一面翻起眼看对方,这样做,姿态既不雅观,也不礼貌。鞠躬礼毕起身时,双目还应该有礼貌地注视对方。如果视线转移到别处,即使行了鞠躬礼,也不会让人感到是诚心诚意。鞠躬时,嘴里不能吃东西或叼着香烟。

和人握手要恰到好处。握手是主持人经常使用的礼节之一,了解握手时伸手的先后顺序:上级在先、主人在先、长者在先、女性在先。握手时间一般在2～3秒或4～5秒为宜。握手力度不宜过猛或毫无力度。要注视对方并面带微笑。

主持人肢体语言要协调,忌肢体过于呆板僵硬,或手势过多。呆板僵硬的身形让主持人丧失对象感,形体也不美。从头到尾一个动作僵着,会显得十分木讷。而手势过多,会导致动作意向不明,不能和有声语言有机结合,分散了受众的注意力。手势语包括手指语、手掌语、手臂语,是有声语的辅助。手势语使用忌以下几种情况:①竖中指,被认为是粗俗的动作。②双臂交叉抱胸,这个动作表现的是一种戒备心理,主持人的这种举动会拉开与观众的距离。③手势语过多,给人以"手舞足蹈"的不适感,有失仪态的庄重,而略显轻浮。④做无意义的手势语,没有具体的内涵和意向,可谓画蛇添足。

三、主持人社交禁忌

(1)不要非议党和政府。作为中华人民共和国的公民,作为一个有教养的人,思想上、行动上与党和政府保持一致,这是讲政治的要求,也是社会公德的体现,不要非议党和政府。在任何场合、任何国家,应该维护国家尊严。

(2)不要涉及国家秘密与商业秘密。我国有国家安全法,有国家保密法,不能乱说。说话要有分寸,不能涉及国家秘密与行业秘密。

(3)不能随便非议交往对象。跟人打交道,别让人家难堪和尴尬,这是有教养的标志,不要非议交往对象。

(4)不在背后议论领导、同行和同事。在组织内部、单位内部,可以发表批评和自我批评,但是内外有别。在外人面前,不能说自己单位和部门的坏话,在思想上、行动上应维护自己组织的形象。

(5)不谈论格调不高的话题,谈论家长里短,小道消息,男女关系等,有失身份。

(6)不涉及个人隐私问题。现代社会强调尊重个人隐私,关心有度,少说或不说为妙。

四、主持人沟通技巧

1. 尊重

对方是否感到尊重,决定于主持人的态度。作为主持人,要真诚地显示你尊重对方及所谈及事情的态度。当鼓励对方给予意见,以及提出己见时,都要显示出对对方的尊重,避免说出以下破坏性的语言："我认为你太小题大做了,事情不可能像你想象这般差。"这种说法会认为是主持人刻意低估了问题的严重性,不相信对话方的判断力,导致谈话无法进行。再例如:"也许是你未尽力与其他人好好相处。"这句话武断地认为对方要为所发生的事情负责,让谈话者心情沮丧而无法深入交谈。

2. 聆听

主持人在谈话节目中要以客观、公正的态度耐心倾听嘉宾的心声,迅速把握主要内容,听懂其主旨思想,并反馈信息,巧妙地表示听到了、理解了、接受了。注意,聆听者要做到以下六要素(SOFTEN):

- S——微笑(Smile)
- O——准备注意聆听的姿势(Open Posture)
- F——身体前倾(Forward Lean)
- T——音调(Tone)
- E——目光交流(Eye Communication)
- N——点头(Nod)

3. 提问

主持人要在嘉宾倾诉问题的基础上,进行巧妙、恰当的提问。通常,提问有以下几种方式。

(1) 开放式:没有肯定答案。
(2) 封闭式:有肯定答案。
(3) 探索式:开放式问题,但集中在一个题目上。
(4) 连环式:围绕某一问题不断深入地提问。
(5) 反射式:不直接回答,将问题的答案交发问者思考。

4. 回应

主持人对探讨的问题给予有建设性的回应。只有良好的回应才能够带来互动,使问题讨论得深入,彰显主持人的用心与真诚。回应有以下原则:①必须对事,并与行为有关;②以改善而不是以批评为目标;③寻求对方的意见,而不是强加自己的意见。

技能训练

一、晚会主持词

晚会帷幕徐徐拉开,主持人姿态优美地步出舞台,不小心跌倒在地,观众哗然。此时,主持人迅速站起,神态自若地说了一句话,场内立刻掌声四起。下述场合中,对于主持人说的话,你最喜欢的一句是(   )。

A. 主持人说:"对不起,我太不小心了,请不要见笑。"
B. 主持人说:"我被大家的热情所倾倒了。"
C. 主持人说:"对不起,我太激动了,以致失礼了。"
D. 主持人说:"不好意思,由于路太滑,不小心跌倒了。"

简述：

(1) 你最喜欢的理由：_____。

(2) 你从中受到的启发：_____。

二、职场礼仪讲座主持词

开始前提示：

讲座即将开始，请在场人员把手机调至振动或静音状态，谢谢合作。

开篇语：

大家好，我是人力资源部干事王华莎，非常荣幸能担任此次职场礼仪讲座的主持人。大家也知道，现在毕业生每年都在增加，竞争也非常激烈。现在毕业生找工作时，不仅是专业知识和学历方面的竞争，还有职场礼仪方面的竞争。为了让我们学校的学生能够更加适应社会的需求，我们学校专门请了国际时尚礼仪教育专家、国内著名时尚礼仪培训师×××女士为我们做培训。下面由我为大家宣布：新闻系毕业生职场礼仪讲座正式开始。

介绍来宾：

首先，请以热烈的掌声欢迎国际时尚礼仪教育专家、国内著名时尚礼仪培训师×××女士。下面请允许我介绍今晚的嘉宾，分别是……下面就让我们用热烈的掌声欢迎×××女士的到来，并为我们讲礼仪知识。

讲座内容

……

中场主持词：

×××女士的讲座非常精彩，来，我们再以热烈的掌声感谢×××的职场礼仪讲座。下面我们还准备了一个关于职场礼仪的情景演示，请×××女士为我们做指导。

情景演示：

在生活中，我们要与无数的人打交道，然而在交往中，往往很多细节是决定成功的重要条件。那么，现在我们来观看一个小品，看看小品的主人公是如何去与别人交际的。

（第一部分小品结束后）然而，事情的结果不是主人公一开始预料到的。如果一开始他就知道了礼仪的小细节并加以运用，事情的结果或许会完全不同。不信？那么我们就以倒叙方式来看看吧！（接着正确的小品）

礼仪讲解：

在这个小品中，主人公忽视了一些小细节，而这些小细节往往是体现了一个人的素质。那么，要如何去做，才能博得对方的好感和认同呢？现在我们有请×××女士为大家做一个详细的礼仪讲解，大家鼓掌欢迎……

互动环节：

谢谢×××那么精彩的讲解，相信在座的同学都对各种不同的礼仪有所了解了吧。为了让大家在以后的生活中能更好地运用，我们准备了一个提问环节，请大家配合……

结束语：

感谢×××女士在百忙中为我们做职场礼仪讲座，再次感谢×××女士。同时，也感谢参加这次讲座的领导和同学。此次讲座到此结束，谢谢各位。我们再次以热烈的掌声欢送×××女士和领导。

三、会议主持常见的三大症状

1. 主持出错"雷"倒人

有一市长兄，一直以善于辞令见长，素称"铁嘴"。一日主持文化节开幕仪式。待省市领导就位，他精神抖擞地台前一站，清了清嗓子，朗声道："我宣布，某某市文化节现在闭幕!"一语便"雷"倒了与会人员。这样瞬间开闭的文化节，时间之短暂，堪称"世界第一"，理应入选吉尼斯纪录。

还有一个发生在南方的故事。在有某位国家领导人参加的奠基仪式上，主持人请领导上台揭牌后，又宣布：请某某领导下台。引起台下一片骚动。我想，这样的台词只能是这位主持人的临场发挥。对这一口误，襟怀坦荡的领导人是不会在意的，更不会引发政治事件，但主持人的尴尬在所难免。

2. 主持词像砖厂一个模子里打出的砖坯，一样的嘴脸

比如，领导讲话后，主持人总结道：某某领导的讲话高屋建瓴，很重要，很及时，很实在，很切合实际，既具有针对性，又具有可操作性……会后，一是要进一步提高对某某讲话精神重要性的认识；二是要层层召开会议，将会议精神学深学透；三是要认真抓好贯彻落实……

会议的主题千差万别，但是主持词惊人的相似，如出一辙，面目可憎。

3. 主持词像"旧时懒婆娘的裹脚"

开会最厌"马拉松"，更让人讨厌的是马拉松式的主持。会议程序进行到中午十二点了，主持人再就贯彻意见来上个一二三四五。这目无时间，目无听众的姿态，着实让与会者讨厌。

素质养成

名主持人求职成功案例

踏进中央电视台就意味着成功——中央电视台的主持人一夜之间就能成名，往往拥有不菲的身价! 如此名利双收，怎不让广大求职者眼馋美慕呢? 人们不禁会问：这些主持人一定有求职应聘面试的高招吧? 的确如此。在此，精选李咏的"进行式"，熊邦欣的"过去式"，周涛的"将来式"这"三式"成功求职面试法，相信求职的人们能够从中举一反三，受到裨益。

1. 进行式(面试进行时的随机应变)

代表人物：李咏——中央电视台著名主持人，因主持《非常6＋1》《幸运52》而享誉全国，多次主持中央电视台春节文艺晚会。

成功案例：答题出错，自圆其说。

1991年7月，李咏刚从北京广播学院毕业，就参加了中央电视台的招聘考试。面试那天，中央电视台把内部的闭路电视开通，台里所有的人都能看到面试考场的画面；考场的台下也黑压压的全是人，初出茅庐的李咏有点儿慌。他及时调整自己的心态。随着面

试开始,李咏逐渐适应了这种场面。当时中东正进行海湾战争,考官就问海湾都有哪些国家。李咏搜肠刮肚说了一些,唯独少了伊拉克,台下马上就有人质问,李咏想都没想,脱口而出:"联合国正制裁呢,那是'敌'国呀!"一句话,台下的人全乐了,李咏由此给考官留下了深刻的印象,遂顺利地进入了中央电视台,为今后成就事业奠定了坚实的基础。

事后诸葛:其实,李咏的辩解可说是答非所问、风马牛不相及,为什么效果却出奇的好呢?这是因为中央电视台招的是主持人,不是地理学家。考官要的就是应聘者处理危机时的镇静自若,答辩时的反应敏捷,以及潇洒的台风。哪管你答对答错呢?所以,应聘者在面试遇到危机时,要镇定自若,尽自己的最大努力见招化招,不要太计较答对答错。因为,也许面试题有时根本就没有正确答案;或不看你的答案,而看你答题时的表现呢!

2. 过去式(即使招聘"结束"了,也仍然不放弃)

代表人物:熊邦欣——中央电视台第九频道全球体育新闻英语主播,主要担任用英语向全世界转播奥运会的历史重任。

成功案例:看似结束,实没结束。

2006年下半年,在加拿大担任电台主播的熊邦欣得知中央电视台正在招考英语主持人,于是,一向热爱祖国、向往北京的她,毅然辞去待遇丰厚的工作,不远万里从加拿大来到北京报考。谁知,招聘工作已经结束了。失望的她没有放弃,通过熟人打听到中央电视台还没有最后确定人选,便将自己在加拿大多伦多电台工作的片段制成一张DVD,连同有关材料,寄给中央电视台。不久她便收到中央电视台的面试通知。在加拿大出生的她,英语功底扎实,又有电台工作的经历,这些让她顺利地得到中央电视台的正式录用通知,幸运地成为中央电视台第九频道全球转播运动会的新闻主播。

事后诸葛:从真正意义上来讲,一次招聘活动,应当是确定了最佳人选才算结束。熊邦欣没有赶上面试、复试,仍然没有放弃,通过熟人打听该职位有没有最终确定人选。一了解到还没有确定人选的信息,便果断出击,并一击而中。熊邦欣的成功告诉求职的人们:在任何一次求职应聘中,只要得知招聘单位没有确定最终人选,而你也认为自己确有一定的竞争实力,即使你没有赶上报考、面试时间(甚至于初试、复试被淘汰),仍然不要放弃,通过各种手段来弥补,或许也能"柳暗花明又一村"。

3. 将来式(单位没有空缺,创造等待空缺的机会。反过来说,如果单位允许你等待,这就说明你有机会)

代表人物:周涛——中央电视台著名主持人,曾主持《综艺大观》《真情无限》等栏目,多次主持中央电视台春节文艺晚会。

成功案例:无中生有,求得"待机"。

周涛大学毕业后到某市电视台求职,由于种种原因遭到了拒绝,但她没有灰心丧气,而是施了一个"苦肉计"——要求留在传达室扫地、打水、送报纸、打杂。看到一个名牌大学的毕业生在自己名下屈才,电视台领导不忍心,于是破格让周涛上镜试播。有备而来的周涛当然不会放过这个千载难逢展示自己才华的好机会。她使出自己的看家本领,把节目做得非常精彩、出色,不但征服了观众,还得到了领导和同行的赞赏。从此便一发而不可收,周涛由勤杂工变成了主持人,后来又调到中央电视台,成为全国著名的金牌主持。

事后诸葛：因为单位没有招聘计划而使自己的求职意愿难以实现的时候，不要立即走开；要像周涛那样，适当降低自己的求职要求，往往可以得到大树的"荫凉"。因为在一个自己看好的、有发展潜力的公司工作，即使是从最底层干起，也是有发展前途的。俗话说的"舍不得孩子套不住狼"就是这个道理。所以，求职中应学会以退为进，有时候要放弃眼前、局部利益，尽管从当时来看似乎有点儿吃亏，但从长远来说，这样的放弃是值得的。

央视主播忆艺考经历　康辉无心插柳柳成荫

又是一年艺考季，多少怀揣艺术梦想的莘莘学子星夜兼程赶赴考场，施展个性魅力，彰显青春风采。今年仅播音与主持艺术专业就吸引了近8000人报考，成为中国传媒大学最热门的报考专业。你知道吗？其实《新闻联播》的许多主播都是中传的学子，像康辉、欧阳夏丹、郎永淳、李梓萌等都来自这所大学。他们的艺考经历现在提起来，还真是值得回味。

为什么报考广院（现中国传媒大学）

如今，康辉回想起来，1989年那会儿他报考广院的经历还算是个"挺俗套的段子"。"其实也带着'半起哄的性质'吧，因为姐姐的同学在广院读书，使他提前对这个学校有所了解，于是决定试一试。在这之前，其实并没有明确的志向想做播音这一行，就这么误打误撞，反而考进来了，后来也证明这个专业确实适合他。"

相比起康辉的无心插柳，李梓萌说自己报考播音专业"就是因为喜欢"，她和欧阳夏丹一样，早在中学时代就常常作为学生广播员主持节目，并对"专门培养这方面人才"的北京广播学院心生向往。高中的时候，欧阳夏丹还曾将自己主持节目的录音带寄到广院，"那时候还在想，哪位老师如果听到，觉得我的声音还可以的话，估计就能向我伸出橄榄枝吧？结果寄出去以后就石沉大海了。我当时还有点灰心，觉得自己的声音可能还不够理想，需要继续努力。"幸运的是，1995年欧阳夏丹高考那年，广院的艺考正好在桂林增设了一个考点。面对这个摆在家门口的机会，欧阳夏丹决定再去试一次。"结果没想到一试就试中了，我觉得真是命运的安排，很幸运。"

你知道吗？2014年中传60周年校庆晚会那天是9月20日，而20年前的9月20日，郎永淳拿着广院的录取通知书来学校报到，真的很巧。1994年，从针灸专业毕业的郎永淳无意间看到了《中国电视报》上刊登的北京广播学院第二学位招生简章，"觉得好像又有了一个门在向我打开。"郎永淳决定，"再闯一下吧！"正是这个决定，让郎永淳进入了完全不同的播音领域，并在广院收获了爱情。

年轻人总是充满着勇气和无畏，试一次、闯一下，梦想就这样开始落地、发芽。

广院：我们梦开始的地方

李梓萌说："老师的很多话如今依然言犹在耳。"毕业多年，老师们大多已经退休，往昔的同窗也已经成长为各个台的中流砥柱，但当年的情感没有消散。"一些老师还会发短信和我说，你在屏幕里面前、后鼻音又没分清楚。"欧阳夏丹笑着说，"我觉得好亲切啊，做学生的感觉又出来了。"

几年前，央视播音部与中国传媒大学播音与主持艺术学院建立起双向教学基地，每年从传媒大学本科、双学位和研究生当中选拔一些学生进入央视实习。"你会看到很年轻的面庞,他们有一些问题会请教你,你也会就一些观点和他们交流,都是很开心的一个过程。"欧阳夏丹说,"我想这也是连接我和母校的另一条纽带吧,一种传承和温情。"

就像郎永淳所说:"一路走过来这 20 年,才懂得作为一个电视人,一个新闻人,肩上的责任是什么。"在毕业多年之后,主播们也真正体会到青葱岁月的美好和母校带给自己的给养。

其实,任何人只要心怀梦想,就要勇敢地去追寻。通过努力,就一定可以成功。这也正是这些主播们用他们的亲身经历告诉我们的。

（资料来源：苏畅.蒲公英微校园,http://www.jiemian.com/article/520914.html.）

参 考 文 献

[1] 罗莉.实用播音教程[M].北京：中国传媒大学出版社,2010.

[2] 郭红玲,杨涛.非节目主持艺术[M].北京：中国广播电视出版社,2011.

[3] 李丹,吕丹主编.播音与主持[M].北京：教育出版社,2015.

[4] 吴郁.主持人语言表达技巧[M].北京：中国广播电视出版社,2011.

[5] 吴郁.节目主持能力训练路径[M].北京：中国广播电视出版社,2013.

[6] 仲梓源.播音主持艺术入门训练手册[M].北京：中国传媒大学出版社,2009.

[7] 欧阳友权,朱秀丽.实用口才训练[M].长沙：中南大学出版社,2005.

[8] 付程.播音主持专业高考面试指南与示范录音[M].北京：中国传媒大学出版社,2007.